Revue Française de Finances Publiques ISSN 0294-0833

Le financement des Parlements en France et à l'étranger : quelle autonomie ?

RFFP n° 168 – Novembre 20

Revue Française de Finances Publiques ISSN 0294-0833

Financing Parliaments in France and Abroad: Independent or Not?

RFFP No. 168 – November 2024

• CHRONICLE OF PUBLIC FINANCIAL GOVERNANCE

• TAX CHRONICLE

• CHRONICLE OF COMPARATIVE PUBLIC FINANCIAL GOVERNANCE

• BIBLIOGRAPHY CHRONICLE

Éditorial

Les finances publiques : un fait politique saisi par la gestion

Les finances publiques sont avant tout un fait politique. Elles ne sont réductibles ni au droit, ni à l'économie, ni à la gestion. Certes elles se formalisent à travers le droit budgétaire, le droit comptable public ou le droit fiscal. Certes elles pèsent sur l'économie et inversement. Certes elles font, avec raison, l'objet d'une gestion qui fait appel à des instruments de plus en plus sophistiqués n'ayant rien à envier à ceux utilisés par les entreprises. Mais l'on oublie trop souvent, ou l'on veut l'ignorer, qu'elles sont fondamentalement d'essence politique. Elles en sont même à l'origine, elles sont le géniteur du pouvoir politique. Mieux elles sont le fondement de l'État ainsi que la condition de la réalisation des politiques publiques.

Comme l'observait Joseph Schumpeter, il ne faut pas oublier que « ce sont les besoins financiers qui ont été à l'origine de l'État moderne »[1]. L'économiste s'inscrivait là dans une logique identique à celle de nombre d'auteurs que l'on peut considérer comme les fondateurs de la science financière publique, dont le juriste Gaston Jèze pour qui « faire abstraction du facteur politique c'est tenir pour négligeable ce fait historique que, de tout temps, la plupart des grandes réformes politiques ou sociales ont eu des causes financières et que de très importants problèmes financiers ont été posés et résolus sous l'influence de causes politiques »[2]. Par la suite, le même point de vue sera partagé par Louis Trotabas ou par Pierre Lalumière pour qui « le fait politique est essentiel, il domine l'ensemble de la réalité financière »[3]. De même, selon Gérard Dehove, « la science des finances ne peut se comprendre en dehors du politique, car sans organisation politique il n'y aurait pas de but collectif à satisfaire, pas de dépenses publiques pour en

1. J. SCHUMPETER, *La crise de l'État fiscal,* in *Impérialisme et classe sociales*, Minuit, 1972.
2. G. JÈZE, *Cours de finances publiques*, Giard, 1925-1931.
3. P. LALUMIÈRE, « Les cadres sociaux de la connaissance financière », RSLF, janvier 1963.

assurer la réalisation et par conséquent pas de charges publiques pour se procurer les recettes collectives indispensables à la couverture de la dépense, c'est-à-dire pas d'activité financière… la science financière est donc politique par nature »[4].

Autrement dit, les finances publiques déterminent la vie et l'organisation d'une société dans son ensemble. Elles constituent le noyau dur et la substance des pouvoirs politiques, elles en sont l'énergie et en déterminent l'évolution et la puissance ; plus encore elles expriment des choix de société et conditionnent la réalisation des projets les plus mineurs comme les plus ambitieux que souhaitent mettre en œuvre les décideurs politiques. Elles irriguent les moindres recoins de nos institutions et leur santé est primordiale pour la qualité de la vie quotidienne de chaque citoyen. Leur influence est déterminante sur la configuration des institutions et des directions prises en ce qui concerne les politiques publiques. Autrement dit, elles sont essentielles pour l'organisation du processus de décision de ces politiques comme pour celui de la production des normes de la gouvernance financière publique.

Il faut toutefois souligner que les contraintes matérielles mais aussi les idéologies ou les faiblesses du pouvoir politique au regard des finances publiques favorisent l'influence croissante d'une approche gestionnaire depuis la fin du XIXe siècle.

En effet, Woodrow Wilson, universitaire et futur président des États-Unis[5], plaida dès 1887[6] pour que la gestion publique ne soit plus victime des querelles politiques et de la corruption qui s'y était développée et proposa de la confier à des professionnels. Poursuivant cette logique il estimait indispensable de déterminer quelles devaient être les compétences propres à l'État ainsi que les méthodes par lesquelles il pouvait les accomplir efficacement et au moindre coût[7]. Un signal était alors donné pour que des conceptions économiques et gestionnaires viennent se confronter à la décision politique. En effet, une observation attentive montre qu'une vision managériale de la gestion de l'argent public va alors progressivement se construire, d'abord d'un point de

4. G. DEHOVE, « Science et finances, science économique et science politique » in R. SCHNERB, *Deux siècles de fiscalité française XIXe-XXe siècle*, J. BOUVIER et J. WOLFF (Ed. et al.), De Gruyter Mouton, 1973.
5. Il sera Président des États-Unis du 4 mars 1913 au 4 mars 1921.
6. W. WILSON, "The study of administration", in Political science quarterly, Vol. 2, No 2-887.
7. "It is the object of administrative study to discover, first, what government can properly and successfully do, and, secondly, how it can do these proper things with the utmost possible efficiency and at the least possible cost either of money or of energy", in Political science quarterly, *op. cit.*

vue théorique pour finalement se matérialiser et s'inscrire dans les pratiques administratives de nombre d'États à la faveur des crises des années 1970.

Aux États-Unis, cette vision se développa lorsque l'on jugea nécessaire de mettre de l'ordre dans les finances et qu'en conséquence l'on commença à s'interroger très sérieusement sur les moyens de parvenir à gérer plus efficacement l'État. Par exemple, « the antideficiency act » initialement promulgué en 1884 puis amendé en 1905 et 1906 mettait déjà l'accent sur la nécessité de mieux contrôler le budget. Mais la réflexion a été particulièrement initiée par une commission importante créée en 1910, la « Commission pour l'économie et l'efficacité » dite « commission Taft ». William Howard Taft, un républicain, était alors président des États-Unis[8] et avait le souci de mieux administrer la chose publique. Cette commission produisit un rapport en 1912 appelant à gérer l'État de manière plus rationnelle, et notamment à mettre en place des budgets de programmes qui se substitueraient aux budgets de moyens. Mais cette proposition ne fut pas mise en pratique, notamment parce que les budgets de moyens permettaient plus facilement de contrôler la régularité des opérations financières. Par la suite, d'autres commissions se réunirent, toutes préoccupées par le même souci de bonne gestion, et toutes, comme la commission Taft, considérablement influencées par le « management scientifique » prôné par Frédéric Taylor. La crise de 1929 provoqua une relance des recherches dans le domaine. Au cours des années 1930, ainsi que pendant la Seconde Guerre mondiale, un nouveau saut qualitatif fut franchi avec la création en 1936 par le président Roosevelt d'un comité de trois membres : le « Brownlow committee », qui produisit « the Report of the President's committee on administrative management ». Par ailleurs, parce que l'on se trouvait dans une période de rareté, le besoin s'est fait sentir d'analyser rationnellement les composantes et l'efficacité de la dépense publique. C'est alors qu'ont commencé à être élaborés des indicateurs de performance[9]. Par la suite, la « Commission on Organization of the Executive Branch of the Government », dite commission Hoover, instituée en 1947 par le président Truman, proposa en 1949 un « budget de performance ». Puis en 1960 naquit un nouveau projet, le « Planning Programming Budgeting System » (PPBS) selon lequel il convenait de transposer, au niveau de l'État, les méthodes managériales utilisées par les grandes entreprises américaines. L'acteur

8. Il fut Président des États-Unis de 1909 à 1913.
9. Cf. J. K. GALBRAITH, *Une vie dans son siècle*, Éditions La Table Ronde, 2006.

moteur de ce dispositif fut le secrétaire d'État à la défense, Robert Mac Namara qui, avant d'être investi de fonctions ministérielles par le président Kennedy, fut le directeur général des usines Ford. Le PPBS fut mis en œuvre par l'administration américaine, avant d'intéresser divers pays européens, dont la France qui décidera, sous l'appellation de Rationalisation des choix budgétaires (RCB), de l'expérimenter au ministère de l'Équipement et au ministère de la Défense. La RCB fut ensuite étendue à d'autres ministères mais ne connut pas un véritable succès et fut abandonnée[10]. Toutefois, malgré les difficultés rencontrées pour sa mise en place, la culture de la performance ne cessa pas de faire l'objet d'études et de propositions. Par exemple, en 1982, Joseph Peter Grace, fut chargé, par le président Reagan, de présider le « Private sector survey on cost control », une commission ayant pour objet de proposer des solutions au gaspillage des fonds publics ; un rapport fut produit en 1984 comprenant 2 478 recommandations[11]. D'autres rapports suivirent allant tous dans le sens d'une adaptation au secteur public des méthodes du management privé comme celui remis en 1993 au Président des États-Unis, Bill Clinton, par son vice-président, Al Gore, le « Report of the National performance review » dont l'objectif est parfaitement éloquent et fait écho au souhait émis un siècle auparavant par Woodrow Wilson : « Creating a government that works better and cost less »[12]. Ce rapport propose notamment une revue des dépenses.

Depuis, on le sait, la culture gestionnaire a pénétré les administrations de nombreux États dans le monde. Il s'agit là d'une évolution qui est aujourd'hui encouragée par un véritable engouement pour les techniques de gestion, avec parfois des assimilations un peu hâtives entre gestion et politique et le risque de finir par élever les techniques de gestion au rang du politique. Il n'est pas inconcevable que, poussée à son paroxysme, une telle fascination conduise à vouloir substituer

10. Cf. Y. ULLMO, « Calcul économique et rationalisation des choix budgétaires », in Revue économique, Année 1972, Volume 23, Numéro 3. Cf. également dans la même revue, H. GUILLAUME, « L'analyse coûts – avantages et la préparation des décisions publiques ». V. J.-P. NIOCHE, « De l'évaluation à l'analyse des politiques publiques », in Revue française de science politique, 1982, Volume 32, Numéro 1. Aussi, J. BRAVO, « L'expérience française des budgets de programmes », in Revue économique, 1973, Volume 24, Numéro 1.

11. Le 10 mars 1982, Ronald Reagan s'adressa aux membres de la commission Grace en ces termes : "The job that I'm asking you to do is to find ways that we can save money in the Federal budget".

12. Report of the National performance review, NY 1993. En 1998, le "National performance review" fut rebaptisé "National Partnership for Reinventing Government".

à la décision politique des dispositifs « d'automatismes budgétaires ». La nécessité et même l'urgence de modifier ceux existants en vue de mieux les adapter ont donné lieu ces quatre dernières décennies à des réformes importantes ainsi qu'à des pratiques nouvelles mais toutes centrées sur un meilleur contrôle de la gestion laissant de côté la question de l'adaptation de la régulation politique à une société qui s'est considérablement transformée – ou plutôt la confondant avec celle de la gestion – les règles posées par la Constitution semblant suffisantes. Or, celles-ci ne sont pas toujours en mesure de répondre aux enjeux d'un cadre politique qui ne correspond plus à celui de leur création. Et, si la classe politique ne comble pas ce vide juridique par des pratiques innovantes il est à craindre un glissement vers une gouvernance financière publique technicienne. C'est alors, qu'au nom de la modernisation de l'État, les professionnels de la gestion pourraient, de fait, se trouver placés « au fondement du processus décisionnel »[13] sans d'ailleurs que la plupart des citoyens ait conscience de l'érosion du pouvoir financier de leurs élus, aussi bien leur pouvoir normatif que celui de décider des politiques financières publiques.

Au total, on peut se demander si une fois encore les finances publiques ne constituent pas la matrice, ou du moins le support, d'une mutation du système politique. Une nouvelle culture politique fondée sur un recours quasi systématique à des experts est en gestation, et ce parallèlement au développement d'une sorte de cybernétique financière[14], issue de l'intelligence artificielle et de la robotisation[15]. Il est possible d'identifier un fil conducteur commun qui traverse les différentes réformes budgétaires, que connaissent ou qu'ont connues beaucoup d'États au cours de ces dernières décennies. On peut y lire en effet l'embryon d'une décision financière publique nouvelle qui s'y dessine progressivement. Elle a pour caractéristique majeure d'être fondée sur la mise en œuvre d'automatismes visant à la rendre plus performante et à éviter un certain nombre d'aléas relevant d'un environnement général de plus en plus incertain. Cette voie est encouragée par un déplacement des débats qui, après avoir été longtemps focalisés sur la question de l'initiative parlementaire, se sont orientés vers des enjeux gestionnaires

13. R. CASTEL, *Savoir d'expertise et production de normes*, in F. CHAZEL, J. COMMAILLE, (sous la dir.), *Normes juridiques et régulation sociale*, LGDJ 1991.
14. Cf. M. BOUVIER, « Vers une cybernétique financière ? » in Alternatives économiques n° 240-2005 ; cf. également, « Utopie technicienne et cybernétique financière publique », in RFFP n° 129-2015.
15. À ce sujet, cf. le film du colloque Fondafip/TGR téléchargeable sur https://www.youtube.com/watch?v=xREYaOVfFv4.

centrés sur la réalisation de l'équilibre budgétaire et l'urgence de limiter la progression de la dette publique. L'approche s'appuie par ailleurs, on l'a dit, sur l'utilisation de nouvelles technologies qui permettent d'envisager, voire déjà de pratiquer une certaine robotisation de la chaîne financière publique allant de la décision à l'exécution et au contrôle. On ne doit pas s'y tromper. Sous couvert d'interrogations relatives aux techniques de gestion c'est un réel choix de société, un choix politique, qui s'y trouve sous-jacent.

C'est pourquoi ce serait inverser la démarche intellectuelle que de commencer par s'enfermer dans une réflexion purement centrée sur des modalités juridiques, économiques ou gestionnaires. En effet, il serait vain de leur demander de résoudre une question qui est d'abord d'ordre politique parce qu'elle concerne la gouvernance financière publique dans sa globalité. Par ailleurs, l'économie et la gestion en imposant leurs concepts au politique[16], ont à plusieurs reprises et jusqu'alors montré leurs limites dans l'accomplissement d'une soutenabilité des finances publiques.

Quoi qu'il en soit une chose est certaine : il se dessine progressivement la fin, non pas seulement d'une certaine façon de pratiquer la gestion publique, mais aussi de concevoir la politique. Nous ne sommes pas seulement en présence d'une situation dans laquelle se fait jour un processus de réformes techniques standardisées des finances publiques. En effet l'IA générative est maintenant en mesure de participer à l'élaboration de la loi en permettant de produire des amendements législatifs, et il est crucial de s'interroger sur les conséquences possibles au regard des décisions budgétaires, autrement dit, sur le risque potentiel pour la qualité de la démocratie.

Ce risque est parfaitement perçu par nombre de parlementaires. C'est le cas de Hervé Saulignac, député de l'Ardèche qui relève qu'« une majorité de politiques considèrent que si on a recours à l'IA, on fait la démonstration qu'on n'est pas intelligent. Donc on se cache d'avoir recours à cette prothèse[17]. » Par ailleurs, l'ancien député de Haute-Corse, Jean-Félix Acquaviva, qui a déposé en mars 2023 le premier amendement parlementaire généré par une intelligence artificielle, révèle que l'IA générative lui a « fourni en quelques secondes un texte largement potable, quasiment du même niveau que celui de ses collaborateurs » et, ajoute-t-il, « ça donne le tournis, et ça m'a beaucoup questionné[18]. »

16. Cf. J.-P. DUPUY, *L'avenir de l'économie,* Flammarion, 2012.
17. France Info, 30 juin 2023.
18. *Idem.*

En effet, la généralisation d'une telle pratique, si elle sombrait dans une confiance aveugle dans l'IA générative, poserait le problème de la légitimité des choix faits par les décideurs sinon d'ailleurs des décideurs eux-mêmes.

Toutefois, d'un autre côté, l'IA nous permet de réfléchir à cette question en libérant les politiques et les gestionnaires de tâches matérielles, compliquées, fastidieuses et envahissantes. Il devient donc possible de développer les capacités humaines, aussi bien matérielles qu'intellectuelles, et ainsi de disposer du temps nécessaire pour entamer une réflexion collective et plurielle, sur les effets et sur les finalités de l'IA au regard de la décision financière.

Finalement, de nouvelles conceptions et de nouvelles institutions sont apparues sans pour autant constituer encore un tout homogène pouvant former un système pilotable[19], autrement dit un modèle de gouvernance financière publique légitime, compris et accepté par les citoyens. On est cependant en droit d'espérer qu'une figure inédite du politique s'ébauche, celle d'un État enraciné dans une « gouvernance financière publique intelligente », on veut dire s'appuyant sur les possibilités offertes par l'Intelligence artificielle. S'il n'en était pas ainsi, force serait de constater une démission du corps politique fatale à la démocratie.

Michel BOUVIER

19. Cf. les Éditoriaux des numéros 165, 166 et 167 de cette revue.

Editorial

Public Finance: When Management Takes Over Politics

Public finance is above all a political fact. It cannot be reduced to law, economy or financial management. Yes, it is formalised through budgetary, accounting and tax law. Yes, it weighs on the economy and vice versa. Yes, public finance is managed using increasingly sophisticated instruments, on par with those used by companies. But we too often forget, or prefer ignore, that it is fundamentally political in nature. At its root, public finance is the source of political power. It is the very foundation of government and the means by which public policies are implemented.

As Joseph Schumpeter observed, let us not forget that "without financial need the immediate cause for the creation of the modern state would have been absent."[1]. This economist subscribed to the same theory as many authors who can be considered the founders of public financial science, including the lawyer Gaston Jèze, for whom "to disregard the political factor is to consider negligible the historical fact that most major political and social reforms have always had financial causes and that major financial problems have been created and resolved under the influence of political causes"[2]. Subsequently, the same point of view was shared by Louis Trotabas and Pierre Lalumière, for whom "political fact is essential, it dominates all of financial reality"[3]. Similarly, according to Gérard Dehove, "the science of finance cannot be understood outside politics, because without political organisation there would be no collective goal to be met, no public expenditure to ensure its achievement and therefore no public spending for which collective revenue must be obtained to cover that

1. J. SCHUMPETER, "The crisis of the Tax State", in *Imperialism and Social Classes*, Minuit, 1972.
2. G. JÈZE, *Cours de finances publiques*, Giard, 1925-1931.
3. P. LALUMIÈRE, "Les cadres sociaux de la connaissance financière", RSLF, January 1963.

expenditure, i.e. no financial activity… financial science is therefore political by nature"[4].

In other words, public finance determines the life and organisation of a society as a whole. Public finance is the essence and substance of political power, the source of energy that determines its evolution and strength. Moreover, it expresses societal choices and makes it possible for all the projects that policymakers wish to implement, from the smallest to most ambitious, to be realised. It permeates every corner of our institutions and its health is essential for the quality of every citizen's daily life. It has a decisive influence in how institutions are configured and which directions public policies take. In other words, public finance is essential for how the decision-making process occurs for these policies, as well as for the production of public financial governance standards.

It should be stressed, however, that material constraints as well as ideologies and weakness of political power with regard to public finance have led to an increasingly managerial approach since the end of the 19th century.

Woodrow Wilson, an academic and future president of the United States[5], advocated in 1887[6] to protect public financial management from the political quarrels and corruption to which it had been victim and proposed entrusting it to professionals. In the same vein, he considered it essential to determine what the government's responsibilities should be, and which methods it could use to accomplish them effectively and at the lowest cost[7]. This opened the door for conceptions of economy and management to interface with political decision-making. Indeed, careful observation reveals that a managerial vision of the management of public money would then gradually emerge, first from a theoretical point of view, to finally materialise and become part of the administrative practices of many governments in the wake of the crises of the 1970s.

In the United States, this vision developed when it was deemed necessary to put finances in order and, as a result, very serious questions emerged about how to manage the government more effectively. For example, the Antideficiency Act, originally enacted in 1884 and

4. G. DEHOVE, "Science et finances, science économique et science politique" in *Deux siècles de fiscalité française XIXe-XXe siècle*, J. BOUVIER et J. WOLFF (Ed. et al.), De Gruyter Mouton, 1973.

5. He was President of the United States from March 4, 1913 to March 4, 1921.

6. W. WILSON, "The Study of Administration", in Political Science Quarterly, Vol 2., No 2-887.

7. "It is the purpose of administrative study to discover, first, what government can do properly and successfully, and, secondly, how it can do these proper things with the utmost efficiency and at the least possible cost of money or energy", in Political Science Quarterly, *op. cit.*

amended in 1905 and 1906, already emphasised the need to better manage the budget. But this reflection was specifically initiated by a major commission created in 1910, the Commission for Economy and Efficiency, known as the Taft Commission. William Howard Taft, a Republican, was then president of the United States[8] and wanted to improve management of public affairs. This commission produced a report in 1912 calling for more rational management of the government, including establishment of programme budgets to replace resource budgets. However, this proposal was not applied, not least because resource budgets made it easier to monitor the regularity of financial transactions. Subsequently, other commissions met, all to address the same concern for good management, and all, like the Taft Commission, greatly influenced by the "scientific management" advocated by Frédéric Taylor. The 1929 crisis triggered a revival of research in this field. During the 1930s, as well as during the Second World War, the field took another leap forward. President Roosevelt created a three-member committee in 1936 called the Brownlow Committee, which produced the Report of the President's Committee on Administrative Management. Moreover, because it was a period of scarcity, there was a need to rationally analyse the components and effectiveness of public spending. This is when performance indicators began to develop[9]. Subsequently, the Commission on Organization of the Executive Branch of the Government, known as the Hoover Commission, established in 1947 by President Truman, proposed a performance budget in 1949. Then, in 1960, a new project was born, the Planning Programming Budgeting System (PPBS), according to which it was necessary to transpose, at the government level, the management methods used by large American companies. The driving force behind this scheme was Secretary of Defense Robert McNamara, who, before being appointed to the cabinet by President Kennedy, was the Present of Ford Motor Company and managed its factories. The PPBS was first implemented by the US government, and then attracted several European countries, including France, which decided to experiment with the policy under the name Rationalisation of Budgetary Choices (RCB) at the Ministry of Equipment and Ministry of Defence. The RCB was then extended to other ministries, but it was not very successful and was finally abandoned[10].

8. He was President of the United States from 1909 to 1913.
9. See J. K. GALBRAITH, *Une vie dans son siècle*, Éditions La Table Ronde, 2006.
10. See Y. ULLMO, "Calcul économique et rationalisation des choix budgétaires", in Revue économique, Year 1972, Volume 23, Number 3. See also in the same journal, H. GUILLAUME, "L'analyse coûts-avantages et la préparation des décisions publiques".

However, despite the difficulties encountered in its implementation, the culture of performance continued to be the subject of studies and proposals. For example, in 1982, Joseph Peter Grace was appointed by President Reagan to chair the Private Sector Survey on Cost Control, a commission tasked with proposing solutions to the waste of public funds; a report was produced in 1984 containing 2,478 recommendations[11]. Other reports followed, all suggesting adapting private management methods to the public sector, such as the one issued in 1993 to the President of the United States, Bill Clinton, by his Vice-President, Al Gore, the Report of the National Performance Review, whose eloquent goal echoes the wish expressed a century earlier by Woodrow Wilson: "Creating a government that works better and costs less"[12]. In particular, this report proposed a review of expenditures.

Since then, as we know, managerial culture has penetrated many governments around the world. This is a development that is now encouraged by real enthusiasm for management techniques, sometimes with rather hasty integrations of management and politics at the risk of ultimately elevating management techniques to the level of politics. It is not inconceivable that, pushed to its limit, such a fascination could lead to a desire to replace political decision-making with budgetary automation mechanisms. The need, and even the urgency, to amend and adapt existing budgetary systems has given rise to major reforms and new practices over the last four decades, all focused on better management, leaving aside the question of adapting political regulation to a society that has changed considerably – or rather confusing regulation with management – assuming that the rules laid down by the Constitution are sufficient. However, they are not always able to respond to the challenges of a political framework that no longer corresponds to that of their creation. And, if politicians do not fill this regulatory vacuum with innovative practices, we could see a shift towards a technical approach to public financial governance. It is then that, in the name of the modernising the State, management professionals could, in fact, find themselves placed "at the foundation

V. J.-P. NIOCHE, "De l'évaluation à l'analyse des politiques publiques", in Revue française de science politique, 1982, Volume 32, Number 1. Also, J. BRAVO, "L'expérience française des budgets de programmes", in Revue économique, 1973, Volume 24, Number 1.

11. On March 10, 1982, Ronald Reagan addressed the members of the Grace Commission as follows: "The job that I'm asking you to do is to find ways that we can save money in the Federal budget".

12. Report of the National Performance Review. NY 1993. In 1998, the National Performance Review was renamed the National Partnership for Reinventing Government.

of the decision-making process"[13] without most citizens being aware of the erosion of the financial power of their elected representatives, both their power to set standards and to decide public financial policies.

All in all, we can wonder whether public finance is once again the template, or at least the backdrop, for a change in the political system. A new political culture based on the almost systematic use of experts is in the making, at the same time as a kind of financial cybernetics is being developed[14], resulting from artificial intelligence and robotisation[15]. It is possible to identify a common thread running through the fiscal reforms that many countries are experiencing or have experienced over the last few decades. Indeed, we can see the root of a new kind of public financial decision-making that is gradually taking shape. Its main characteristic is that it is based on automated systems designed to make it more efficient and to avoid a certain number of risks arising from an increasingly uncertain general environment. This path is encouraged by a shift in discourse which, after having long been focused on parliamentary initiative, has shifted towards managerial issues focused on balancing the budget and urgently limiting the increase in public debt. This approach is also based, as has been said, on the use of new technologies that make it possible to envision, or even already apply, a robotisation of the public financial chain, from decision-making to enforcement and monitoring. We must be clear on this. Under the guise of questioning management techniques there lies a real societal choice, a political choice to be made.

This is why beginning by confining ourselves to a reflection purely focused on legal, economic and managerial methods would be going backwards. Indeed, it would be pointless to ask these methods to resolve an issue that is primarily political in nature because it concerns public financial governance as a whole. In addition, imposing economic and managerial concepts on politics[16] has revealed their limits in achieving sustainable public finance many times over.

However, one thing is certain: the end is gradually taking shape, not only of a particular way of practicing public management, but also

13. R. CASTEL, "Savoir d'expertise et production de normes", in F. CHAZEL, J. COMMAILLE, (under editor), *Normes juridiques et régulation sociale*, LGDJ 1991.

14. See M. BOUVIER, "Vers une cybernétique financière?", in Alternatives économiques n° 240-2005; also see "Utopie technicienne et cybernétique financière publique", in RFFP n° 129-2015.

15. On this subject, see the Fondafip/TGR colloquium film downloadable at https://www.youtube.com/watch?v=xREYaOVfFv4.

16. See J.-P. DUPUY, *L'avenir de l'économie,* Flammarion, 2012.

of designing policy. We are not only faced with a situation in which standardised technical reforms of public finance are emerging. Indeed, generative AI is now able to participate in creating laws by producing legislative amendments, and it is crucial to consider the possible consequences for budgetary decisions, in other words, the potential risks to the quality of democracy.

This risk has been identified by many legislators, such as Hervé Saulinac, Representative for the Ardèche, who notes that, "a majority of politicians believe that if we use AI, we demonstrate that we are not intelligent. So we avoid using this tool[17]." On the other hand, the Representative for Haute-Corse, Jean-Félix Acquaviva, who submitted the first parliamentary amendment generated by artificial intelligence in March 2023, reveals that generative AI has "provided him with a largely digestible text, almost on the same level as that of his colleagues" and, he adds, "it sent me reeling, and has me asking a lot of questions[18]." Indeed, the generalisation of such a practice, if it were to lead to blind trust in generative AI, would call into question the legitimacy of the choices made by policymakers, if not the policymakers themselves.

On the other hand, AI allows us to reflect on this issue by freeing politicians and managers from material, complicated, tedious and consuming tasks. This makes it possible to develop human capacities, both material and intellectual, and gives us the time necessary to initiate a collective and multi-faceted reflection on the effects and purposes of AI with regard to financial decision-making.

Finally, new conceptions and new institutions have appeared without yet constituting a homogeneous whole that could form a manageable system[19], in other words a legitimate public financial governance model, understood and accepted by citizens. We are, however, entitled to hope that an unprecedented figure in politics will emerge, that of a State rooted in "smart public financial governance", meaning founded on the possibilities offered by artificial intelligence. If this is not the case, it will mean that politicians have resigned their duties, striking a fatal blow to democracy.

Michel BOUVIER

17. France Info, 30 June 2023.
18. Same.
19. See Editorials No, 165/166/167 of this review.

Le financement des Parlements en France et à l'étranger : quelle autonomie ?

Le thème de ce numéro est composé par les actes d'un colloque organisé par FONDAFIP, le 1er février 2024 à l'Assemblée nationale.

L'autonomie financière des parlements en questions

Michel BOUVIER

Professeur émérite de l'Université Paris 1 Panthéon-Sorbonne
Président de FONDAFIP
Directeur de la Revue Française de Finances Publiques

RÉSUMÉ

S'interroger sur l'autonomie financière des parlements constitue un sujet essentiel car il a trait à l'organisation des pouvoirs au sein de l'État, il est donc déterminant pour l'accomplissement de la démocratie. Il est également important de rappeler que la question de l'autonomie financière recouvre deux aspects, l'autonomie de gestion financière et l'autonomie de décision financière. Ces deux aspects sont abordés et sont suivis d'une interrogation sur la place des experts dans le processus parlementaire.

The financial independence of parliaments is an essential question as it relates to how powers are organised within the government, and is therefore decisive for the achievement of democracy. It is also important to remember that financial independence has two aspects, independence in financial management and in financial decision-making. These aspects are both are discussed, followed by an investigation of the role of experts in the legislative process.

S'interroger sur l'autonomie financière des parlements constitue un sujet essentiel car il a trait à l'organisation des pouvoirs au sein de l'État, il est donc déterminant pour l'accomplissement de la démocratie. Il ne faut cependant pas négliger le fait que nombre de concepts utilisés dans le cadre des finances publiques sont plus ou moins flous du fait des transformations nationales et internationales qui se sont produites dans ce champ depuis environ une cinquantaine d'années. Ainsi, des termes qui semblaient aller de soi ne procèdent plus d'un sens partagé. C'est le cas de la notion d'autonomie financière qui ne fait pas l'objet d'une définition unanime, et ce alors même qu'elle tient une place centrale dans les débats relatifs à l'administration des institutions publiques.

Il faut toutefois ajouter que si dans l'abstrait, le concept d'autonomie financière « en soi » est difficilement définissable, en revanche, appliqué à telle ou telle institution, il devient possible de dégager un sens commun sans le confondre avec une indépendance totale ; ce serait une erreur d'appréciation fatale dans un monde aussi complexe et interrelationnel que celui d'aujourd'hui. Ce sens ne peut donc qu'être lié à un contexte donné, à un moment donné. Autrement dit, l'autonomie financière ne peut être que relative.

Il est également important de rappeler que la question de l'autonomie financière recouvre deux aspects, l'autonomie de gestion financière et l'autonomie de décision financière. Ces deux aspects sont présents dans les réformes budgétaires mises en œuvre un peu partout dans le monde, sur tous les continents, depuis environ quatre décennies. Leur logique consiste en effet à responsabiliser, chacun à leur niveau, les acteurs publics, politiques et gestionnaires, et rendre la décision et la gestion financière publique plus efficaces.

En ce qui concerne la France, c'est le Parlement qui est à l'origine de la réforme des institutions budgétaires de l'État avec la loi organique relative aux lois de finances du 1er août 2001. Le Parlement a en effet réformé à son initiative l'ordonnance du 2 janvier 1959 portant loi organique relative aux lois de finances. Tournant le dos à la classique, et parfois courtelinesque, logique de moyens, il lui substitue une logique de résultats qui, marquée par une philosophie d'entreprise, prend d'abord en considération les objectifs à atteindre ce qui entraîne des bouleversements en profondeur de la gestion publique et partant de l'organisation interne des institutions.

C'est en effet la « constitution financière » de la France qui s'est trouvée ainsi transformée avec cette loi qui a été adoptée par le Sénat en deuxième lecture, le 28 juin 2001 selon un vote conforme, il est important de le souligner ici. On peut donc supposer que l'Assemblée nationale comme le Sénat s'appliquent à eux-mêmes la logique de responsabilisation qui caractérise ce texte, tant sur le plan de la décision que sur celui de la gestion.

Concernant l'autonomie de décision financière, qui sera abordée dans la première table ronde, il convient de rappeler que celle-ci suppose la possibilité pour une institution de définir librement son budget en ressources comme en charges. Elle n'implique pas nécessairement une indépendance totale qui supposerait un financement par des ressources propres tirées, par exemple, de revenus d'un domaine privé, d'une tarification de services, voire d'une fiscalité propre. Elle s'accommode parfaitement de ressources allouées par l'État dans la mesure où lui est laissée la possibilité de déterminer ses besoins et de participer à la décision. Elle suppose une stratégie d'action et une capacité d'évaluation de ces besoins.

À cet égard, la loi organique relative aux lois de finances du 1er août 2001 organise un traitement budgétaire particulier pour ce qui est qualifié de « pouvoirs publics » dont font partie les assemblées parlementaires aux côtés, notamment de la présidence de la République, du gouvernement ou encore du Conseil constitutionnel. Leur régime est déterminé par l'article 7 de la LOLF selon lequel « une mission spécifique regroupe les crédits des pouvoirs publics, chacun d'entre eux faisant l'objet d'une ou de plusieurs dotations ».

Les « pouvoirs publics », dont la liste, il faut le rappeler, ne figure pas dans le texte, déterminent eux-mêmes le montant des crédits qui leur sont nécessaires. Ensuite, le gouvernement inscrit le montant demandé dans le projet de loi de finances auquel est joint un rapport expliquant les crédits de chacune de ces institutions. Il s'agit là d'un traitement spécial justifié par l'exigence d'autonomie de décision financière qui est la conséquence du principe de séparation des pouvoirs ce que le Conseil constitutionnel a confirmé dans une décision du 27 décembre 2001[1].

Il faut souligner également que l'utilisation des crédits, qui est soumise aux règles de la comptabilité publique avec certaines spécificités, fait

1. Selon le Conseil constitutionnel, la mission spécifique « Pouvoirs publics » vise à mettre en œuvre ce principe (Conseil constitutionnel, décision n° 2001-456 DC du 27 décembre 2001, considérant 47 : *47. Considérant que ces dispositions ne sauraient être interprétées comme faisant obstacle à la règle selon laquelle les pouvoirs publics constitutionnels déterminent eux-mêmes les crédits nécessaires à leur fonctionnement ; que cette règle est en effet inhérente au principe de leur autonomie financière qui garantit la séparation des pouvoirs ; que, sous cette réserve, l'article 115 est conforme à la Constitution).*
Il s'agissait de l'article 115 de la loi de finances pour 2002 rédigé dans ces termes :
I. - Est joint au projet de loi de finances de l'année, pour chacun des pouvoirs publics, un rapport expliquant les crédits demandés par celui-ci.
II. - Est jointe au projet de loi de règlement une annexe explicative développant, pour chacun des pouvoirs publics, le montant définitif des crédits ouverts et des dépenses constatées et présentant les écarts avec les crédits initiaux.
III. - Les dispositions du présent article sont applicables pour la première fois aux lois de finances de l'année 2003.

l'objet, dans chaque assemblée, d'un contrôle par une commission parlementaire spécialement désignée. Par ailleurs, les comptes des assemblées sont certifiés par la Cour des comptes[2].

Néanmoins, et si l'on considère l'autonomie de gestion du Parlement, dont il sera question dans la deuxième table ronde, les dotations sont dérogatoires aux « programmes » : elles ne sont par exemple pas soumises aux exigences de performance fer de lance des budgets de résultats. Or, le secteur public est marqué, depuis plusieurs décennies déjà, par une logique gestionnaire. Celle-ci est au cœur des réformes et de la LOLF en particulier. Ce qui suppose l'utilisation d'outils adaptés du management privé, dont une évaluation des résultats obtenus sur la base d'indicateurs chiffrés qui est une condition essentielle à la recherche de l'efficacité budgétaire. Mais quel sens, quels critères pour une assemblée politique ? S'agit-il de l'efficacité des parlementaires ou bien de l'efficacité de la gestion budgétaire de l'assemblée ? Mais alors, quels objectifs poser ? À quels indicateurs doivent-ils être associés ?

D'autre part, on le sait, les institutions d'une société forment système, ce qui signifie qu'elles sont en interrelations dynamiques les unes avec les autres. C'est pourquoi la décision et la gestion financières des assemblées parlementaires doivent être prises en compte au sein du système financier public. Et, considérées dans ce cadre, il est fondé de s'interroger sur la portée de leur autonomie financière tant en ce qui concerne leur autonomie de décision que de leur autonomie de gestion.

Pour cette raison il n'est pas possible de faire abstraction du rôle que joue l'expertise dans la prise de décision et dans la gestion budgétaire. Et celle-ci n'est pas sans conséquence sur l'autonomie financière des parlements.

Ce sera l'objet de la troisième table ronde de ce colloque.

Il y a là une question d'importance car à travers elle c'est la souveraineté des institutions politiques qui est en jeu, le pouvoir de décider des parlementaires comme des gouvernements. Il s'agit en effet de savoir si les normes en vigueur dans un pays, notamment les normes budgétaires et comptables, sont créées au cours d'un processus démocratique autonome et interne à celui-ci ou bien si elles le sont sous des influences externes provenant de sources qui n'émanent pas d'institutions politiques légitimées par le vote des citoyens. Dans

2. Même si elles ne sont pas toutes suivies d'effet, les observations du certificateur ont un impact certain au regard de l'amélioration des comptes. Ainsi, suite à une réserve de la Cour sur les comptes de 2006 au sujet des comptes des pouvoirs publics, les comptes de l'Assemblée nationale et du Sénat ont été intégrés dans les comptes 2007 de l'État.

ce dernier cas, un tel mode de fonctionnement serait révélateur des « incertitudes et des abandons du politique »[3].

Une telle évolution est particulièrement présente et lisible dans le champ des finances publiques du fait d'une forte polarisation sur une multitude de techniques économiques, juridiques, budgétaires ou comptables. Leur foisonnement et leur complexité croissante rendent les systèmes financiers de moins en moins transparents mais aussi de plus en plus difficiles à gérer et contrôler. Ces derniers en viennent à se trouver exagérément éloignés des citoyens mais aussi des élus et nécessitent l'intervention d'experts assumant parfois de fait la responsabilité des décisions.

On ne peut pas non plus faire l'économie de la place prise par l'intelligence artificielle dans les sources des normes de pilotage et de gestion des modèles financiers publics. La voie vers la généralisation d'automatismes financiers est déjà bien tracée. On peut y voir une rationalisation de ces modèles qui pourrait également correspondre à une perte de confiance dans la classe politique en faisant échapper la décision budgétaire aux aléas des faiblesses humaines, notamment celles présumées des décideurs politiques, sont visés ses turbulences et son clientélisme. Il s'en suivrait une distance avec la sphère du politique voire une mise à l'écart de la prise de décision en confiant les politiques budgétaires à des systèmes-experts, autrement dit à des algorithmes.

À tout le moins, une nouvelle culture politique fondée sur un recours quasi systématique à des experts est bien présente. Elle s'articule avec le développement d'une cybernétique financière[4], issue de l'intelligence artificielle et de la robotisation[5], se posant comme une réponse à un sentiment d'incertitude et d'insécurité lié à l'accentuation de la complexité des sociétés contemporaines. On peut se demander si une fois encore le modèle de gouvernance financière publique ne constitue pas la matrice, ou du moins le support, d'une mutation du modèle politique.

On est alors conduit à s'interroger sur la légitimité de tels modèles. Autrement dit faut-il se satisfaire du fait que le technicisme et ses certitudes s'imposent comme un nouvel absolu, que « la techno-science

3. L. SFEZ, « Science et pouvoir : la question des experts », in *Système et paradoxe* (ouvrage collectif sous la direction de M. AMIOT), Seuil, 1993.

4. Cf. M. BOUVIER, « Vers une cybernétique financière ? » in Alternatives économiques n° 240, 2005 ; cf. également « Utopie technicienne et cybernétique financière publique », in RFFP n° 129, 2015.

5. À ce sujet, cf. le film du colloque Fondafip/TGR téléchargeable sur https://www.youtube.com/watch?v=xREYaOVfFv4.

s'empare de tout, approfondit et étend sa domination »[6] ? Ou bien encore, comme Richard Rorty, doit-on estimer que « la science déracine les fondements sans procurer de solutions de remplacement… et, ajoute-t-il, que nous le voulions ou non, la science nous a placés dans la situation consistant à devoir vivre sans fondements »[7] ? Il reste qu'un terrain essentiel et même crucial pour la démocratie est celui de la définition de la légitimité des institutions créatrices de normes. Cet impératif suppose d'avoir préalablement résolu la problématique d'une nouvelle alliance de l'expert et du politique[8]. Celle-ci reste à inventer. On peut raisonnablement espérer que l'intelligence artificielle soit en mesure de nous y aider, nous ne sommes qu'à l'aube des possibilités qu'elle nous offre.

6. K. AXELOS, *Ce questionnement*, Minuit, 2001.
7. R. RORTY, *L'homme spéculaire*, Seuil, 1990.
8. Sur cette question, voir L.-A. BOUVIER, « Les avis du Conseil d'État sur les projets de lois : légitimité d'une fonction juridique à portée politique » in LPA n° 46, 2015 ; « Vers la fin du secret des avis du Conseil d'État sur les projets de lois ? » in AJDA n° 10, 2015.

Quelle autonomie financière du Parlement ?

Gérald SUTTER

Administrateur des services de l'Assemblée nationale

Les développements qui suivent n'engagent que leur auteur. Cet article est la version écrite du rapport introductif présenté le 1er février 2024 lors du colloque organisé par Fondafip à l'Assemblée nationale : « Le financement des Parlements en France et à l'étranger, quelle autonomie ? ». Que soient ici remerciés le député Jean-René Cazeneuve et ses collaborateurs, ainsi que le professeur Michel Bouvier.

RÉSUMÉ

Consubstantiel à l'existence des Parlements, le principe d'autonomie financière des assemblées est parfois présenté, ou perçu, comme une survivance de l'Histoire, figée dans son essence et dans ses implications. Toutefois, si l'on s'interroge sur la portée effective de ce principe de nos jours, il apparaît que l'autonomie financière n'est pas sans limites, qu'elle n'empêche pas toute évolution des modalités de gestion des assemblées et que ses conséquences concrètes ne doivent être ni surestimées ni exagérées.

Consubstantial with the existence of parliaments, the principle of financial autonomy of assemblies is sometimes presented, or perceived, as a relic of history, fixed in its essence and in its implications. However, if we question the effective scope of this principle today, it appears that financial autonomy is not without limits, that it does not prevent any evolution in the methods of managing assemblies and its concrete consequences should neither be overestimated nor exaggerated.

L'autonomie financière du Parlement est une facette d'un principe plus large, garantissant son autonomie fonctionnelle : il s'agit d'une forme d'indépendance à l'égard du Gouvernement et du Président de la République mais aussi, plus largement, vis-à-vis du reste de l'État. Au terme d'une recherche socio-historique fondée sur l'exploitation des archives de l'Assemblée nationale, Delphine Gardey note sur ce point : « Outre la définition d'un lieu dédié, la production d'une institution se traduit par le lien qu'il convient d'établir entre la souveraineté politique de la Chambre et sa capacité administrative et budgétaire »[1].

Historiquement, le principe d'autonomie financière a structuré le développement des assemblées parlementaires françaises[2], ceci dès leur origine. En 1789, l'Assemblée constituante confie à certains députés, alors appelés « commissaires » ou « inspecteurs », le soin de gérer ses dépenses, à partir de ce qui deviendra un peu plus tard un budget propre, prévu par la loi du 7 fructidor an II (24 août 1794).

Comme l'indique Alain Cohen, lorsque « l'Assemblée siégeait à Versailles (jusqu'au 18 octobre 1789) les dépenses de la salle dépendaient du Ministère de la Maison du Roi et du budget qui lui était affecté. Cette situation perdura jusqu'au 1er octobre 1790, alors que l'Assemblée décida de transporter ses services de la salle de l'Archevêché de Paris (après le 7 novembre 1789) au Manège des Tuileries. La voie était toute tracée pour *l'autonomie administrative et financière* de l'Assemblée par rapport à la Maison du Roi. La désignation du député Guillotin comme Commissaire de la salle jeta les bases de l'administration de l'Assemblée puisqu'elle le chargea de veiller sur la police, la sûreté et la salubrité de la salle. Les termes "d'inspecteurs des dépenses des bureaux des comités" ou "d'inspecteurs du travail des commis" apparurent alors parce qu'il s'agissait de permettre à Guillotin d'être secondé »[3].

1. D. GARDEY, *Le Linge du Palais-Bourbon. Corps, matérialité et genre du politique à l'ère démocratique*, Le Bord de l'eau, 2015, p. 58.
2. « Au cours de [la] période […] qui va des assemblées révolutionnaires à la monarchie de Juillet, le trait dominant est bien, en dépit de fortes discontinuités politiques, le principe de l'autonomie financière et administrative des assemblées parlementaires. Cette autonomie peut être considérée comme un fait établi (ou s'établissant dans le temps) qui renvoie à des réalités politiques et institutionnelles différentes. Jamais véritablement définie de façon principielle, mais pas davantage combattue, l'autonomie financière et administrative des Chambres est en revanche rappelée à titre jurisprudentiel par les administrateurs des Chambres quand ils se trouvent placés en difficulté du fait d'un changement de régime ou de troubles politiques » écrit D. GARDEY (*op. cit.*, p. 129).
3. A. COHEN, « Le Comité des Inspecteurs de la salle : une institution au service de la Convention nationale (1792-1795) », La Révolution française. Cahiers de l'Institut d'histoire de la Révolution française, 2012, n° 3, en ligne (souligné par nous).

Ces inspecteurs prendront le nom de « questeurs » sous le Consulat, à partir du sénatus-consulte du 28 frimaire an XII (20 décembre 1803).

Le principe d'autonomie financière du Parlement n'est, évidemment, pas spécifique à la France. En dépit des différences de systèmes institutionnels et politiques, il s'agit d'un principe quasi-universel, au moins dans les pays démocratiques. S'exprimant en ce sens au début des années 1960, le professeur Marcel Prélot, alors sénateur, souligne qu'en France comme ailleurs, de longue date, est « acquise l'idée que les assemblées parlementaires échappent au Droit commun financier, qu'*elles jouissent de l'autonomie*, et que celle-ci doit être étendue à la préparation, à l'adoption et au contrôle de leur budget »[4]. C'est, ainsi, un sujet qui se prête tout spécialement à la comparaison avec d'autres États et d'autres traditions que la nôtre[5].

Consubstantiel à l'existence des Parlements, le principe d'autonomie financière continue, de nos jours, à régir le fonctionnement des assemblées. Pour autant, ce principe a-t-il aujourd'hui la même signification et la même portée qu'aux origines du parlementarisme ? S'agit-il du même principe que sous les IIIe et IVe Républiques ? Répond-il toujours à la célèbre définition d'Eugène Pierre, secrétaire général de la Chambre des députés de 1885 à 1925, pour qui « l'indépendance [on notera l'usage de ce terme, préféré à celui d'« autonomie »[6]] des chambres exige que chacune d'elles ait son budget propre, préparé par elle seule, voté souverainement et définitivement apuré par elle seule, sans aucune immixtion ni du ministère des Finances ni de la Cour des comptes. Le total du crédit mis chaque année à la disposition des Questeurs du Sénat et de la Chambre des députés ne figure que pour la forme au budget de l'État et par une nécessité d'écriture publique »[7] ? On peut également

4. M. PRÉLOT, cité par F. LE RECLUS, « Les finances des chambres françaises », Politique. Revue internationale des idées, des institutions et de la vie politique, 1963, n° 21-24, p. 177 (souligné par nous).

5. Voir M. COUDERC, « L'autonomie administrative et financière des assemblées parlementaires », *Informations constitutionnelles et parlementaires*, 1999, n° 177, p. 16-63, ainsi que les actes du 2e symposium international de finances publiques comparées (22-23 mars 2018), « Le financement public des Parlements en Europe », Gestion & Finances Publiques, 2018, n° 5, p. 5 et 118. Voir également les contributions figurant dans le présent numéro.

6. Voir sur ce point S. HUTIER, « La souveraineté dans le traité d'Eugène Pierre ou l'éloge des assemblées de la IIIe République », *in* R. GHEVONTIAN (dir.), *Eugène Pierre, précurseur du droit parlementaire contemporain*, Bruylant, 2019, p. 71. Voir aussi la contribution de G. BERGOUGNOUS, « Eugène Pierre et l'institution parlementaire », *ibid.*, p. 153-168.

7. E. PIERRE, *Traité de droit politique, électoral et parlementaire*, 5e éd., Librairies-Imprimeries réunies, 1924, p. 1343, § 1177. Ces termes figurent à l'identique dès la première édition de ce traité, en 1893. Auparavant, le *Traité pratique de droit parlementaire* de J. POUDRA et E. PIERRE, publié en 1878 (Cerf et fils ; Librairie de J. BAUDRY),

se demander si le principe d'autonomie financière revêt actuellement un sens identique à celui des débuts de la Ve République – régime qui lui a assuré une pleine consécration constitutionnelle grâce à la jurisprudence du Conseil constitutionnel[8].

Cette série d'interrogations est à l'origine de la question – « quelle autonomie ? » – qui donne son titre au présent numéro de cette Revue. En effet, si le principe d'autonomie financière des Parlements est bien connu[9], s'il a déjà été largement décrit et commenté, c'est parfois au risque d'être présenté – ou perçu – comme une survivance de l'Histoire, quelque peu figée dans son essence et dans ses implications.

Or, une telle vision serait erronée[10]. Ce principe n'empêche pas toute évolution, n'est pas sans limites et ses conséquences concrètes ne doivent être ni surestimées ni exagérées.

C'est mû par cette volonté d'interroger ce que l'autonomie financière des Parlements représente *aujourd'hui* que l'on peut suggérer quelques pistes de réflexion.

I. – D'ABORD, L'AUTONOMIE FINANCIÈRE NE CONFÈRE PAS AU PARLEMENT UNE LIBERTÉ ABSOLUE DANS LA DÉFINITION DE SES MOYENS

En dépit du principe constitutionnel d'autonomie financière, en vertu duquel « les pouvoirs publics constitutionnels déterminent eux-mêmes les crédits nécessaires à leur fonctionnement »[11], chaque

indiquait : « Les Chambres ont eu, dans tous les temps, un budget indépendant, distinct de celui de l'État, non soumis au contrôle de la Cour des comptes » (p. 476, § 935).

8. Le Conseil constitutionnel consacre le « principe d'autonomie financière des pouvoirs publics », qui « relève du respect de la séparation des pouvoirs », dans sa décision n° 2001-448 DC du 25 juillet 2001, *Loi organique relative aux lois de finances*, cons. 25.
9. Pour une présentation récente, on se permet de renvoyer à G. SUTTER, « Le droit budgétaire parlementaire : sources, principes et procédures », RFDC, 2024, n° 139, p. 789 et s.
10. Comme le relève J.-P. CAMBY, « l'autonomie juridique totale dans la fixation et la gestion des crédits n'empêche ni le débat, ni la participation volontaire à l'effort de réduction de la dépense publique, ni le contrôle de la parfaite régularité des dépenses dans le cadre interne de l'apurement comme dans le contrôle externe de la certification […] par la Cour des comptes. Ainsi, l'autonomie budgétaire est-elle renforcée, gage de l'indépendance du Parlement » : voir « Autonomie du Parlement », *in* D. CONNIL, P. JENSEL-MONGE et A. DE MONTIS (dir.), *Dictionnaire encyclopédique du Parlement*, Bruylant, 2023, p. 129-130.
11. Conseil constitutionnel, décision n° 2001-456 DC du 27 décembre 2001, *Loi de finances pour 2002*, cons. 47.

chambre est loin d'établir son budget en toute liberté, sans aucune limite. Il lui faut tenir compte de certaines contraintes, plus ou moins exogènes.

Ainsi, l'élaboration du budget d'une assemblée ne peut pas ignorer la politique budgétaire de l'État et la situation des finances publiques[12]. C'est, par exemple, ce qui explique le gel à partir de 2008 puis la baisse, en 2012, de la dotation demandée à l'État par les assemblées, dans un contexte global de maîtrise des dépenses publiques. Cette dotation a ensuite pu être revalorisée à partir de 2022, dans un contexte financier alors – un peu – moins contraint et, surtout, profondément affecté par une spectaculaire hausse des prix.

Le contenu même du budget des assemblées – c'est-à-dire l'allocation des crédits entre les différents postes de dépenses – est également loin d'être figé. Il est l'inévitable réceptacle de l'évolution du travail parlementaire, notamment des conditions d'exercice du mandat de député ou de sénateur. Par exemple, le renforcement de la limitation du cumul des mandats par la loi organique du 14 février 2014[13] a contribué à accroître la présence à l'Assemblée nationale de certains députés. Couplée aux innovations consécutives à la révision constitutionnelle du 23 juillet 2008, cette présence plus importante a progressivement conduit à un renforcement des moyens, matériels et financiers, donnés aux parlementaires pour exercer leur mandat, notamment leur fonction de contrôle et d'évaluation.

II. – ENSUITE, L'AUTONOMIE FINANCIÈRE DU PARLEMENT N'EMPÊCHE PAS LES ÉVOLUTIONS ET LA MODERNISATION DE LA GESTION DES ASSEMBLÉES

Si elle offre aux assemblées une grande latitude dans le choix de leurs modalités de gestion, l'autonomie financière n'est pas synonyme de permanence des méthodes et d'intangibilité des procédures.

Ce constat est d'ailleurs valable au-delà de la question des finances parlementaires et vaut pour le droit parlementaire et le fonctionnement du Parlement en général, qui n'est plus l'« îlot souverain » que l'on décrivait autrefois. Éric Thiers souligne en ce sens : « Longtemps

12. Sur les efforts de maîtrise de leurs dépenses par les deux chambres, voir M. BALNATH, *L'administration des assemblées parlementaires sous la Cinquième République*, Université Lyon 3, thèse soutenue le 14 octobre 2022, tome 2, § 1427-1573, p. 1267-1403.

13. Loi organique n° 2014-125 du 14 février 2014 interdisant le cumul de fonctions exécutives locales avec le mandat de député ou de sénateur.

perçu comme un îlot souverain, protégé dans son indépendance et de ce fait isolé, des autres pouvoirs publics constitutionnels, le Parlement est aujourd'hui promis au désenclavement pour des raisons liées à l'évolution des règles constitutionnelles mais plus encore à de nouvelles exigences sociales qui influent sur l'idée même que l'on se fait de la démocratie. Le Parlement est enserré dans un réseau de plus en plus étendu dans lequel interviennent [...] des pouvoirs publics [...], des organes internationaux ou européens [...] mais aussi des acteurs de la société civile [...] ou tout simplement les citoyens [...]. Au milieu de ce réseau complexe, le Parlement subit une multitude d'influx qui le conduisent à réagir, s'adapter, s'organiser différemment »[14].

En matière financière, la modernisation de la gestion publique a conduit, au Parlement comme dans le reste de l'État, à une plus grande transparence.

La loi organique relative aux lois de finances (LOLF) du 1er août 2001, d'ailleurs d'initiative parlementaire, a rendu plus visibles les crédits consacrés aux assemblées inscrits dans le projet de loi de finances de l'année[15]. Plus généralement, plusieurs documents autrefois confidentiels sont désormais publics[16]. Tel est le cas :

– du rapport de la Commission commune des crédits, chargée d'arrêter chaque année le montant de la dotation de l'État, cette publicité étant devenue effective à partir de 1983 ;

– des règlements budgétaires et comptables de chaque assemblée, celui de l'Assemblée nationale étant publié sur son site internet depuis 2017 ;

– du rapport des commissions *ad hoc*, internes à chaque assemblée[17], chargées de vérifier *a posteriori* les comptes annuels, selon une procédure qualifiée d'« endo-contrôle » par le professeur Vincent Dussart[18]. Ainsi, les rapports de la commission de « vérification et

14. É. THIERS, « Ontologie du droit parlementaire », *in* O. ROZENBERG et É. THIERS (dir.), *Traité d'études parlementaires*, Bruylant, 2018, p. 167.

15. Voir P. LAMY et G. SUTTER, commentaire de l'article 7 de la LOLF, *in* J.-P. CAMBY et G. SUTTER (dir.), *Le budget de l'État : la LOLF*, 4e éd., LGDJ, 2019, p. 59.

16. Voir V. DUSSART, « Les progrès en matière de transparence budgétaire du Parlement », *in* J.-F. KERLÉO, É. LEMAIRE et R. RAMBAUD (dir.), *Transparence et déontologie parlementaire. Bilan et perspectives*, Institut universitaire Varenne, 2019, p. 77-88.

17. Article 16 du Règlement de l'Assemblée nationale et article 103 *bis* du Règlement du Sénat.

18. Voir par exemple « Budget des assemblées parlementaires », *in* D. CONNIL, P. JENSEL-MONGE et A. DE MONTIS (dir.), *op. cit.*, p. 156.

d'apurement des comptes » de l'Assemblée nationale sont publics depuis 1993 et ceux de la commission chargée du « contrôle des comptes et de l'évaluation interne » au Sénat le sont depuis 2004 ;

– à l'Assemblée nationale, du rapport des Questeurs adressé à la commission précitée, par lequel ils rendent compte de leur gestion, rapport disponible sur le site internet de l'Assemblée depuis 2012.

En outre, sur le fond, on doit également constater que la traditionnelle autonomie financière des assemblées n'a pas fait obstacle, au fil des années, à des évolutions de leurs modalités de gestion – voire, sur certains aspects, à une forme de banalisation.

Ces évolutions peuvent être la conséquence indirecte des travaux de certification des comptes, désormais confiés à la Cour des comptes en application de conventions signées en 2013, travaux qui peuvent amener les assemblées à décider de modifier certaines de leurs procédures comptables, pour en améliorer la fiabilité – par exemple pour mieux valoriser le patrimoine immobilier, historique, dont elles ont la responsabilité. Dans sa thèse consacrée à l'administration des assemblées parlementaires sous la Ve République, Mohesh Balnath évoque ainsi la « dynamique d'assimilation » du droit comptable général par le Parlement[19].

D'autres évolutions sont liées aux mutations de la gestion publique en général. C'est le cas notamment de la soumission aux règles de la commande publique (depuis la célèbre décision du Conseil d'État dite *« Président de l'Assemblée nationale »* en 1999)[20], de l'informatisation croissante de nombreux processus, du recours par l'administration parlementaire à du personnel contractuel (et plus seulement des fonctionnaires) pour faire face à certaines tâches spécialisées ou encore du développement au sein des assemblées de dispositifs d'audit et de contrôle interne.

Toutefois, cette – hypothétique – banalisation de la gestion des assemblées ne saurait être totale, car demeurera toujours une part irréductible de spécificités parlementaires, résistant à l'application d'un cadre uniforme.

Il faut rappeler en ce sens que le législateur organique a exonéré le Parlement, comme les autres pouvoirs publics constitutionnels, de

19. M. BALNATH, thèse précitée, tome 2, § 1273-1282, p. 1122-1129.

20. Conseil d'État, Ass., 5 mars 1999, n° 163328, *Président de l'Assemblée nationale* ; article 8 de l'ordonnance n° 58-1100 du 17 novembre 1958 relative au fonctionnement des assemblées parlementaires, modifié par l'article 60 de la loi n° 2003-710 du 1er août 2003 d'orientation et de programmation pour la ville et la rénovation urbaine.

l'application du dispositif de mesure de la performance prévu par la LOLF pour les programmes des ministères[21].

Il serait sans doute encore plus périlleux d'appliquer une logique d'objectifs et d'indicateurs à l'activité parlementaire elle-même, quoique celle-ci soit soumise à un encadrement croissant – notamment par les lois « transparence » de 2013 et les lois « confiance » de 2017[22] – et à la montée en puissance, sur internet et ailleurs, des indicateurs d'activité des parlementaires et des divers classements d'élus, en dépit des limites méthodologiques qui peuvent affecter ce genre de quantifications[23].

III. – L'AUTONOMIE FINANCIÈRE DU PARLEMENT EST UN ENJEU DISTINCT DE CELUI DE SON DEGRÉ D'AUTONOMIE DANS L'EXERCICE DE SES FONCTIONS FINANCIÈRES

Il est tentant de se demander si l'autonomie financière des assemblées leur garantit aussi une autonomie dans l'accomplissement de leurs missions financières, c'est-à-dire dans l'exercice de leurs compétences relatives au budget de l'État et aux finances sociales ou locales.

L'Histoire de France enseigne, certes, que les finances du Parlement constituent un assez bon indicateur de ses pouvoirs et de sa reconnaissance par le système institutionnel.

Sous la Restauration et la Monarchie de Juillet, les dépenses de la Chambre des députés étaient non seulement modestes, mais aussi faiblement consacrées au travail parlementaire proprement dit : il s'agissait avant tout de charges d'entretien courant[24]. Il en est allé tout autrement sous la IIe République, caractérisée par une augmentation des budgets d'impression, un renforcement des services législatifs et une consolidation des services des procès-verbaux. Comme l'écrit Hervé Fayat : « Au travers des priorités budgétaires qu'ils dégagèrent et des services dont ils ont doté l'Assemblée les hommes de 1848 ont

21. Sur ce dispositif, voir C. PIERUCCI et G. SUTTER, *Manuel de finances publiques*, 3e éd., PUF, 2024, p. 173, § 154 et p. 238, § 212 et s.

22. Loi organique n° 2013-906 et loi n° 2013-907 du 11 octobre 2013 relatives à la transparence de la vie publique ; loi organique n° 2017-1338 et loi n° 2017-1339 du 15 septembre 2017 pour la confiance dans la vie politique.

23. Voir O. COSTA, « Mesures et données d'activités des parlementaires », *in* D. CONNIL, P. JENSEL-MONGE et A. DE MONTIS (dir.), *op. cit.*, p. 690.

24. Voir H. FAYAT, « Le métier parlementaire et sa bureaucratie », *in* G. COURTY (dir.), *Le travail de collaboration avec les élus*, M. HOUDIARD Éditeur, 2005, p. 32-34.

démontré des dispositions politiques différentes de leurs prédécesseurs mais, surtout, par les moyens d'action spécifiques qu'ils élaborèrent, ils léguèrent à l'institution parlementaire les instruments par lesquels le jeu parlementaire put devenir plus tard un jeu en soi et pour soi »[25]. Sans surprise, ces « transformations furent brutalement interrompues par le Second Empire »[26] et il fallut attendre la phase dite « libérale » de ce régime « pour observer un accroissement des dépenses législatives assorties d'une progression des services législatifs »[27]. C'est également dans les premières années de la IIIe République, souvent dépeintes comme l'âge d'or du parlementarisme, qu'est observé un renforcement des moyens des chambres, notamment une augmentation des effectifs de l'administration parlementaire et une diversification de ses métiers[28].

Toutefois, de nos jours, est-il possible d'établir une corrélation entre moyens financiers dont dispose le Parlement et moyens d'action pour l'exercice du travail parlementaire ?

Si un lien existe nécessairement, il serait simpliste de penser qu'il suffit d'accroître le budget du Parlement pour renforcer ses pouvoirs. Pour le dire autrement, les limites que peuvent rencontrer les assemblées dans leurs capacités d'expertise ne s'expliquent pas – ou en tout cas pas seulement – par un manque de moyens financiers.

Ces moyens ont, du reste, été sensiblement accrus depuis plusieurs années, qu'il s'agisse des différentes dotations dont disposent les parlementaires pour accomplir leur mandat, de l'aide à la décision en matière financière offerte depuis 2020 à l'Assemblée nationale par l'outil LexImpact (pour simuler, notamment, l'impact d'amendements sur certains impôts ou certaines prestations sociales) ou encore des crédits ouverts par les budgets des assemblées pour permettre aux commissions et autres organes parlementaires de recourir à des études ou expertises auprès d'autres organismes. Encore doit-on souligner que la majeure partie des travaux extérieurs sur lesquels le Parlement peut se fonder ne lui occasionnent aucun coût, compte tenu en particulier de l'assistance de la Cour des comptes dont il bénéficie en application de l'article 47-2 de la Constitution. C'est d'ailleurs la volonté de s'appuyer sur les outils d'évaluation déjà disponibles qui a conduit l'Assemblée nationale à renoncer à créer un organe supplémentaire d'expertise,

25. *Ibid.*, p. 35-36.
26. *Ibid.*, p. 36.
27. H. FAYAT et C. LE DIGOL, « La sociologie historique. Des assemblées à l'institution parlementaire », *in* O. ROZENBERG et É. THIERS (dir.), *op. cit.*, p. 129.
28. Voir D. GARDEY, *op. cit.*, p. 147 et s.

propre au Parlement, comme cela avait été envisagé au début de la XVe législature (2017-2022)[29].

En conclusion, si l'autonomie financière du Parlement demeure invariable et incontestable dans son principe, sa portée effective mérite d'être réexaminée.

29. Un groupe de travail créé en 2017 à l'initiative de M. François de Rugy, alors Président de l'Assemblée nationale, avait proposé de créer une « Agence parlementaire d'évaluation », composée d'une quarantaine d'experts, chargée d'estimer les conséquences économiques et financières des initiatives législatives (évaluations *ex ante*) et de mesurer l'impact de la législation et des politiques publiques (évaluations *ex post*) et dotée d'un budget d'environ cinq millions d'euros, dont un million pour financer des études commandées à l'extérieur. Cette idée n'a finalement pas prospéré. Lorsqu'il succède en septembre 2018 à M. de Rugy, M. Richard Ferrand déclare ainsi : « En prenant mes fonctions de président de l'Assemblée nationale, j'ai rapidement acquis deux convictions : d'une part, que l'Assemblée devait s'impliquer davantage encore dans une démarche d'évaluation des politiques publiques ; d'autre part, que ce surcroît d'engagement devait d'abord et avant tout s'appuyer sur tous ceux qui, déjà, produisent avec talent et efficacité de l'évaluation » (« L'évaluation », *in* Conseil d'État, *Conduire et partager l'évaluation des politiques publiques*, Étude annuelle 2020, La documentation française, 2020, p. 172-173).

La transformation des conditions d'exercice du mandat parlementaire

Jean-Pierre CAMBY

Professeur associé à l'Université de Versailles Saint Quentin
Administrateur hors cadre de l'Assemblée nationale
Docteur en droit

RÉSUMÉ

Le mandat des parlementaires français a subi, dans la période récente, de nombreuses modifications statutaires, tant législatives que jurisprudentielles. Il en résulte un mandat moins bien doté que par le passé, des problématiques nouvelles liées aux collaborateurs ou aux frais de mandat, mais cela induit aussi des changements dans l'autonomie et la structure budgétaire des assemblées.

The duties of French legislators have recently been subject to many statutory amendments, both legislative and legal. They now have less power than in the past, new issues to deal with related to colleagues and term costs, and these amendments have led to changes in the independence and budgetary structure of parliament.

Ce n'est pas *a priori* un thème de finances publiques. Pourtant ses incidences sur l'autonomie budgétaire sont certaines.

Les vieux logiciels ne sont plus adaptés à la réalité du parlementarisme aujourd'hui. Nous vivons dans une époque d'effondrement du vieux monde : éclatement de la représentation, montée des extrêmes, partition de la société américaine que les urnes et la robustesse de la Constitution ne parviennent pas totalement à contenir, fragilité de l'avenir de la construction européenne, qui ne dégage pas une position commune sur la guerre en Ukraine, l'immigration, ou l'énergie, thèmes qui, chacun, sont autant d'éléments déstructurants. Il est évident que l'identité collective qui est à la base de la représentation est aujourd'hui atteinte.

Pour annoncer le régime représentatif, il faut naturellement se référer à Sieyès : « Les Citoyens peuvent donner leur confiance à quelques-uns d'entre eux. Sans aliéner leurs droits, ils en commettent l'exercice. C'est pour l'utilité commune qu'ils se nomment des représentants bien plus capables qu'eux-mêmes de connaître l'intérêt général, et d'interpréter à cet égard leur propre volonté. L'autre manière d'exercer son droit à la formation de la Loi, est de concourir soi-même immédiatement à la faire. Ce concours immédiat est ce qui caractérise la véritable démocratie. Le concours médiat désigne le gouvernement représentatif. La différence entre ces deux systèmes politiques est énorme. Le choix entre ces deux méthodes de faire la Loi n'est pas douteux parmi nous. D'abord, la très grande pluralité de nos Concitoyens n'a ni assez d'instruction, ni assez de loisir, pour vouloir s'occuper directement des Lois qui doivent gouverner la France ; leur avis est donc de se nommer des Représentants »[1]. Il jette ainsi les bases d'un mandat confié par l'électeur à l'élu, mandat représentatif et non impératif : pas de « rappel » possible mais un contrôle, gage de la démocratie.

Le mandat parlementaire présente cette spécificité qu'il reçoit des attentes populaires, exprimées par les électeurs, et qu'il peut les transformer en décision de portée nationale, souveraine. Partant du milieu local et de la circonscription, dans lesquels il reste forcément enraciné en dépit de la prohibition du cumul des mandats, il aboutit à une décision générale.

On sait par exemple qu'il est la voie exclusive du consentement à l'impôt qui, en dépit de l'article XIV de la Déclaration des droits de l'homme, ne constitue pas un droit ou une liberté garantie par la Constitution au sens de son article 61-1[2]. Ce sont les représentants qui

1. Discours sur l'organisation du pouvoir législatif et la sanction royale 7 septembre 1789, in *Orateurs de la Révolution française*, Bibliothèque de la Pléiade, Gallimard, 1989, p. 1019.

2. CC, 18 juin 2010, *Kimberly Clarke*, n° 2110-5 QPC : *« Les dispositions de l'article 14 de la Déclaration de 1789 sont mises en œuvre par l'article 34 de la Constitution et n'instituent pas un droit ou une liberté qui puisse être invoqué, à l'occasion d'une instance devant une juridiction, à l'appui d'une question prioritaire de constitutionnalité sur le fondement de l'article 61-1 de la Constitution »*.

selon l'aphorisme d'Antoine Barnave sont chargés de vouloir pour la Nation. De là découle la protection du mandat : irresponsabilité et immunité et sa garantie d'indépendance matérielle : les moyens matériels mis à disposition des parlementaires et des groupes et l'indemnité, étendue par le Conseil d'État au droit à pension[3].

De la nature du mandat découle aussi l'autonomie budgétaire des assemblées[4]. Dès lors, l'utilisation de réserves ou d'éventuelles réversions au budget de l'État ne peuvent être que le fait d'une décision de l'assemblée concernée, comme ce fut le cas en 1992, pour l'Assemblée nationale, qui a alors décidé de reverser deux milliards de francs de réserve[5], inaugurant une longue suite d'atteintes à l'autonomie lorsqu'elle apparaît comme une opacité ou une atteinte au droit du justiciable[6]. Mais, sous le couvert d'un nécessaire contrôle du mandat, au rythme des affaires médiatisées et de leurs réponses législatives, souvent inadaptées, ne passe-t-on pas désormais d'une insuffisance à un excès de contrôle juridictionnel ?

Cette question doit être aussi confrontée au changement de fonctionnement du Parlement, surtout depuis juin 2022, où la crise institutionnelle est de plus en plus tangible. On peut en rappeler brièvement quelques exemples qui montrent bien qu'on a changé d'ère, c'est-à-dire de période politique et procédurale, mais sans doute aussi d'air, c'est-à-dire d'atmosphère. Pour s'en tenir à une présentation antéchronologique :

a) Le 11 décembre 2023, le débat sur l'immigration est l'occasion d'un vote, inédit sur un projet du gouvernement en première lecture à l'Assemblée d'une motion de rejet préalable : le blocage parlementaire a changé de nature et d'effet. Inédit par ce qu'il fait apparaître, dans la chambre devant laquelle le gouvernement engage sa responsabilité, une conjonction de contraires, une majorité de blocage, qui ne constitue pas une

3. CE, 4 juill. 2003, n° 254850, *Papon*, Rec. p. 308, concl. VALLÉE ; RFDA 2003. 917 ; RD publ. 2003. 1227, note CAMBY ; AJDA 2003. 1603, chron. DONNAT et CASAS. Cette jurisprudence est confirmée s'agissant du refus du collège des Questeurs de verser une pension de réversion à la veuve d'un ancien député (CE, 28 déc. 2009, req. n° 320432).
4. Article 7 de l'ordonnance n° 58-1100 du 17 novembre 1958.
5. Le Monde, 23 déc. 1992, reversement qui s'est poursuivi pour un montant supérieur en 1993 (Doc. AN, X[e] législature, n° 1901).
6. V. sur les marchés publics : CE, 5 mars 1999, n° 163328, Président de l'Assemblée nationale, conclusions de Catherine BERGEAL (« Le contrôle de la passation des marchés des assemblées parlementaires », Revue française de droit administratif, 1999, p. 333). V. M. Renaud DENOIX DE SAINT MARC, « Le Conseil d'État et les "actes parlementaires" », in *Juger l'administration, administrer la justice, Mélanges en l'honneur de Daniel Labetoulle*, Paris, Dalloz, 2007, p. 277.

majorité d'alternance. Inédit aussi par ce que le Parlement réinvente la pratique chère à la IVe République d'une mise en cause politique du gouvernement, sans vote de défiance, ce que 1958 avait exclu même dans le règlement de l'Assemblée nationale. Le gouvernement se voit refuser le débat, pour autant l'Assemblée ne renverse pas le gouvernement. C'est là une transformation fondamentale qui affecte la logique institutionnelle.

b) La réforme des retraites montre encore un blocage évident[7]. Sans doute le cumul des procédures pour forcer le débat est-il inhabituel : recours à la LFSS rectificative, usage, inédit en première lecture à l'Assemblée du couperet prévu à l'article 47-1 de la Constitution[8] ; puis au Sénat mise en œuvre de la clôture des débats en application de l'article 38 du Règlement et du vote bloqué et enfin usage de l'article 49 alinéa 3 de la Constitution.

c) Enfin comment ne pas évoquer, le 3 juillet 2022, le rejet en dernière lecture du projet de loi de règlement 2021 à l'Assemblée, par 173 voix (contre 167) puis le 5 juin 2023 le vote contre le même texte redéposé, puis le projet de loi de règlement 2022 par 78 voix contre et 74 pour, et le 3 juillet 2023 le Sénat le rejette par 235 voix ou encore, le 25 octobre 2022, le rejet de la loi de programmation des finances publiques 2023-2027. La CMP a échoué et le gouvernement pour passer outre a engagé le 30 septembre sa responsabilité (193 voix pour la motion), puis en lecture définitive le 15 novembre 2023[9].

On a connu des situations parlementaires moins tendues et surtout moins durablement tendues et on peut se demander si l'exercice concret du mandat n'est pas en train de changer de nature en passant d'un débat à un refus de débat.

7. La commission saisie au fond n'a pu achever ses travaux après 28 heures de séance : 4 997 amendements restaient à examiner, sur un total de plus de 7 000 amendements déposés, dont environ 4 710 par la NUPES. En séance, 20 477 amendements ont été déposés, dont environ 18 000 émanant de la NUPES.

8. La Première ministre insiste sur le sujet : débats AN, 17 février 2023, sur la motion de censure débattue suivant l'interruption du débat : *« Vous utilisez les amendements pour manipuler le temps du débat. Vous vous moquez qu'ils contribuent à la discussion ; c'est pourquoi vous pouvez en retirer des centaines en quelques secondes. Vous êtes libres d'amender autant que vous le souhaitez, mais assumez les conséquences de vos actes, assumez les conséquences de votre stratégie : c'est vous, et vous seuls, qui avez choisi d'empêcher le débat »*.

9. 143 voix : la NUPES a perdu une partie de ses soutiens : ce sont des considérations purement politiques et non le contenu du texte débattu qui déterminent le sens du vote.

Cette modification politique a elle aussi des incidences sur l'autonomie parlementaire.

Trois éléments peuvent être distingués : la fragilisation du mandat, sa transparence, son exercice.

I. – UN MANDAT PLUS FRAGILE

C'est une évidence : nous sommes en train d'assister à une fragilisation des fonctions ministérielles mais aussi du mandat de parlementaire.

Dans l'affaire du trafic des décorations en 1887, le gendre de Grévy, Wilson, membre de la Chambre des députés, est mis en cause et condamné en première instance. Il est relaxé en appel ainsi qu'en cassation[10] : l'un des moyens avancés est une erreur de qualification juridique, ce dernier étant député et non fonctionnaire ou *« dépositaire public »*. Ainsi, les parlementaires n'exercent pas de « mission de service public » sous la IIIe République.

À l'inverse, la chambre criminelle a considéré dans un arrêt du 27 juin 2018 (n° 18-80.069) que doit être reconnue la « qualité de personne chargée d'une mission de service public » à un parlementaire : *« la notion de personne chargée d'une mission de service public liée à la qualité de sénateur, celui-ci, comme le député, votant la loi, participant au contrôle de l'action du gouvernement, détenant donc à ce titre et à raison de sa mission une parcelle d'autorité publique »*[11]. Peut-être interrogative devant le bien-fondé de cette première décision, la même formation de jugement, le 11 juillet 2018 à propos d'un sénateur – maire ayant rémunéré *« sa belle-fille, ayant une formation d'esthéticienne »* comme attachée parlementaire[12] retient la qualification de dépositaire de l'autorité publique. Cette décision affirme également que le parlementaire qui dispose de collaborateurs pour l'accomplissement de ses missions constitutionnelles ne dispose d'aucune immunité à raison d'infractions constituant des atteintes à la probité.

10. Cass., 26 mars 1888, v. B. DUMONT, *La fabrique de l'honneur, les médailles et les décorations en France*, Presses universitaires de Rennes, 2019, p. 108.
11. La décision poursuit en considérant que la qualité de personne chargée d'une mission de service public est « *par ailleurs retenue par les juridictions correctionnelles lorsque des élus sont victimes de violences, d'outrages ou de menaces* » et que l'article 719 du Code de procédure pénale, délègue aux parlementaires *« une parcelle de l'autorité publique : celle de vérifier que les conditions de détention répondent à l'exigence du respect de la personne humaine »*.
12. On voit mal en quoi cela disqualifie une personne d'une mission d'assistanat politique.

Ainsi est retenu le détournement de fonds publics nonobstant la nature du mandat parlementaire, ni le fait que ces fonds sont versés par les assemblées mais traduisent une relation salariale très spécifique dont le parlementaire définit discrétionnairement les tâches, sous réserve de respecter les règles fixées par l'administration parlementaire, donc relèvent de l'autonomie parlementaire. C'est en faisant abstraction de la souveraineté du mandat parlementaire et de l'autonomie des règles d'attribution que ces fonds peuvent être, au sens du Code pénal, qualifiés de fonds publics, mais c'est en retenant l'usage privé de ces fonds publics que le juge peut qualifier l'emploi de collaborateur, en le détachant de toute spécificité du mandat.

Cette vanne ouverte par la Cour de cassation qui justifie l'intervention du PNF dans la campagne électorale présidentielle de 2017 appelle d'autres conséquences : si le barrage constitué par la séparation des pouvoirs et l'autonomie parlementaire n'est pas effondré, il est largement fissuré, laissant la place au juge au singulier, ou plutôt aux juges au pluriel.

Cette privatisation du mandat a une conséquence budgétaire évidente : en 2010, les frais de secrétariat parlementaire représentaient 159 M€ et les charges de personnel 170 M€ à l'Assemblée nationale. En 2022 les charges parlementaires représentent 193 M€ (y compris la contribution aux groupes politiques) les charges de personnel statutaire 95 M€[13]. Alors que la fonction publique parlementaire traduit l'existence d'une autonomie de fonctionnement, inversement les liens parlementaires – collaborateurs font entrer le mandat dans une gestion classique de contrat de travail, justiciable selon le droit commun.

L'enveloppe pour frais de secrétariat a sensiblement augmenté : 11 118 euros par mois.

Au Sénat l'exécution budgétaire fait apparaître un plus grand équilibre : 110 millions d'aide au mandat ; 125 millions de charges de personnel statutaire.

La conclusion est que l'exercice du mandat devient plus personnel et les moyens s'en ressentent : la part de l'institutionnel baisse, celle du lien avec la circonscription, le groupe, le parti progresse.

13. Les fonctionnaires à l'Assemblée étaient 1 139 fin 2016, 958 fin 2020, et dans le même temps le recours aux contractuels s'est fortement développé.

II. – LA TRANSPARENCE

C'est sans doute la principale inflexion, depuis 2017, qui parachève une tendance législative depuis longtemps affirmée : la déontologie devient un mode de fonctionnement requis, la transparence de l'action courante est partout réclamée, le contrôle porte non seulement sur un jugement politique ou électoral des décisions, il porte aussi sur l'usage des moyens matériels des parlementaires.

Il faut ici rappeler deux exemples : la fin de l'IRFM (indemnité représentative des frais de mandat) et la fin de la réserve.

1. La fin de la forfaitisation des frais de mandat

La fin de l'IRFM n'est pas due à une exigence juridictionnelle de transparence.

La fixation législative du régime de l'IRFM repose sur le fait que les élus ne voulaient pas rendre des comptes à l'administration fiscale, surtout dans la circonscription, ce qui a expliqué le caractère forfaitaire de l'indemnité. Elle fut plafonnée, de manière à échapper à tout contrôle administratif local pouvant se transformer en contrôle de l'activité de l'élu de ses mouvements et de ses relations, mais aussi pour éviter toute pression d'un corps de fonctionnaires sur ce dernier.

Le juge s'est donc cantonné à une prudente réserve[14] et le Conseil d'État rejette une demande de QPC portant sur le refus de communiquer[15].

14. L'indemnité représentative de frais de mandat, instituée en vertu de l'article 4 *sexies* précité de l'ordonnance du 17 novembre 1958 et dont l'utilisation est régie par l'article 32 *bis* précité de l'instruction générale du bureau de l'Assemblée nationale, se rattache à l'exercice du mandat parlementaire. Compte tenu de la nature des fonctions exercées par les parlementaires, le respect du principe de séparation des pouvoirs s'oppose à ce que la mission d'intérêt général qui leur est confiée soit qualifiée de mission de service public au sens et pour l'application de l'article L. 300-2 du Code des relations entre le public et l'administration. Il s'ensuit que, sans qu'il soit besoin d'examiner si les relevés bancaires qui retracent l'utilisation de cette indemnité et la déclaration sur l'honneur afférente ont le caractère de documents administratifs, les requêtes de l'association tendant à la communication de ces documents sont portées devant un juge incompétent pour en connaître. TA Paris, n° 1809570, 6 décembre 2018.
15. CE, 27 juin 2019, n° 427725 : « L'association Regards Citoyens (se prévaut du)... droit de demander compte à tout agent public de son administration, garanti par les articles 16, 11 et 15 de la Déclaration des droits de l'Homme et du citoyen de 1789... Les griefs tirés de ce que les dispositions de l'article L. 300-2 du Code des relations entre le public et l'administration porteraient une atteinte disproportionnée au droit de demander compte à tout agent public de son administration et à la liberté d'expression et d'information garantis respectivement par les articles 15 et 11 de la Déclaration des droits de l'Homme

La pression politique a largement compensé cette non communicabilité reconnue par le juge. Le caractère forfaitaire de l'IRFM a été abandonné : les textes dans leur version résultant de la loi du 15 septembre 2017 leur substitue un régime de justification de frais, ce qui renvoie au bureau de chaque assemblée le soin de fixer les modalités de contrôle du remboursement des frais, ce qui confère au déontologue de l'Assemblée nationale et au comité de déontologie parlementaire du Sénat un rôle essentiel.

Mais on ne peut éviter de souligner que le contrôle des moyens correspond à une régression de l'autonomie, combinée alors à une baisse de moyens.

2. L'abandon de la réserve parlementaire

En revanche chacun sait ce qu'il en est de la réserve parlementaire : c'est bien la transparence exigée par la CADA, puis par le juge qui conduit à la disparition du système. Une décision du tribunal administratif de Paris permettait de faire la différence entre les demandes préparatoires à ces affectations budgétaires dérogatoires et les crédits « fléchés » alloués par le gouvernement sur demande des parlementaires, votés en loi de finances[16].

L'article 11 de la loi organique du 11 octobre 2013 relative à la transparence de la vie politique avait donc complété l'article 54 de la LOLF pour préciser les conditions de publication de la réserve alors définie comme les subventions à des programmes de travaux d'intérêt local ou à des associations. La loi de règlement indique « pour chaque

et du citoyen de 1789 ne soulèvent pas une question présentant un caractère sérieux au sens de l'article 23-5 de l'ordonnance du 7 novembre 1958. 8. Il résulte de ce qui précède que la question prioritaire de constitutionnalité soulevée par l'association Regards Citoyens, qui n'est pas nouvelle, ne présente pas un caractère sérieux. Dès lors, il n'y a pas lieu de la renvoyer au Conseil constitutionnel.

16. TA Paris, 23 avr. 2013, req. n° 1120921/6-1 : « *Les documents relatifs à la constitution et à la répartition de la "réserve parlementaire" qui émanent des commissions des finances du Parlement ou d'autres membres du Parlement, ou qui leur étaient destinés et leur ont été remis, revêtent le caractère d'actes et documents produits ou reçus par les assemblées parlementaires, au sens du dernier alinéa de l'article 1er de la loi du 17 juillet 1978 et ne sont par conséquent pas communicables sur le fondement de l'article 2 de cette loi [...] en revanche, les documents produits ou reçus par l'administration, ou susceptibles d'être obtenus par elle par un traitement automatisé d'usage courant, relatifs aux opérations administratives de mise en œuvre des décisions d'utilisation de la "réserve parlementaire", revêtent le caractère de documents administratifs, au sens de la loi du 17 juillet 1978, et sont en principe communicables à toute personne qui en fait la demande, en application de l'article 2 de cette loi, sous réserve qu'ils ne revêtent plus un caractère préparatoire* ».

subvention, le nom du bénéficiaire, le montant versé, la nature du projet financé, le programme concerné et le nom du membre du Parlement, du groupe politique ou de la présidence de l'assemblée qui a proposé la subvention ». Mais cela n'a pas suffi : on est passé de la transparence à la suppression de la réserve.

La loi organique du 15 septembre 2017 a mis fin à cette pratique, dont la procédure ne repose sur aucun texte, qui lie l'exécution budgétaire, laquelle relève du seul gouvernement et, comme l'a relevé le Conseil constitutionnel, qui altère la séparation des pouvoirs[17]. De cette évidence juridique, en découle évidemment une baisse de l'intérêt des parlementaires pour la procédure budgétaire : au moins pouvaient-ils mettre en avant les incidences concrètes au plan local de leur participation à cette procédure.

Exit ce système au profit de fonds préfectoraux qui incarnent donc l'intérêt général vis-à-vis des demandes locales, que les parlementaires pourtant « chargés d'une mission de service public » selon la Cour de cassation n'incarnent donc pas.

III. – L'EXERCICE DU MANDAT

Il résulte de cette apparente crise de confiance une remise en cause des conditions concrètes d'exercice du mandat.

1. Un surcroît d'activisme

La pression populaire, médiatique et surtout celle des réseaux sociaux s'est accrue, sans que cela se traduise par une amélioration du travail parlementaire. La réponse, individuelle, réside souvent dans un surcroît d'activité, une inflation du nombre d'amendements ou de questions écrites, pour montrer quantitativement un travail qui ne peut être apprécié que qualitativement.

Jean-Jacques Urvoas, en 2014, décrit bien les causes de cette augmentation du nombre de questions : « *Historiquement, elle peut être corrélée à l'élargissement des possibilités, pour les députés, d'être assistés par des collaborateurs. Elle a également été favorisée par le développement des outils informatiques, notamment la généralisation des traitements de texte et la dématérialisation des procédures. Dans*

17. Cons. const., 15 sept. 2017, n° 2017-753 DC.

certains cas, le dépôt d'un grand nombre de questions écrites peut aussi être stimulé par l'existence de "classements" de députés »[18].

On peut difficilement affirmer l'inverse, il a fallu limiter le nombre de questions à l'Assemblée tant les députés trouvaient un moyen de répondre à la demande, dévoyée, de mesure de l'activité. On pourrait de même insister sur le nombre d'amendements. Or un amendement déposé n'a évidemment pas le même sens qu'un amendement négocié longtemps et qui devient loi : l'activisme ne remplace pas l'activité.

2. *Une multiplication des sanctions*

Le risque de banalisation provient d'abord du fait que ces sanctions, d'exceptionnelles[19] sont devenues de plus en plus fréquentes à l'Assemblée nationale[20]. On en dénombre 79 pour le seul débat sur les retraites soit plus que toutes les autres sanctions prononcées sous la Ve République[21]. Le risque, jusqu'ici évité par les juridictions nationales, est de voir cette autonomie remise en cause par la volonté judiciaire de juger d'une sanction, sans égard à l'autorité qui la prononce. Cette mise à l'écart du critère organique est d'ores et déjà à l'œuvre s'agissant des nominations de personnalités qualifiées au CSM par les présidents des assemblées[22].

Le rappel à l'ordre avec inscription au procès-verbal emporte de droit la privation, pendant un mois, du quart de l'indemnité parlementaire allouée au député. Au moins peut-on souligner que les sanctions engendrent une économie budgétaire.

3. *Une multiplication de groupes*

L'effet budgétaire est ici inverse. La multiplication des groupes, liée à leur reconnaissance dans la procédure législative, dans le droit de tirage

18. N° 2381, 20 novembre 2014.
19. Débats AN du 2 févr. 1984 sur le passé de résistant du chef de l'État, TA Paris, 24 juin 2015, *M. Aubert*, n° 1500257, AJDA 2015. 1983 sur le refus de féminiser la Présidente de séance ou Bureau 20 déc. 2017 sur le fait de porter un maillot de football en séance.
20. 4 novembre 2022, pour la phrase « qu'il retourne en Afrique » pendant une question sur un navire de migrants, 10 février 2023, pour un « tweet » et un refus d'excuse à l'encontre d'Olivier Dussopt, 9 février 2021, puis 13 avril 2023 pour des propos injurieux à l'encontre de Mme Panot, 2e séance du lundi 20 mars 2023, p. 2743 pour diffusion de la séance sur un réseau social, etc.
21. J.-F. DE BUJADOUX, *« La désaffectio societatis au Palais Bourbon »,* Jus politicum, p. 50.
22. CE, ass., 11 octobre 2023, n° 472669.

pour les commissions d'enquête, par la représentation pluraliste dans les bureaux, la répartition des rapports spéciaux ou les missions d'information, a évidemment un coût budgétaire (par exemple par l'attribution d'une indemnité de 2 184,30 euros pour les présidents de groupe politique au Sénat ou par les moyens accordés au fonctionnement dans les deux assemblées).

Mais ici encore pour des besoins de transparence, on doit constater une perte d'autonomie de fonctionnement.

À l'Assemblée, suite à des soubresauts liés au financement des campagnes électorales, le statut des groupes a été modifié en septembre 2014 par l'obligation de se constituer en association en application de l'article 20 du règlement. *« Ces obligations n'emportent aucun contrôle sur la constitution des groupes parlementaires et ne sont dès lors contraires à aucune disposition de la Constitution »* affirme le Conseil constitutionnel[23], mais on retrouve ici l'exigence de transparence combinée à celle de subordonner les dotations au respect de leur objet exclusif : assurer le fonctionnement du groupe.

4. La fin de la protection ?

L'enjeu – ou le risque pour le mandat – est désormais clairement que le juge judiciaire, pénal, ou la CEDH s'emparent du contrôle de l'activité parlementaire proprement dite. Cela n'aura pas un coût budgétaire, mais un coût humain et institutionnel tout à fait considérable.

Le 29 mars 2021, en relation avec l'affaire du *Médiator*, le tribunal correctionnel de Paris juge ainsi que les activités de parlementaires au sein d'une mission d'information parlementaire ne sont couvertes par aucune immunité[24], quitte à donner de la Constitution une interprétation

23. J.-P. CAMBY, « Les groupes politiques dans les assemblées parlementaires françaises après la décision du Conseil constitutionnel du 16 octobre 2014 », *Mélanges en l'honneur du Doyen Jean-Pierre Machelon*. LexisNexis, 2015, p. 161-170.

24. *« La défense soutient que l'irresponsabilité parlementaire, corollaire du principe de séparation des pouvoirs, s'applique à tous les actes accomplis par un parlementaire dans le cadre de ses fonctions.*
Le ministère public partage l'analyse des juges d'instruction et considère, sur le fondement de l'arrêt Forni (cassation criminelle 3 mars 1988) que Mme H... ne peut pas se prévaloir de la règle de l'immunité parlementaire résultant de l'article 26 de la Constitution du 4 octobre 1958.
L'article 26 de la Constitution dispose dans son premier alinéa : "Aucun membre du Parlement ne peut être poursuivi, recherché, arrêté, détenu ou jugé à l'occasion des opinions et des votes émis par lui dans l'exercice de ses fonctions."
L'objectif premier de cette immunité parlementaire est la protection collective ou organique des assemblées parlementaires elles-mêmes. Il s'agit donc de protéger la fonction parlementaire et son exercice. »

contraire à sa lettre, à l'histoire et au sens de l'irresponsabilité politique, et à l'indépendance de l'exercice du mandat.

Certes, les évolutions législatives, les explosions médiatiques, les débats parlementaires, l'idée qu'« ils » se protègent, banalisée par l'antiparlementarisme, ont prêté le flanc à de telles évolutions. Mais le mouvement de balancier a atteint une ampleur qui, désormais, menace le mandat représentatif lui-même. Cette précarisation ne renforce ni les institutions, ni la participation citoyenne, ni l'autorité des décisions publiques, ni la « confiance » envers les élus.

C'est bien le paradoxe : les atteintes à l'autonomie parlementaire ne renforcent pas la confiance envers les parlementaires, l'interventionnisme juridictionnel ne renforce pas non plus la séparation des pouvoirs.

L'insertion des budgets des assemblées dans une politique financière

Vincent DUSSART

Professeur à l'Université Toulouse Capitole
de l'Institut Maurice Hauriou

RÉSUMÉ

L'autonomie financière est un principe ancien qui caractérise le financement du Parlement français. Doté de ses propres organes de décision financière, le Parlement connaît des règles originales en matière de préparation, d'adoption, d'exécution et de contrôle de ses dotations.

Financial autonomy is a long-standing principle that characterizes the financing of the French Parliament. With its own financial decision-making bodies, Parliament has its own rules for preparing, adopting, executing and controlling its appropriations.

Depuis 1789, les assemblées parlementaires françaises connaissent, traditionnellement[1], un statut financier spécifique fondé d'un point de vue théorique sur la justification de la séparation des pouvoirs.

1. Voir V. DUSSART, *L'autonomie financière des pouvoirs publics constitutionnels*, Éditions du CNRS. 2000, p. 23 et s. Sur l'histoire de l'autonomie administrative des assemblées voir H. DESCLODURES, *Le droit administratif des assemblées parlementaires*, Thèse Lille, 1999, Dactyl., *passim*. Voir également M. BALNATH, *L'administration des assemblées parlementaires sous la Vᵉ République*, Thèse Lyon 3, Dactyl. *Passim*.

Les crédits alloués au Parlement en cause ne sont pas forcément très importants au regard du budget de l'État mais ils présentent une singulière problématique. L'histoire montre que ce principe a été plus ou moins étendu selon que le régime était plus ou moins parlementaire, plus ou moins représentatif et plus ou moins démocratique. Les principes d'auto-organisation administrative et financière des assemblées ont été admis dès 1789, même si les questions financières ne sont pas abordées immédiatement par l'Assemblée nationale constituante !

L'autonomie administrative mais aussi financière des assemblées fut largement limitée sous les régimes autoritaires et en particulier sous les régimes impériaux. Paradoxalement, les questeurs appelés à devenir les acteurs principaux de la gestion des assemblées furent institués grâce au sénatus-consulte du 28 frimaire an XII. L'autonomie devait devenir complète et absolue sous les IIIe et IVe Républiques. Cependant, en 1958, la Ve République a limité l'autonomie tout au moins en apparence.

L'article 7, alinéa premier, de l'ordonnance n° 58-1100 du 17 novembre 1958 relative au fonctionnement des assemblées parlementaires prévoit que « chaque assemblée parlementaire jouit de l'autonomie financière ». L'autonomie est ici, selon nous, la situation d'une institution constitutionnelle qui possède la maîtrise plus ou moins grande de trois éléments financiers fondamentaux :

- la libre fixation de ses crédits ;
- la libre gestion de ceux-ci ;
- un contrôle « aménagé » de l'exécution.

En réalité, l'autonomie financière des assemblées parlementaires s'inscrit dans un cadre plus large d'autonomie fonctionnelle. Celle-ci se décline, en effet, en autonomie normative ou règlementaire, administrative et enfin financière.

De plus, il existe, en fait, une double autonomie financière pour les assemblées : la première vis-à-vis du gouvernement est issue du principe de la séparation des pouvoirs et la seconde est la conséquence du respect du bicaméralisme. Le Sénat comme l'Assemblée nationale se refusent d'examiner et de contrôler les finances de l'autre chambre.

À partir de là, se pose la question de savoir si les budgets des assemblées s'insèrent dans la politique financière de l'État malgré la très modeste part qu'ils représentent en volume dans le budget de l'État.

Afin de répondre à cette interrogation, il conviendra d'abord d'examiner les modalités de préparation et d'adoption du budget des assemblées parlementaires puis d'en examiner celles d'exécution et de contrôle.

I. – L'ÉLABORATION ET L'ADOPTION DES BUDGETS DES ASSEMBLÉES PARLEMENTAIRES

La préparation et l'adoption des dotations budgétaires permettent de mesurer la très grande autonomie des assemblées parlementaires en la matière. En effet, elles se font entièrement au sein de ces dernières.

La phase de préparation des dotations est le premier indicateur du degré d'indépendance financière des pouvoirs publics constitutionnels. La responsabilité de la préparation du budget relève normalement du pouvoir exécutif. Il est nécessaire de mesurer le rapport qui va s'établir ici entre le Parlement et le ministère chargé du budget. La nature et l'intensité de ce rapport vont, en fait, conditionner la liberté de fixation des crédits. Ce dernier élément peut être considéré comme indispensable à l'autonomie financière du Parlement. En effet, les pouvoirs publics constitutionnels ne peuvent disposer de larges ressources propres comme les collectivités décentralisées ou encore, dans une moindre mesure, les établissements publics. Les produits d'exploitation dans la nomenclature budgétaire des Assemblées sont appelés « recettes budgétaires propres » à l'Assemblée nationale et « produits budgétaires divers » au Sénat. En 2022, l'Assemblée nationale a dégagé 12,1 millions d'euros de recettes propres[2]. Le Sénat a quant à lui recouvré 8,7 millions de produits budgétaires[3]. En ce qui concerne les dépenses, elles sont présentées « surtout par nature (achats, personnel...) et non par destination. Les documents budgétaires évoquent les chiffres des emplois qui correspondent à des effectifs physiques. En effet, contrairement aux budgets de l'État et des opérateurs de l'État, les Assemblées ne suivant pas leurs effectifs en équivalents temps plein (ETP) ou en équivalents temps plein travaillés (ETPT)[4] ». Les budgets des Assemblées ne comprennent pas, en ressources, les prévisions de produits financiers résultant du placement de la trésorerie et des disponibilités.

Le degré d'autonomie ne peut se mesurer au regard du montant des ressources propres mais bien à l'examen des rapports de pouvoirs entre le ministère du Budget et des Comptes publics et les différents pouvoirs constitutionnels.

2. Voir « Projet annuel de performance », Dotations des pouvoirs publics, Projet de loi de finances pour 2024, 2023, p. 18.
3. Voir « Projet annuel de performance », Dotations des pouvoirs publics, Projet de loi de finances pour 2024, 2023, p. 33.
4. « Projet annuel de performance », Dotations des pouvoirs publics, Projet de loi de finances pour 2024, 2023, p. 16-17.

En application de l'article 38 de la loi organique du 1er août 2001 relative aux lois de finances (LOLF), la préparation du budget est confiée au ministre chargé des Finances sous l'autorité du Premier ministre. Cependant, ce traditionnel schéma est modifié pour les assemblées parlementaires.

Les projets annuels de budget de l'Assemblée nationale et du Sénat sont préparés par l'intermédiaire du Secrétaire Général de la Questure mais sous l'autorité des questeurs[5].

À l'Assemblée nationale, c'est la division du budget et du contrôle de gestion qui prépare le projet de budget en liaison avec les directions opérationnelles et qui sont bénéficiaires de crédits. Le budget de l'Assemblée doit ensuite être arrêté par le Collège des questeurs puis présenté ensuite au Bureau de l'Assemblée. Cette dernière instance est composée du Président, des six vice-présidents, des trois questeurs et des douze secrétaires de l'Assemblée nationale. Le budget fait donc l'objet d'un examen pluraliste en raison de la composition du budget de l'Assemblée.

Une procédure relativement similaire est prévue au Sénat. Dans ce dernier, c'est la Direction des affaires financières et sociales qui est à la manœuvre budgétaire et financière.

L'originalité majeure de la procédure d'adoption des dotations parlementaires se trouve dans l'article 7 de l'ordonnance n° 58-1100 du 17 novembre 1958 qui prévoit que « les crédits nécessaires au fonctionnement des assemblées parlementaires font l'objet de propositions préparées par les questeurs de chaque assemblée et arrêtées par une commission commune composée des questeurs des deux assemblées ». Cette commission est présidée par un président de chambre à la Cour des comptes désigné par le Premier président de cette dernière. Elle comprend aussi deux magistrats avec voix consultative de la même Cour. Cette commission arrête définitivement les propositions qui sont inscrites pour ordre au projet de loi de finances auquel est annexé un rapport explicatif établi par la commission.

L'autre particularité de la procédure d'adoption des budgets parlementaires tient à la tradition parlementaire que les assemblées ne discutent pas de leurs propres dotations en séance publique. Les parlementaires ne se livrent à aucun moment à une réelle discussion malgré les efforts de certains députés. Ceci est dû en partie aux caractéristiques générales de la discussion budgétaire mais aussi,

5. Art. 3 du *règlement budgétaire comptable et financier de l'Assemblée nationale* et art. 3 du *règlement budgétaire et comptable du Sénat*.

semble-t-il, à une volonté délibérée des parlementaires qui ne votent pas réellement chaque dotation et qui, corrélativement, s'interdisent volontairement toute discussion de certaines dotations (dont celles de la Présidence de la République). Plusieurs raisons peuvent être avancées. Jusqu'à 1956, le vote avait lieu chapitre par chapitre. Cela obligeait les parlementaires à un véritable vote sur les crédits des différentes institutions constitutionnelles. Sous la Ve République, la disparition d'un réel vote chapitre par chapitre a supprimé purement et simplement les votes sur les différentes dotations inscrites au projet de loi de finances.

La loi organique relative aux lois de finances du 1er août 2001 a introduit un vote par mission du budget général. Les assemblées se prononcent donc par un vote sur chaque mission elle-même divisée en programme. En ce qui concerne les dotations des assemblées, elles ne font pas l'objet de ces votes par mission. Le budget des assemblées est détaillé dans le « projet annuel de performance » de la mission « pouvoirs publics » qui en réalité n'en est pas un ! En effet, les dotations des pouvoirs publics ne sont pas soumises à la démarche de performance.

L'insertion économique et financière des dotations parlementaires dans la politique budgétaire de l'État est donc le résultat de la seule volonté des assemblées. De plus en plus, comme pour l'État, les crédits d'investissements de l'Assemblée nationale comme du Sénat, font l'objet d'une programmation pluriannuelle. Il faut ainsi souligner que le budget du Sénat s'inscrit dans un cadre pluriannuel sur trois ans.

L'analyse des divers documents descriptifs de ces dotations montre la volonté de ne pas aller dans un sens contraire de la politique de l'État de maîtrise des dépenses. Les contraintes économiques pèsent sur les assemblées comme sur nombre d'autres institutions publiques[6]. Ainsi, par exemple, dans la loi de finances pour 2024, il est rappelé que le total des dépenses de l'Assemblée nationale a augmenté de 3,4 % en 2023 par rapport à l'exercice précédent, soit 620,05 millions d'euros[7]. Comme pour l'État, l'inflation et l'augmentation du point d'indice expliquent largement cette hausse. Il est à noter que le collège des questeurs de l'Assemblée a demandé une hausse progressive de la dotation. Les recettes sont celles issues de la dotation des pouvoirs publics et de recettes directes dont on a pu souligner le caractère très minime[8]. Jusqu'à 2024, le montant de la dotation budgétaire était fixé

6. Voir pour le détail des dotations « Projet annuel de performance », Dotations des pouvoirs publics, Projet de loi de finances pour 2024, 2023, p. 33.
7. 603,8 millions en 2022 et 557,8 en 2021.
8. 12,1 millions d'euros en 2022.

à l'euro près au niveau des charges de fonctionnement. Désormais, la dotation de l'Assemblée est fixée en tenant compte des dépenses d'investissement immobilières incompressibles.

En ce qui concerne le Sénat, sa dotation est fixée à 372,7 millions d'euros pour 2024, soit une hausse de 1,70 % par rapport à l'exercice 2023. Comme pour l'Assemblée nationale, l'augmentation du point d'indice et l'inflation expliquent cette évolution à la hausse. Le budget du Sénat est essentiellement tourné vers le fonctionnement. Comme l'Assemblée, le résultat budgétaire sera équilibré par un prélèvement sur les disponibilités de la Haute Assemblée.

II. – LA LIBRE EXÉCUTION DES DOTATIONS DES ASSEMBLÉES PARLEMENTAIRES

L'exécution *stricto sensu* des dotations est le domaine où l'autonomie financière du Parlement trouve son expression la plus achevée même si les dotations des assemblées parlementaires sont formellement intégrées dans celles de l'État. La récente réforme de la responsabilité des gestionnaires publics n'est pas applicable aux acteurs de la gestion des finances parlementaires.

En ce qui concerne les assemblées parlementaires, leurs présidents sont ordonnateurs des dépenses de leurs assemblées respectives. Les règles de la comptabilité publique sont, d'ordinaire, extrêmement contraignantes quant aux procédures de paiement des dépenses et d'encaissement des recettes à accomplir. Ces règles ont été adaptées pour faciliter les procédures spécifiques de contrôle des budgets parlementaires. De fait, chaque assemblée possède ses propres règles comptables qui reposent essentiellement sur des pratiques internes et qui sont retranscrites dans des règlements de comptabilité. Dans le cas des assemblées, il est rare de voir les principes de la comptabilité publique appliqués purement et simplement, ce qui traduit un aspect spécifique de l'autonomie fonctionnelle des assemblées à savoir l'autonomie normative. Ces règles sont désormais largement accessibles. En effet, les règlements de comptabilité ont été enfin publiés après avoir été longtemps non communicables[9].

9. Ainsi, le règlement budgétaire, comptable et financier de l'Assemblée nationale, prend la forme d'un arrêté du Bureau de l'Assemblée. Il fixe les règles financières internes à l'Assemblée nationale. Ce document a été mis en ligne sur le site internet de l'Assemblée nationale en novembre 2017. Le Sénat a fait de même.

Les assemblées peuvent s'appuyer sur les services support spécifiques. Ainsi à l'Assemblée nationale, l'exécution de la dotation est assurée principalement par la Direction des achats et des finances. Cette dernière comprend trois divisions : trésorerie, achats et commande publique, et budget et contrôle de gestion. Le directeur de cette direction est trésorier de l'Assemblée nationale. Il est responsable devant les trois questeurs des fonds qui lui sont confiés. La division de la trésorerie est spécialement chargée de la tenue de la comptabilité générale et des comptabilités annexes. Elle doit aussi contrôler et valider les mandats de paiement et les titres de recette. Elle opère le paiement des dépenses et le recouvrement des recettes ainsi que le contrôle des engagements et des différentes imputations budgétaires. C'est également cette division qui tient la comptabilité budgétaire et analytique.

L'engagement des dépenses est de la compétence des questeurs. Comme pour les autres institutions soumises à la séparation des ordonnateurs et des comptables il tient dans la création ou la constatation d'une obligation à l'encontre de l'Assemblée dont il résultera pour elle une charge. Il est préparé par les directeurs des différents services gestionnaires des crédits sous l'autorité du secrétaire général de la Questure. La liquidation n'intervient qu'après l'établissement par les services gestionnaires d'un mandat de paiement au nom d'un ou de plusieurs créanciers. Elle est juridiquement effectuée par le secrétaire général de la Questure. Les ordonnancements sont de la compétence du questeur délégué. Quant au paiement des dépenses, il est effectué par le trésorier qui est un fonctionnaire de l'Assemblée. Il est responsable devant les questeurs des fonds qui lui sont confiés.

L'encaissement des recettes est également effectué par le trésorier. Il doit être autorisé par le questeur délégué et donne lieu à émission par les services gestionnaires d'un titre de recettes permettant leur constatation et leur liquidation. Cette dernière est effectuée par le Secrétaire général de la Questure.

Les assemblées tiennent des documents comptables tels qu'un bilan et un compte de résultat agrégé. Elles dressent également une comptabilité analytique dont sont chargées les directions en charge des finances. Pour l'Assemblée nationale, ces documents comptables incluent les comptes de l'Assemblée proprement dite, ceux des caisses de pensions et de retraites et ceux des deux fonds de sécurité sociale des députés et du personnel. Le bilan, le compte de résultat et l'annexe sont établis en suivant les principes du plan comptable général, sous réserve des adaptations nécessitées par les spécificités de l'Assemblée nationale ou du Sénat et décidées par arrêté des questeurs[10].

Après la clôture de l'exercice, les questeurs établissent, en liaison avec le secrétaire général de la questure et le service des affaires financières, un « compte administratif » qui décrit les dépenses de l'exercice. La tenue de ces documents a pour objectif de permettre et de favoriser les différents contrôles.

III. – L'ENDO-CONTRÔLE DES DOTATIONS PARLEMENTAIRES

Les modalités du contrôle de l'exécution des dotations parlementaires sont parmi les éléments qui permettent aussi de mesurer l'autonomie financière particulière qui les caractérise.

On distingue traditionnellement des contrôles administratifs, juridictionnels ou encore parlementaires. Cette distinction est basée sur la qualité de l'autorité qui assure le contrôle.

On peut aussi distinguer les opérations de contrôle à raison de leurs interventions chronologiques. Ces classifications, si justes soient-elles, ne peuvent réellement s'appliquer pour le contrôle des dotations des assemblées parlementaires. Il existe bien des contrôles internes dans les institutions parlementaires, mais ces contrôles sont variables et prennent des formes particulières. Il existe une quasi-immunité des assemblées vis-à-vis de la Cour des comptes. Cette absence de contrôle externe des assemblées est l'une des caractéristiques fondamentales de leur autonomie financière.

Il existe des contrôles internes des directions en charge des finances des deux assemblées. Ainsi à l'Assemblée nationale, par exemple, la direction des finances opère un contrôle financier des marchés publics, un contrôle ponctuel des paies et de la gestion des oppositions et avances sur disponibilités. Elle opère également un contrôle de gestion.

La vérification et l'apurement des comptes relèvent de la seule responsabilité politique de l'Assemblée nationale comme du Sénat. Ainsi, par exemple, l'article 16 du Règlement de l'Assemblée nationale prévoit la nomination, à la représentation proportionnelle des groupes, d'une commission spéciale chargée de vérifier et d'apurer les comptes, composée de 15 membres et renouvelée chaque année au début de la

10. Voir par ex. Règlement de comptabilité du Sénat, 2017, Annexes, p. 27 et s.

session ordinaire (les membres du Bureau ne peuvent en faire partie)[11]. Il existe une commission du même type au Sénat dont la composition est définie à l'article 103 *bis* du règlement du Sénat. Elle ne comprend que 10 membres.

La commission spéciale chargée de vérifier et d'apurer les comptes constitue l'organe de contrôle *a posteriori* de la gestion comptable des questeurs. Elle est seule compétente pour autoriser les questeurs à arrêter les comptes d'un exercice et donner quitus de leur gestion aux fonctionnaires de l'Assemblée concernée. Les pouvoirs de cette commission sont importants : elle peut ainsi contrôler sur pièces et sur place tous les mandats de paiement émis au cours d'un exercice donné. Par ailleurs, elle publie un rapport annuel comportant ses analyses et commentaires sur les comptes de l'exercice écoulé[12]. Les conclusions de la commission spéciale chargée de vérifier et d'apurer les comptes du Sénat intègrent les comptes de la société de programme « Public Sénat » et du Jardin du Luxembourg. En cas d'irrégularités comptables, les commissions rendent compte au Président de l'Assemblée.

La LOLF prévoit, en son article 58, alinéa 5, la certification, par la Cour des comptes, de la régularité, de la sincérité et de la fidélité des comptes de l'État. Il résulte de la pratique que, s'il n'y a pas lieu à certification proprement dite des comptes des assemblées, la Cour doit, pour pouvoir certifier les comptes de l'État dans son ensemble, parvenir à une assurance raisonnable sur la qualité de l'ensemble des comptes, et notamment attester leur exhaustivité. Les assemblées entrent dans ce cadre. Cependant ces dernières ont décidé de confier à une entité tierce la mission d'audit de leurs propres comptes en vue de leur certification. Après avoir été confiée au Conseil supérieur de l'ordre des experts-comptables, cette tâche est désormais dévolue depuis 2013 à la Cour des comptes. Un rapport de certification est adressé par le Premier président de la Cour des comptes au Président

11. Voir J.-F. KERLÉO (dir.) *Règlement de l'Assemblée nationale commenté*, LGDJ, 2022, p. 23 et 27. P. AVRIL, J. GICQUEL et J.-E. GICQUEL, *Droit parlementaire*, LGDJ, 6e édition, p. 139.

12. Voir D. DE LEGGE, Rapport d'information au nom de la commission spéciale chargée du contrôle des comptes et de l'évaluation interne sur les comptes du Sénat de l'exercice 2023. Sénat, n° 627, 22 mai 2024. (https://www.senat.fr/rap/r23-627/r23-6271.pdf). Voir également, M-C. DALLOZ, Rapport de la commission spéciale chargée du contrôle des comptes et de l'évaluation interne sur les comptes de l'Assemblée nationale de l'exercice 2022, 2023. (https://www2.assemblee-nationale.fr/content/download/619669/5977024/version/1/file/Rapport+comptes+2022.pdf).

de l'Assemblée considérée aux fins de remise aux présidents des commissions spéciales[13].

*
* *

L'autonomie financière des assemblées parlementaires est un principe ancien mais qui reste inscrit dans le fonctionnement de ces dernières. Elle a été cependant régulièrement remise en cause au nom de la transparence du fonctionnement des institutions politiques qui est devenue centrale dans les débats publics. Elle est aussi liée indirectement à la politique financière de l'État. Malgré tout, l'insertion des dotations parlementaires dans la politique budgétaire globale de ce dernier reste à l'entière discrétion des assemblées elles-mêmes.

Le principe d'autonomie financière est né à une époque où le pouvoir du Parlement sur le budget n'était pas assuré. Il était alors une garantie de préservation de la séparation des pouvoirs vis-à-vis de l'exécutif. Désormais, on peut légitimement se demander si ces justifications de l'autonomie financière des pouvoirs publics constitutionnels sont toujours présentes et ne mériteraient pas une nouvelle approche.

13. Voir par exemple le rapport de certification des comptes de l'exercice 2023 de l'Assemblée nationale.
https://www.ccomptes.fr/fr/publications/la-certification-des-comptes-de-lassemblee-nationale

L'autonomie financière du Parlement italien

Sylvie SCHMITT

Maître de conférences HDR
CDPC Jean-Claude Escarras
UMC-CNRS 7318 DICE
Université de Toulon

RÉSUMÉ

La Constitution italienne garantit l'autonomie du Parlement dans tous ses aspects : autonomie normative, politique et budgétaire. Il est par conséquent exclu de soumettre au moindre contrôle externe les actes organisant la vie financière des Chambres. Échappent ainsi à tout contrôle les budgets internes des Chambres et les actes établissant leur procédure d'adoption. Ni la Cour des comptes, ni la Cour de cassation ou de la Cour constitutionnelle ne peuvent procéder à l'examen de ces actes. Le haut niveau d'autonomie du Parlement s'explique par la conception italienne de la séparation des pouvoirs, dans laquelle l'organe est l'expression d'un pouvoir.

The Italian Constitution guarantees independence of the Parliament in all its aspects: legislative, political and budgetary independence. It is therefore impossible to audit parliamentary finances. Thus, the Houses' internal budgets and the acts adopting them are not subject to any control. Neither the Court of Auditors, the Court of Cassation nor the Constitutional Court may review these acts. Parliament's high level of independence is explained by the Italian concept of separation of powers, in which Parliament represents one such power.

Le régime parlementaire italien se reconnaît à deux particularismes : un niveau faible de rationalisation et un bicaméralisme égalitaire, dont il ressort la double responsabilité du gouvernement, devant la Chambre des députés et devant le Sénat (art. 94 C.). Le parlementarisme italien nous évoque, pour ces raisons, une IIIe République mâtinée d'éléments propres à la IVe République (notamment la reconnaissance formelle du président du Conseil : art. 92 C.)[1]. Cependant, la Constitution républicaine de 1947 demeure originale, entre autres parce qu'elle prévoit un organe faisant défaut aux deux précédentes Républiques françaises. Il s'agit de la Cour constitutionnelle, appelée dans le langage courant *il giudice delle leggi* (« le juge des lois »).

Pour autant, la compétence de la Cour n'est pas limitée au seul contrôle de la conformité des lois à la Constitution. Elle est également chargée de faire respecter le principe de la séparation des pouvoirs (art. 134 C.). Elle garantit ainsi la position de chacun des organes sur l'échiquier institutionnel. C'est ce qui l'a conduite à situer le Parlement « au centre du système », faisant de lui « l'institution caractérisant l'organisation étatique » (arrêt n° 154 de 1985[2]). Ce constat ne l'empêche pas de contrôler avec rigueur la conformité à la Constitution des actes du Parlement, du moins en ce qui concerne les lois. La Cour demeure à l'inverse plus réservée à l'égard des actes internes des Chambres. D'abord, ce ne sont pas des lois au sens formel du terme, ils n'entrent même pas dans la catégorie des actes ayant valeur législative, à l'inverse par exemple des décrets-législatifs ou des lois régionales. Or, le contrôle de constitutionnalité est prévu uniquement pour les lois et actes ayant valeur législative (art. 134 C.). Ensuite, ce sont des mesures portant sur le fonctionnement et l'organisation internes des Chambres, ce que la doctrine appelle la « vie interne »[3] d'une institution. Un éventuel contrôle équivaudrait à l'intrusion, dans le fonctionnement d'une Chambre, d'un organe extérieur, que cet organe

1. Sur la parenté entre la Constitution de la IVe République et la Constitution italienne de 1947, voir : S. GUERRIERI, « La IVe République, un miroir pour la République italienne ? », Revue historique, 2016, n° 1, p. 159.

2. Cour const., arrêt n° 154 du 6 mai 1985 (https://giurcost.org/decisioni/1985/0154s-85.html) : « La Constitution a instauré une démocratie parlementaire, ce qui veut dire, comme le démontre d'ailleurs la préséance attribuée par le texte constitutionnel au Parlement dans l'ordre [fixé par le texte], qu'elle a placé le Parlement au centre du système ». Effectivement, dans l'ordre topologique de la Constitution, le premier organe institutionnel mentionné est le Parlement, suivi du président de la République puis du gouvernement.

3. Cf. A. C. SORRENTINO, « La "giurisdizione domestica" delle Camere del Parlamento alla prova del conflitto di attribuzione tra poteri dello Stato », Osservatorio costituzionale, 2015, p. 6, https://www.osservatorioaic.it/images/rivista/pdf/Sorrentino%202.%202015_.pdf

soit la Cour constitutionnelle, une Chambre par rapport à l'autre ou même le Parlement, entendu comme une entité distincte de ses deux assemblées (arrêt n° 78 de 1984[4]).

L'autonomie des Chambres s'étend au domaine financier. En témoignent l'absence de contrôle externe sur le budget interne (I) et l'absence de contrôle externe sur les normes financières (II).

I. – L'ABSENCE DE CONTRÔLE EXTERNE SUR LE BUDGET INTERNE

Chacune des Chambres dispose d'un budget propre, avec des procédures d'adoption similaires. Il s'ensuit que, dans les deux cas, on retrouve le même type de budget prévisionnel, exempt de tout contrôle de la part de la Cour des comptes (A). Dans ce domaine, il existe en effet un principe coutumier d'immunité de juridiction (B).

A. L'absence de contrôle de la part de la Cour des comptes

Le projet de budget interne est préparé par le collège des questeurs, avec l'assistance du service de la trésorerie. Il est ensuite arrêté par le bureau de la présidence. Puis, le président le soumet à la Chambre pour qu'elle puisse en débattre et l'approuver[5].

Le budget repose sur une dotation de l'État. Le montant de la dotation, dite « ordinaire », est délibéré par le bureau de la présidence, sur proposition du collège des questeurs. Une fois cette étape achevée, la demande de dotation est transmise par le président de la Chambre au ministre des Finances[6]. Privé de toute appréciation discrétionnaire sur le montant demandé, le ministre se borne à l'inscrire dans le projet de loi de finances qui sera présenté et adopté par le Parlement.

4. Cour const., arrêt n° 78 du 26 mars 1984, https://giurcost.org/decisioni/1984/0078s-84.html
5. Article 66 du règlement de la Chambre des députés du 18 février 1971 (https://www.camera.it/application/xmanager/projects/leg18/file/conoscere_la_camera/DA_SITO_25_settembre_2012.pd), article 165 du règlement du Sénat du 17 février 1971 (https://www.senato.it/istituzione/il-regolamento-del-senato).
6. Article 10 du règlement d'administration et de comptabilité de la Chambre des députés du 21 décembre 2010 (https://www.osservatoriosullefonti.it/materiali-e-schede/numero-1-2011/interna-corporis-1-2011/425-regolamento-di-amministrazione-e-contabilita/file), article 10 du règlement d'administration et de comptabilité du Sénat du 1er juin 2006 (https://www.senato.it/istituzione/regolamento-di-amministrazione-e-contabilita-del-senato-della-repubblica).

Le budget comprend, en recettes, la dotation ordinaire et, en dépenses, principalement des dépenses de fonctionnement. Les plus connues sont la rémunération des parlementaires et la pension de retraite des anciens parlementaires, la rémunération des agents publics travaillant pour la Chambre, le financement des organes internes tels que le bureau de la présidence, la trésorerie ou encore les commissions parlementaires. Une autre dépense mérite d'être mentionnée, c'est le financement des groupes politiques représentés dans la Chambre, y compris le groupe des non-alignés. Il ressort de ces différentes catégories de dépenses qu'elles garantissent toutes, plus ou moins, l'autonomie financière des composantes des Chambres, rendant l'idée même d'un contrôle sur les budgets internes « insoutenable »[7].

Une fois le budget adopté, il est exécuté par le président de la Chambre. Son contrôle est confié à des organes internes. Ainsi, dans la Chambre des députés, les organes compétents sont ceux-là même qui l'ont préparé, le collège des questeurs et le service de la trésorerie[8]. Mais ils ne sont pas seuls, s'ajoute à leur action celle du secrétaire général de la Chambre[9]. Ce sont là des contrôles que l'on pourrait qualifier d'« administratifs », par opposition au contrôle de type politique réalisé lors du vote du *conto consentivo* de la Chambre des députés (le « compte final » : article 66 du règlement intérieur) ou du *rendiconto* du Sénat (le « rapport des comptes » : article 29 du règlement d'administration et de comptabilité), deux actes comparables, par leur fonction, à une loi de règlement.

Les assemblées exercent le contrôle interne depuis le XIXe siècle. Le contrôle externe, lui, est inexistant.

À la fin du XXe siècle, la Cour des comptes tenta d'en imposer un, ce qui provoqua un conflit avec les Chambres, suivi de la saisine de la Cour constitutionnelle pour le trancher (arrêt n° 129 de 1981[10]). En l'espèce, la Cour des comptes demande la reddition des comptes au comptable public de chacune des Chambres ainsi qu'à celui de

7. Cf. A. LEONE (député), in *Séance de la Chambre des députés*, 24 septembre 2012, p. 4, https://www.astrid-online.it/static/upload/protected/DocI/DocII_24_Aula_24_09_12.pdf
8. Le collège des questeurs dispose d'une compétence de droit commun, définie en termes génériques : « il veille au bon déroulement de l'administration ». Le service de la trésorerie exerce un contrôle plus spécifique, sur la régularité comptable : voir art. 75, règlement d'administration et de comptabilité de la Chambre des députés.
9. Le secrétaire général exerce les fonctions d'orientation, de surveillance et de contrôle de toute l'activité de l'administration : art. 68, règlement d'administration et de comptabilité de la Chambre des députés.
10. Cour const., arrêt n° 129 du 24 juin 1981, https://giurcost.org/decisioni/1981/0129s-81.html

la présidence de la République. Elle sait bien que ni l'histoire ni la jurisprudence de la Cour constitutionnelle ne jouent en sa faveur. Jamais jusqu'à présent, depuis que l'Italie a instauré le régime parlementaire sous le Statut albertin en 1848, les comptables des Chambres n'avaient soumis leurs comptes au contrôle de la Cour des comptes. Elle a toutefois une excellente raison de penser que les pratiques pourraient changer. La Cour s'appuie sur l'article 103 alinéa 2 de la Constitution républicaine de 1947, qui lui donne une compétence de droit commun pour le contrôle des comptes publics : aux termes de cet article, elle « exerce sa juridiction dans les matières de comptabilité publique et les autres matières spécifiées par la loi »[11].

Dans un arrêt de 1970, la Cour constitutionnelle lui avait laissé entendre qu'une telle prétention serait rejetée. La Cour des comptes avait demandé à l'époque la reddition des comptes au comptable public d'une assemblée régionale (celle de la Sardaigne). La Région en question saisit la Cour constitutionnelle pour protester contre ce qu'elle estimait être une atteinte à son autonomie. Elle avait avancé un argument analogique : puisque les assemblées du Parlement italien ne sont pas astreintes à une telle obligation en raison de leur indépendance, une assemblée régionale devrait disposer de la même garantie, étant elle aussi indépendante.

La Cour constitutionnelle reconnaît son autonomie, provenant du régionalisme italien. Il fait naître, au profit des assemblées régionales, un pouvoir normatif et une autonomie fonctionnelle extrêmement poussés, autant que l'autorise un État unitaire. Les régions peuvent ainsi adopter des actes législatifs et saisir la Cour constitutionnelle pour protéger leurs compétences normatives contre les intrusions du législateur étatique. Néanmoins, la situation n'est pas comparable à celle du Parlement italien : « l'analogie entre les attributions des assemblées régionales et celles des assemblées parlementaires ne signifie pas qu'il y ait identité. Elle ne permet pas d'ignorer que les premières sont exercées au niveau de l'autonomie, même si elle est garantie par la Constitution, tandis que les secondes attributions sont exercées au niveau de la souveraineté »[12]. La Chambre des députés et le Sénat sont par conséquent placés dans une « position d'absolue indépendance ».

Deux ans plus tôt, dans un arrêt à la configuration similaire (une région se plaignait que la Cour des comptes lui demandât la reddition des comptes), la Cour constitutionnelle avait spontanément soulevé

11. *La Constitution italienne*, trad. M. Baudrez, 2022, https://cdpc.univ-tln.fr/wp-content/uploads/constit_italie_2022.pdf
12. Cour const., arrêt n° 110 de 1970, https://giurcost.org/decisioni/1970/0110s-70.html

l'immunité de juridiction des pouvoirs de l'État, parmi lesquels elle s'incluait opportunément : « le contrôle de la Cour des comptes, comme on l'a noté, s'exerce dans le but d'assurer le respect des lois sur l'action du gouvernement et les branches de l'administration qui en dépendent […]. En est exemptée l'activité de certains organes, comme le Chef de l'État, le Parlement et notre Cour [constitutionnelle] dont la position, au sommet de l'ordonnancement constitutionnel, est d'une absolue indépendance » (arrêt n° 143 de 1968[13]).

C'est la raison pour laquelle il est exclu que la Cour des comptes puisse contrôler les dépenses des organes visés « même en matière de dépenses. Étant donné qu'elles sont nécessaires au fonctionnement de l'organe, un contrôle externe compromettrait le libre exercice des fonctions politiques et législatives ou les fonctions de garantie constitutionnelle qui leur sont attribuées » (arrêt précité n° 143 de 1968).

Certes, les arrêts cités ne portent pas directement sur les comptes du Parlement mais sur ceux des assemblées régionales. Par ailleurs, la Cour constitutionnelle avait tranché en faveur de la Cour des comptes et de sa compétence de droit commun en la matière, affirmée à l'article 103 al. 2 C. Enfin, les arrêts de 1968 et de 1970 sont anciens. On peut imaginer que la Cour constitutionnelle serait plus encline, en 1981, à accepter le contrôle des comptes du Parlement. Il n'en est rien.

B. La coutume constitutionnelle de l'immunité de juridiction des assemblées parlementaires

L'arrêt n° 129 de 1981 est prononcé à la suite d'une saisine de la Cour constitutionnelle sur le fondement de l'article 134 alinéa 3 de la Constitution[14]. L'article établit une voie de recours particulière pour les « pouvoirs de l'État » : lorsque l'un d'entre eux estime qu'un autre pouvoir de l'État empiète sur ses compétences, il fait appel à la Cour constitutionnelle afin qu'elle tranche le conflit. Le recours à l'article 134 al. 3 C. et la notion de pouvoir de l'État correspondent à une conception italienne de la séparation des pouvoirs dans laquelle chaque pouvoir est représenté de manière diffuse par un ou plusieurs organes, ce qui conduit concrètement à une assimilation entre le pouvoir et l'organe qui le représente. Ces « pouvoirs de l'État » sont les organes

13. Cour const., arrêt n° 143 du 18 décembre 1968, https://giurcost.org/decisioni/1968/0143s-68.html

14. Art. 134 al. 3 C. : la Cour constitutionnelle juge « des conflits d'attribution entre les pouvoirs de l'État », *La Constitution italienne*, trad. M. Baudrez, précitée.

mentionnés par la Constitution, entre autres : chacune des Chambres, le gouvernement, la présidence de la République mais aussi la Cour des comptes (art. 103 C.), la Cour de cassation (art. 104, 105 et 106 C.) ou encore la Cour constitutionnelle elle-même (art. 134 C. et s.)[15].

En l'espèce, la Cour a été saisie par les deux Chambres ainsi que par la présidence de la République.

Les requérantes estiment que la Cour des comptes, en sa qualité de pouvoir de l'État, s'est immiscée dans leur domaine de compétences. La Cour constitutionnelle leur donne raison. Elle se fonde pour cela sur une coutume constitutionnelle garantissant l'autonomie financière du Parlement : « sous le Statut albertin, pour ce qu'en sait [la Cour constitutionnelle], il n'y a jamais eu le moindre doute que les trésoriers de la Maison royale et des deux Chambres du Parlement fussent exclus de la juridiction comptable. Ni que cette « pratique ancienne », à laquelle font explicitement référence les décrets concernant les trésoriers de la Chambre des députés et du Sénat de la République, ait été interrompue par l'instauration de l'ordonnancement républicaine » (arrêt précité n° 129 de 1981).

La Cour justifie l'insertion d'une norme coutumière dans le droit constitutionnel par le fait que les normes écrites, portant sur les relations entre les pouvoirs de l'État, s'avèrent imprécises : « les règles dictées par les normes constitutionnelles écrites, concernant le régime organisationnel et fonctionnel des organes constitutionnels, ne sont pas complètes ni détaillées [...]. Il y a des principes non-écrits, manifestes et consolidés par la répétition constante de comportements uniformes [...], c'est-à-dire de véritables coutumes constitutionnelles » (même arrêt).

La Cour ajoute, sur ce ton catégorique qui fait naître envers toute contestation future une présomption défavorable : « on ne saurait soutenir qu'on traite d'une pratique insignifiante du point de vue du droit constitutionnel. L'immunité de leurs agents comptables devant la juridiction des comptes représente [...] le droit réflexe[16] de l'autonomie

15. Aucun texte ne donne une liste des pouvoirs de l'État. C'est la Cour constitutionnelle qui détermine, par ordonnance en chambre du conseil, de l'admissibilité d'un recours. À noter que les conflits d'attribution entre l'État et les Régions, ou entre les Régions, relèvent d'une autre hypothèse que celle des conflits d'attribution entre les pouvoirs de l'État (article 134 al. 3 C. : la Cour constitutionnelle juge « des conflits d'attribution [...] entre l'État et les Régions et entre les Régions », in *Constitution italienne*, trad. M. Baudrez, précitée). Voir aussi : art. 37 et art. 39, loi n° 87 du 11 mars 1953 relative aux normes sur la constitution et le fonctionnement de la Cour constitutionnelle, https://www.cortecostituzionale.it/documenti/istituzione/LEGGE_11_marzo_1953.pdf

16. La notion de « droit réflexe » évoquée par la Cour s'entend dans un sens élargi par rapport à celle de Hans Kelsen. Ce n'est pas, comme il le définit, un « droit » subjectif qui serait en réalité le « reflet » d'une obligation prévue par le droit objectif. Dans l'arrêt de 1981,

marquée dont disposent toujours les trois organes constitutionnels requérants » (même arrêt).

La coutume constitutionnelle visée par la Cour s'insère dans un ensemble de principes, tirés d'une interprétation traditionnelle de l'article 61 du Statut albertin. Cet article donnait compétence exclusive aux Chambres pour adopter leur règlement intérieur (« Le Sénat, comme la Chambre des députés, détermine par le moyen de son règlement intérieur, la manière selon laquelle il doit exercer ses attributions »). Le contenu de l'article 61 a été repris par l'article 64 de la Constitution de 1947. Le principe de l'autonomie normative des Chambres, posé à l'article 61, s'entendait alors dans le sens où il était interdit à l'Exécutif de s'immiscer dans leur organisation et leur fonctionnement. Au cours du XIXe siècle, l'interdiction a été étendue au pouvoir juridictionnel. C'est en effet ainsi que le Conseil d'État interpréta l'article 61 dans un arrêt de 1898. Il refusa de contrôler le règlement intérieur des Chambres au motif qu'il s'agissait d'un acte politique[17]. Dans un autre arrêt, cette fois-ci de 1903, portant sur une demande de la Cour des comptes d'examiner les comptes des Chambres, le Conseil d'État confirma sa jurisprudence antérieure en apportant cette précision : seuls les actes administratifs pris par des autorités émanant de l'Exécutif peuvent faire l'objet d'un recours contentieux[18].

La Cour constitutionnelle reconnaît à son tour la coutume de l'immunité de juridiction des Chambres, ici devant la Cour des comptes.

À noter que dans l'arrêt de 1981, la Cour constitutionnelle fait bénéficier la présidence de la République de l'application de la coutume.

la notion de « droit réflexe » désigne une garantie née de la reconnaissance, par le droit objectif – ici la Constitution – d'un principe fondamental. Cette garantie est subjective, dans la mesure où elle bénéficie aux organes constitutionnels, mais ce n'est pas un droit subjectif, c'est-à-dire un droit consacré directement par la Constitution. La Cour a l'habitude de hiérarchiser les garanties juridiques. Bien que d'ordinaire, elle privilégie la distinction entre les droits et les intérêts, théorisée par Rodolf von Jhering et consacrée par la Constitution (art. 24 C.), elle n'hésite pas dans certains cas, comme en l'espèce, à puiser dans une autre inspiration doctrinale pour identifier une garantie *sui generis*. Cf. H. KELSEN, *La théorie pure du droit*, trad. Ch. Eisenmann, éd. Sirey, 1962, p. 173. Voir à ce propos : S. GOYARD-FABRE, « Sujet de droit et objet de droit : défense de l'humanisme », *ARSP: Archiv Für Rechts- Und Sozialphilosophie / Archives for Philosophy of Law and Social Philosophy*, 1995, n° 4, pp. 517-531.

17. Cons. St., Sez. IV, 9 settembre 1898, *Il Foro italiano*, XXIII, 105-109. Cf. S. ROMANO, « Gli atti di un ramo del Parlamento e la loro pretesa impugnabilità dinanzi la IV sezione del Consiglio di Stato », Il circolo giuridico: rivista di legislazione e giurisprudenza, 1899, n° 1, p. 77.

18. Cons. St., Sez. IV, 19 giugno 1903, *Il Foro italiano*, 1903, III, 107. Voir : F. CAMMEO, « La competenza della IV Sezione sugli atti amministrativi di autorità non amministrative », Giurispr. ital., 1903, IV, p. 1.

Il ne s'agit pas pour elle de garantir exclusivement l'immunité des Chambres. La Cour se positionne clairement dans le champ thématique de la séparation des pouvoirs entre, d'un côté, le pouvoir juridictionnel comptable et de l'autre côté les pouvoirs politiques.

L'arrêt n° 129 de 1981 pose un principe général. L'interdiction de contrôler les Chambres ne se limite pas à la Cour des comptes ni à l'exécution des budgets parlementaires. Elle concerne tous les actes internes pris par les Chambres et s'impose à tous les organes qui leur sont extérieurs.

II. – L'ABSENCE DE CONTRÔLE EXTERNE SUR LES NORMES FINANCIÈRES DES CHAMBRES

Le budget des Chambres, prévu dans un acte interne, est organisé selon des procédures établies par d'autres actes internes. Il s'agit en premier lieu du règlement intérieur général, dont fait mention l'article 64 C., et du règlement d'administration et de comptabilité.

L'ensemble des actes internes sont dénommés les *interna corporis acta*, que l'on appelle le plus souvent les *interna corporis* (A). Ils échappent à tout contrôle. Néanmoins, la Cour constitutionnelle pose une limite relative à la protection des droits et intérêts légitimes (B).

A. Les *interna corporis*

La Cour constitutionnelle distingue deux catégories d'*interna corporis*. La première catégorie comprend le règlement majeur, autrement dit le règlement intérieur principal (celui qui est visé à l'article 64 C.). Il détermine le fonctionnement et l'organisation internes des chambres. La seconde catégorie vise les règlements mineurs, c'est-à-dire tous les autres actes internes pris en application du règlement majeur. Par assimilation, la Cour applique aux règlements mineurs le même régime juridique que celui du règlement majeur, en l'occurrence l'absence de contrôle externe (arrêt n° 237 de 2022[19]).

19. Cour const., arrêt n° 237 du 5 octobre 2022, https://www.cortecostituzionale.it/
Cette assimilation est confirmée par la Cour européenne des droits de l'Homme dans l'affaire Savino contre Italie. En l'espèce, un fonctionnaire de la Chambre des députés conteste la compétence contentieuse de l'assemblée parlementaire. Il prétend notamment que la juridiction domestique n'est pas constituée par une loi, contrairement aux termes de l'article 6 § 1 de la Convention européenne des droits de l'Homme qui pose le principe

Le règlement majeur pose les principes fondamentaux relatifs aux différentes procédures intéressant le budget interne : la préparation et l'adoption, l'exécution, le contrôle interne. Parmi les règlements mineurs, le règlement d'administration et de comptabilité fixe les règles de détails sur les procédures budgétaires. La délibération budgétaire constitue elle aussi un règlement mineur.

La Cour avait déjà tiré de l'article 64 C. l'immunité de juridiction des comptables publics devant la juridiction des comptes (arrêt précité n° 129 de 1981). C'est une immunité similaire qu'elle invoque dans un arrêt de 2014, après avoir été saisie – d'office – par la Cour de cassation dans le cadre classique du contrôle de constitutionnalité des normes. À l'origine de l'affaire, il y a un recours d'un agent public du Sénat contre certains *interna corporis acta* pris par celui-ci. Les règlements visés modifient le statut et la rémunération du personnel exerçant au sein de la Chambre. Le requérant saisit la commission contentieuse en première instance puis le Conseil de garantie en appel, deux juridictions internes au Sénat, conformément au système dit de l'*autodichia* (la compétence juridictionnelle d'organes issus des Chambres pour trancher les conflits internes)[20]. Le requérant décide d'attaquer la décision d'appel devant la Cour de cassation, juge de droit commun en Italie pour les recours en cassation.

La haute juridiction judiciaire s'étonne de la compétence juridictionnelle attribuée au Sénat pour résoudre les conflits avec son personnel. Cette compétence est fondée à titre général sur l'article 12 du règlement majeur, aux termes duquel le Conseil de la Présidence

de l'établissement des tribunaux par une loi. La juridiction domestique est prévue par un règlement mineur, lequel – selon le requérant – n'aurait pas la même valeur juridique que le règlement majeur (sur la valeur des règlements majeurs et mineurs, voir *infra*). La Cour européenne rejette cet argument en reprenant à son compte la jurisprudence de la Cour constitutionnelle et de la Cour de cassation italiennes sur l'application du régime juridique du règlement majeur aux règlements mineurs (§ 94 et s.). Néanmoins, la Cour européenne donne raison au requérant sur un autre point (le tribunal domestique n'est pas conforme au principe de l'indépendance et de l'impartialité des juges car il est composé exclusivement de parlementaires). Voir : Cour européenne, 28 avril 2009, aff. *Savino et autres c/ Italie*, Requêtes n° 17214/05, 20329/05, 42113/04), https://www.astrid-online.it/static/upload/protected/cedu/cedu-savino.pdf

20. L'autodichia signifie littéralement « l'auto-justice ». Voir : A. FRAINO, « La giurisdizione domestica : un privilegio antico e paradossale alla luce dell'ordinamento costituzionale attuale », Diritto it., 19 avril 2019, https://www.diritto.it/
La Commission contentieuse du Sénat est prévue à l'article 72 du « Texte unique des normes réglementaires de l'Administration relatives au personnel du Sénat de la République ». Quant au Conseil de garantie, il est prévu à l'article 72 du même texte. Les membres des deux instances sont des sénateurs choisis parmi ceux qui ont une formation de juriste, par exemple des professeurs de droit, des avocats ou des magistrats.

« approuve les règlements intérieurs de l'Administration du Sénat et adopte les mesures relatives au personnel dans les cas ici mentionnés ». Le Sénat interprète cet article dans le sens où il lui attribue le pouvoir de juger de manière exclusive les recours de son personnel contre ses actes internes. Pour la Cour de cassation toutefois, il y a un doute sur la conformité de l'article 12 à la Constitution, garantissant le droit à un procès juste (art. 111 C.) et le droit à un recours juridictionnel contre tous les actes de l'administration (art. 113 C.).

Ce n'est pas la première fois que la question est soulevée devant la Cour constitutionnelle. La Cour de cassation compte sur un revirement jurisprudentiel, il ne viendra pas. La Cour constitutionnelle se déclare incompétente pour examiner la conformité à la Constitution d'un règlement intérieur de la Chambre. En se fondant sur l'article 134 C., elle constate qu'il ne mentionne pas, parmi les actes soumis au contrôle de la Cour constitutionnelle, les règlements intérieurs des Chambres.

La doctrine italienne estime généralement que les règlements intérieurs ont la même force juridique que les lois. Ils entreraient dans la catégorie des « sources primaires du droit », c'est-à-dire des actes garantissant directement les droits et les intérêts, sans venir en exécution d'une loi[21] (cette théorie se rapproche, pour les Français, de la théorie des règlements autonomes). À ce titre, toujours selon la doctrine, les règlements intérieurs des Chambres devraient être soumis au contrôle de la Cour constitutionnelle, au même titre donc que les lois. Cependant, la Cour rejette l'idée d'une identité de régime juridique entre les deux catégories d'actes, dans la mesure où les lois ne peuvent pas modifier les règlements intérieurs. Elle va même plus loin dans sa démonstration, après avoir constaté que la procédure de vote des lois, prévue par la Constitution, est précisée par les règlements intérieurs : « en tant qu'ils appliquent directement la Constitution, ils expriment l'exercice d'une compétence soustraite à la loi ordinaire » (arrêt n° 78 de 1984[22]). Cette fois-ci, l'affirmation de la Cour évoquerait, pour les Français, la notion de loi organique. Ce n'est toutefois pas le cas, d'abord parce que cette notion n'existe pas en Italie, ensuite

21. La théorie des sources primaires et des sources secondaires (actes d'exécution des actes primaires) a été développée par V. CRISAFULLI (*Lezioni di diritto costituzionale, II. L'ordinamento costituzionale italiano*, Milano, 1984, p. 440) et reprise ensuite par la majorité de la doctrine italienne. Cf. A. PIZZORUSSO, https://www.conseil-constitutionnel.fr/nouveaux-cahiers-du-conseil-constitutionnel/presentation de la cour constitutionnelle-italienne, *Enc. Treccani*, https://www.treccani.it/enciclopedia/regolamento-parlamentare_%28Diritto-on-line%29/

22. Cour const., arrêt n° 78 du 26 mars 1984, https://giurcost.org/decisioni/1984/0078s-84.html.

parce que la démonstration de la Cour a pour objectif premier de démontrer l'autonomie des règlements intérieurs par rapport aux lois, tant sur le plan formel que sur le plan substantiel : « dans le système des sources délimité par la Constitution, le règlement parlementaire est expressément prévu à l'article 64 comme une source dotée d'une sphère de compétence réservée et distincte de celle de la loi et dans cette sphère de compétence, par conséquent, la loi n'est pas habilitée à intervenir » (arrêt n° 120 de 2014).

D'où la conclusion logique de la Cour : « l'article 134 C., en désignant comme contrôlables la loi et les actes qui, parce qu'ils lui sont équivalents, peuvent réguler ce qui entre dans [son champ de] compétence, ne permet pas d'y inclure les règlements parlementaires » (arrêt n° 120 de 2014).

Tout en décidant ainsi, la Cour reste consciente qu'elle ne résout pas le problème soulevé par les agents publics du Sénat. Les conflits domestiques et, de manière générale, tous les conflits internes sont jugés par les Chambres elles-mêmes, ce qui pose un évident problème de conformité avec le droit au juge. C'est la raison pour laquelle la Cour offre une porte de sortie.

B. La possibilité d'un contrôle sur des actes attentatoires aux droits et intérêts

Dans l'arrêt n° 120 de 2014, la Cour constitutionnelle fait appel à la notion de « fonctions primaires des Chambres » : les rapports concernant les fonctions primaires « appartiennent à la compétence des règlements [intérieurs] » ; par conséquent, l'interprétation des règlements portant sur ces fonctions « doit être confiée exclusivement aux Chambres ». Leur compétence exclusive s'étend à la phase d'application des règlements et conduit à écarter tout contrôle juridictionnel externe sur les actes ressortant des fonctions primaires.

Les fonctions primaires sont définies par la Cour, dans un arrêt ultérieur (n° 262 de 2017[23]), comme étant les « fonctions constitutionnelles » attribuées aux organes situés au sommet du système. À titre d'exemple, la Cour mentionne les modalités de vote des Chambres. Plus généralement, la doctrine estime que la notion s'applique aux fonctions politiques prévues par la Constitution

23. Cour const., arrêt n° 262 du 26 septembre 2017, https://www.cortecostituzionale.it/actionSchedaPronuncia.do?param_ecli=ECLI:IT:COST:2017:262

(l'adoption des lois et le contrôle du gouvernement), ce que semble confirmer la Cour dans l'arrêt précité n° 262 de 2017. Les fonctions primaires se distingueraient des fonctions administratives[24]. Rappelons à ce propos que la délibération budgétaire constitue, selon la définition donnée par le Conseil d'État dans l'arrêt précité de 1898, un « acte politique », ce qui semblerait la rattacher à la catégorie des « fonctions primaires ».

En réalité, il est difficile de déterminer ce qui est politique ou administratif dans un règlement intérieur. Autrement dit, la notion de fonction primaire se présente surtout comme le rappel au principe du caractère non-contrôlable des règlements intérieurs.

Cependant, la Cour imagine un moyen d'attaquer ces actes, dans le cadre du recours pour les conflits d'attribution entre les pouvoirs de l'État : « les normes non contrôlables pourraient être les sources d'actes lésant des droits constitutionnellement garantis, [or] on doit toujours soumettre à vérification le fondement constitutionnel d'un pouvoir de décision qui limite le pouvoir confié par la Constitution à une autre autorité » (arrêt précité n° 120 de 2014).

La Cour explique cette possibilité de recours par la primauté du principe de l'État de droit : il faut faire prévaloir « la grande règle [qui est celle de] l'État de droit et son régime juridictionnel qui couvre, dans notre système constitutionnel, […] tous les droits » (même arrêt).

Si donc un règlement intérieur porte atteinte à un droit fondamental, ici le droit au recours devant le juge, la Chambre qui en est l'auteur empiétera sur les compétences exclusives des autorités chargées d'assurer le respect de l'État de droit, autrement dit les autorités juridictionnelles. Elles pourront dès lors saisir la Cour constitutionnelle dans le cadre du conflit d'attribution entre les pouvoirs de l'État : la Cour, en effet, « peut rétablir la limite […] entre les pouvoirs légitimement exercés par les Chambres dans leur sphère de compétence et celles qui appartiennent aux autres, assurant ainsi le respect des

24. Cf. A. LO CALZO : « les organes constitutionnels ont une double nature, constitutionnelle quand ils exercent leurs fonctions primaires, et matériellement administrative quand ils adoptent les actes relatifs à leur organisation interne ». La définition que l'auteur donne des fonctions primaires apparaît trop restrictive, dans la mesure où les règlements intérieurs, portant par principe sur l'organisation interne des Chambres, pourraient tous entrer dans la catégorie des fonctions « matériellement administratives » : *in* « L'autodichia degli organi costituzionali : il difficile percorso dalla sovranità istituzionale dell'organo alla garanzia della funzione », Rivista del Gruppo di Pisa, 18 septembre 2015, p. 14, https://www.gruppodipisa.it/images/rivista/pdf/Antonello_Lo_Calzo_-_L_autodichia_degli_organi_costituzionali_il_difficile_percorso_dalla_sovranita_istituzionale.pdf

limites des prérogatives et du principe de légalité, qui est à la base de l'État de droit » (même arrêt).

Convaincue par les promesses de l'arrêt n° 120 de 2014, la Cour de cassation saisit à nouveau la Cour constitutionnelle, cette fois-ci dans le cadre du conflit d'attribution entre les pouvoirs de l'État. C'est là que vient la douche froide, sous la forme de l'arrêt précité n° 267 de 2017.

Après avoir affirmé que les conflits des Chambres avec leurs agents publics relèvent des « fonctions primaires », la Cour constitutionnelle ajoute qu'il n'y a pas d'atteinte du Sénat aux compétences de la Cour de cassation puisque « les organes de l'*autodichia*, bien qu'internes [à la Chambre] et extérieurs à l'organisation de la juridiction, sont constitués selon des règles garantissant leur indépendance et leur impartialité ».

Est-ce un revirement de la part de la Cour constitutionnelle, ou un prudent pas en arrière ? Qu'à cela ne tienne, elle est saisie à nouveau dans une affaire similaire mais, cette fois-ci, le requérant préfère utiliser la voie classique du recours de conformité des normes à la Constitution. La réponse de la Cour est donnée dans l'arrêt précité n° 237 de 2022.

Le requérant est le Conseil de garantie du Sénat (la juridiction d'appel interne à la Chambre). Il s'interroge sur la conformité à la Constitution d'un règlement mineur réduisant le montant de la pension des anciens sénateurs. Le règlement concerné est une délibération prise par le conseil de la Présidence. C'est à cette occasion que la Cour affirme l'application du régime juridique du règlement majeur aux règlements mineurs : elle ne saurait contrôler la délibération car c'est « un acte normatif qui n'est pas compris parmi les sources soumises au jugement de cette Cour au sens de l'article 134 C. […] Il constitue, de même que les règlements parlementaires majeurs, l'expression de l'autonomie normative accordée par la Constitution aux Chambres ». La Cour conclut ainsi : « il appartient aux organes de l'*autodichia*, selon des procédures […] garantissant le droit de la défense et un contradictoire effectif […], le contrôle juridictionnel sur la conformité au droit de la délibération »

La solution proposée par la Cour constitutionnelle dans l'arrêt n° 120 de 2014 ouvrait de nouvelles perspectives. Sans doute cette solution aurait-elle été inutilisable à l'égard des délibérations budgétaires, non pas en raison de l'assimilation des règlements mineurs au règlement majeur mais tout simplement parce qu'il faudrait démontrer l'atteinte portée par le budget interne à des droits fondamentaux, ce qui est loin d'être acquis. Normalement, un budget, surtout interne, est un acte organisationnel, sans effet direct sur les droits et libertés.

Cependant, il aurait été possible d'attaquer les mesures financières prises dans les règlements de fond, telles qu'une baisse de pension d'un ancien parlementaire. La volte-face de la Cour, dans l'arrêt n° 262 de 2017, rend désormais difficile la réalisation de ce scénario. D'une manière ou d'une autre, les actes internes des Chambres échappent à tout contrôle juridictionnel externe, tant de la part de la Cour des comptes que de celles de la Cour de cassation ou de la Cour constitutionnelle.

La difficile évaluation du travail parlementaire

Michel BOUVARD

Conseiller-Maître à la Cour des comptes
Ancien sénateur, Ancien député

RÉSUMÉ

L'accroissement des moyens accordés aux parlementaires pour l'exercice de leur mandat s'accompagne d'une exigence citoyenne sur l'efficacité de leur travail dans un contexte de remise en cause croissante de la démocratie représentative. La mesure de l'activité du parlement et des parlementaires ne peut se limiter à de simples données statistiques quantitatives, même si l'accès à ces dernières a progressé avec le développement de l'informatique et une mise en ligne sur les sites de l'Assemblée nationale et du Sénat. C'est bien la question de la performance du parlement qui est posée, de sa capacité à participer à la construction des lois et à contrôler l'action de l'exécutif. Pour chaque parlementaire, cette performance ne peut se limiter à la lecture des données sur la présence dans l'hémicycle ou en commission mais doit intégrer des données multiples, ce qui n'est pas le cas ses données publiées par les sites en ligne, dont la présence s'est accrue. Malgré les progrès accomplis, ils se limitent souvent à de simples données quantitatives de la seule activité au parlement. Pour autant le parlement est aujourd'hui plus attentif aux résultats de son action, c'est notamment le cas lors de l'examen de la loi de règlement ou dans les suites données aux missions d'information. Ces progrès comme une meilleure information du citoyen sont indispensables pour conforter la légitimité de l'institution parlementaire.

The increase in resources granted to legislators to carry out their duties comes with a call from citizens for efficiency amidst growing questioning of representative democracy. We cannot measure what parliament and legislators do with simple quantitative statistical data, even if access to these data has increased with the development of IT and publications on the National Assembly and Senate websites. We want to know how parliament is performing, to what extent it is able to create laws and maintain checks on the executive branch. For each legislator, this performance cannot be limited to data on their attendance in sessions or committees, but must incorporate multiple factors. This is not what the increasingly popular performance data websites do. Despite the progress made, they are often limited to mere quantitative data on activity in parliament alone. However, parliament is now more attentive to the results of its actions, particularly when examining regulation law or following up on information-seeking tasks. This progress, as well as better information for citizens, is essential to strengthening the legitimacy of the parliamentary institution.

La mise en œuvre de la loi organique sur les lois de finances à partir de 2002 s'est traduite pour chacune des missions du budget de l'État par la mise en place d'indicateurs de performance, ceux-ci ne concernent toutefois pas la mission « Pouvoirs publics » dans laquelle sont inscrites les dotations aux assemblées parlementaires, dont le montant est déterminé par ces dernières. L'autre particularité de cette mission est qu'elle ne donne lieu ni à l'élaboration d'un Projet annuel de performance (PAP) lors du vote du budget, ni d'un Rapport annuel de performance (RAP), lors de l'examen de la loi de règlement.

Pour autant la question de l'évaluation du travail parlementaire est bien présente dans le débat public et répond à une attente citoyenne d'autant plus forte que nous connaissons une période de remise en cause croissante de la démocratie représentative. Dès lors comment évaluer le travail parlementaire, dans son ensemble, et, plus difficile encore, celui de chaque parlementaire ?

Il convient d'examiner dans un premier temps la manière dont l'Assemblée nationale et le Sénat ont progressivement apporté une réponse à cette attente, avant d'évoquer les différentes démarches initiées pour évaluer le travail des parlementaires en dehors des assemblées.

I. – L'INFORMATION DU PARLEMENT SUR SON ACTIVITÉ

Pendant longtemps l'information du Parlement sur son activité s'est limitée aux bilans effectués par le président de l'Assemblée nationale ou par le président du Sénat, dans les discours de fin de session et de fin de législature. Au cours des deux dernières décennies des données statistiques sont venues compléter ce bilan.

Au Sénat : Depuis 2011 au moins le Sénat publie un tableau de bord de la séance publique (sessions ordinaires et extraordinaires) retraçant les statistiques des jours et heures de séances, le nombre de textes examinés, de commissions mixtes paritaires, les textes adoptés ainsi que le nombre d'amendements et de scrutins publics.

Ce document comporte aussi des données qui vont au-delà des seules données quantitatives et peuvent être considérées comme qualitatives, à savoir le nombre de Commissions mixtes paritaires (CMP) conclusives, les données sur les textes d'origine sénatoriale, et les amendements adoptés. Ce document retrace aussi le temps des espaces réservés au Parlement dans l'ordre du jour et notamment ceux dédiés au contrôle.

Le tableau de bord est élaboré par la direction générale des relations institutionnelles et s'est progressivement enrichi pour intégrer des statistiques relatives aux travaux des commissions et délégations sénatoriales. Il comporte enfin des données sur la présence des ministres aux séances de questions, ainsi que sur les temps de parole globaux lors des « *questions cribles* » permettant d'évaluer les équilibres de temps de parole entre les ministres et les sénateurs. En outre les données statistiques annuelles rappellent les données de la session antérieure, permettant d'apprécier l'évolution de l'activité parlementaire d'une année sur l'autre.

Le site internet du Sénat présente enfin des données pluriannuelles d'activité parlementaire depuis le début de la Ve République.

À l'Assemblée nationale : Comme au Sénat, les services d'archives disposent de tables recensant depuis plus d'un siècle les noms, matières, questions permettant d'analyser l'activité parlementaire. À partir du début de la VIe législature et des années 1980 le développement de l'informatique a facilité l'accès et l'exploitation de ces données pour quantifier cette activité. Comme pour la haute assemblée, l'avènement d'internet a conduit à une mise en ligne progressive avec un bilan établi au terme de chaque session, retraçant l'activité parlementaire dans sa globalité.

Plus récemment, chacune des commissions permanentes a élaboré un premier bilan de législature. Ces rapports recensent les activités (nombre des réunions, durée, nombre de textes examinés, missions, amendements déposés, examinés, etc.) sans que la présentation soit homogène d'une commission à l'autre. C'est notamment le cas pour les amendements certaines commissions se limitant au décompte de la totalité des amendements, déposés, d'autres distinguant les amendements soutenus de ceux qui sont « *tombés* », ou ont été retirés. En outre, une commission (affaires économiques) établit des comparaisons entre les deux dernières législatures.

Dans cette présentation très quantitative une commission se distingue par une approche plus qualitative. À l'initiative de sa présidente de l'époque, Yaël Braun-Pivet, la commission des lois a en effet commis un rapport le 23 février 2022 établissant son bilan pour la XVe législature.

La novation de ce dernier est qu'il ne se limite pas à des données statistiques sur l'activité de la commission, mais qu'il intègre le suivi des recommandations adressées aux ministères. Il s'agit de celles formulées à l'occasion des 50 missions d'information conduites durant la législature. Ces recommandations sont réparties entre les différents champs législatifs couverts par la commission : la modernisation de la justice, l'administration pénitentiaire, la sécurité intérieure, la modernisation de la vie politique, la garantie des libertés publiques, l'évolution de la décentralisation, et le droit économique. Pour chaque rapport d'information un tableau illustré par trois couleurs (vert, orange et rouge) grade les propositions ayant donné lieu, à la mise en œuvre de la plupart des recommandations, d'une bonne partie des recommandations, enfin d'aucune ou de très peu des propositions appliquées.

Cette pratique constitue une novation et s'apparente aux procédures de la Cour des comptes qui assure au niveau de chacune de ses chambres un rapport annuel pour le suivi individualisé des recommandations sur les trois derniers exercices. Pour la Cour le taux de recommandation suivi est l'un des indicateurs de performance de l'institution.

La commission de la défense au début de la législature 2022-2027 a également enclenché une présentation de son activité au terme de la première session. Il s'agissait d'un engagement de son président lors de sa prise de fonction. Ceci permet d'avoir un éclairage sur les missions de contrôle sur place au travers des déplacements de la commission dans les différentes unités des armées.

Ces initiatives sont d'autant plus prometteuses qu'elles ouvrent la voie à une valorisation du contrôle parlementaire dont la documentation statistique est aujourd'hui principalement reflétée par le nombre de questions écrites et de questions au gouvernement, qui ne s'apparentent que lointainement à la réalité d'un contrôle.

Depuis 2018, un autre progrès incontestable est intervenu avec la mise en place de la nouvelle procédure d'examen de la loi de règlement sous l'appellation *« le printemps de l'évaluation »*. Dans la présentation de l'édition 2021, le site internet de l'Assemblée nationale en affiche l'objectif *« en renforçant les modalités d'examen du projet de loi de règlement afin qu'il devienne le lieu de convergence des travaux d'évaluation des politiques publiques à l'Assemblée nationale »*.

Le programme d'évaluation est arrêté en début d'année par la commission des finances avec l'identification d'un ou de plusieurs thèmes par ses rapporteurs spéciaux. Le rapport de synthèse reprend l'ensemble des recommandations formulées pour chaque mission ou programme budgétaire. L'édition 2021 était la quatrième du « *printemps de l'évaluation* ». Elle coïncidait avec le dépôt de la proposition de loi organique du président de la commission Éric Woerth et du rapporteur général, Laurent Saint-Martin, complétant les dispositions de la LOLF initiale et était l'occasion de dresser un premier bilan de cette nouvelle procédure. Était notamment relevé le risque, à raison d'un thème pour chacun des 45 rapporteurs spéciaux, d'une difficulté d'examen approfondi en Commission d'évaluation des politiques publiques (CEPP) et d'une communication plus difficile sur les travaux. Le rapport de synthèse reprend les recommandations formulées par chacun des rapporteurs d'une part sur l'exécution budgétaire, d'autre part sur le thème d'évaluation retenu. 342 recommandations figuraient dans le rapport 2021. Ce grand nombre de rapports et de recommandations s'est traduit par un resserrement du nombre des évaluations, dans la continuité des préconisations formulées en 2021 comme suggéré par Éric Woerth et Laurent Saint-Martin. Les recommandations ont été ainsi ramenées à 140.

En revanche le temps consacré aux CEPP s'est accru, malgré un nombre d'évaluations plus restreint. Le nombre des CEPP et leur durée globale n'auront jamais été aussi élevés depuis 2018. Sans en tirer de conclusions on observera que le travail parlementaire effectué dans ce domaine mériterait que les recommandations, formulées par les différents rapporteurs spéciaux, donnent lieu à un recensement par la commission des finances de celles qui ont été suivies par l'exécutif. Ceci pourrait constituer un indicateur traduisant la progression du contrôle dans le travail parlementaire.

II. – L'ÉVALUATION DU TRAVAIL DES PARLEMENTAIRES

L'évaluation individuelle du travail des parlementaires constitue un sujet relativement récent qui a émergé dans les années 1980 et est monté en puissance avec le développement des réseaux sociaux. Au-delà des différents événements de la vie parlementaire, résultant de défaillances sur la présence des parlementaires en séance ou en commission à l'occasion des votes sur des sujets sensibles, qui ont mobilisé les médias sur la question de l'absentéisme, plusieurs facteurs ont constitué un accélérateur de cet intérêt pour le travail des parlementaires, ce sont notamment la réforme constitutionnelle de 2008 et la nouvelle limitation apportée au cumul des mandats en 2014.

Avant ce besoin d'évaluation du travail des parlementaires l'absentéisme a été le seul sujet donnant lieu à publicité et médiatisation.

Le rejet d'un texte, d'un article ou d'un amendement gouvernemental, ou l'adoption d'une motion de procédure en raison de la défaillance d'élus du ou des groupes majoritaires à l'Assemblée nationale, ouvre encore périodiquement le débat sur la présence des parlementaires dans l'hémicycle.

Ces incidents n'entraînent que très rarement l'abandon d'un texte. Il peut être procédé parce qu'il peut être procédé à une deuxième délibération, au rétablissement d'un article dans le cadre de la navette, ou au dépôt d'un nouveau texte lors de l'adoption d'une motion de procédure. Ces incidents ont toutefois un retentissement certain lorsqu'ils concernent des textes ou des mesures emblématiques. Ainsi, on peut citer, l'adoption de l'exception d'irrecevabilité sur la loi instituant le Pacte civil de solidarité (PACS) le 9 octobre 1998, l'adoption en mai 2008 d'une motion de procédure contre le projet de loi sur les Organismes génétiquement modifiés (OGM), le rejet de la loi instituant une Haute autorité en charge de la diffusion des œuvres et de la protection des données sur internet (loi HADOPI) en avril 2009, et plus récemment le 11 décembre 2023 l'adoption d'une autre motion de procédure contre le projet de loi immigration, mais cette fois-ci dans un contexte de majorité relative.

Cette présence des députés en séance ne peut constituer un marqueur unique ni même principal de leur travail, il constitue cependant un critère retenu par les différents journaux ou sites en ligne qui s'intéressent au travail parlementaire et ne manquent pas de relever les principaux cas d'absentéisme.

Dès 1994, au regard du caractère désastreux pour l'appréciation du travail parlementaire d'absences répétées, Philippe Séguin président de l'Assemblée nationale fait adopter une première disposition pour mettre en place des sanctions financières. C'est ainsi que l'article 159 du règlement stipule que *« le fait d'avoir pris part pendant une session, à moins des deux tiers des scrutins publics auxquels il a été procédé en application du 3e de l'article 65 ou de l'article 65-1 entraîne une retenue du tiers de l'indemnité de fonction pour une durée égale à celle de la session ; si le député a pris part à moins de la moitié des scrutins cette retenue est doublée »*. Cette disposition du règlement a été complétée après la révision constitutionnelle de 2008 qui a prévu l'examen dans l'hémicycle du texte de loi issu de la commission et non plus du texte du gouvernement, en élargissant la sanction aux absences en commission. C'est l'article 42 du règlement ainsi rédigé : *« Au-delà de deux absences mensuelles et réserve faite des réunions de commission se tenant alors que l'Assemblée tient séance, ou de la présence au même moment du député dans une autre commission permanente, chaque absence d'un commissaire à une commission convoquée en session ordinaire lors de la matinée réservée aux travaux des commissions en application de l'article 50 alinéa 3 donne lieu à une retenue de 25 % sur le montant mensuel de l'indemnité de fonction »*.

En 2015, le Sénat a également inscrit une sanction financière dans son règlement à l'initiative de son président Gérard Larcher. C'est l'article 23 *bis* du règlement (alinéas 7 à 10). Cette disposition figurait dans une résolution d'ensemble modifiant l'agenda et l'organisation des travaux du Sénat afin d'en améliorer l'efficacité. On notera que le Conseil constitutionnel saisi par le président du Sénat a validé ce dispositif qui fixe les conditions de cette sanction à savoir : *« Une retenue de la moitié du montant trimestriel de l'indemnité de fonction est appliquée en cas d'absence, au cours d'un même trimestre de la session ordinaire, de manière alternative soit à plus de la moitié des votes, y compris les explications de vote, sur les projets et propositions de loi ou de résolution déterminés par la conférence des présidents, soit à plus de la moitié de l'ensemble des réunions des commissions permanentes ou spéciales convoquées le mercredi matin et consacrées à l'examen de tels projets, propositions ou résolutions, soit à plus de la moitié des séances des questions d'actualité au gouvernement »*. Le règlement prévoit également la *« retenue de la totalité de l'indemnité de mandat et de la moitié de l'indemnité représentative de frais de mandat en cas d'absence cumulative, à plus de la moitié de ces votes réunions et séances »*. Des dispositions spécifiques sont prises à l'Assemblée nationale comme au Sénat pour prendre en compte la situation spécifique des parlementaires ultra marins.

Le relevé de l'absentéisme a été la porte d'entrée de la presse et des sites en ligne, pour l'évaluation du travail des parlementaires. Ceci explique que le facteur présentiel demeure un marqueur puissant aussi bien dans les classements élaborés périodiquement par différents magazines, notamment à l'approche des renouvellements électoraux, que pour des sites de suivi *in itinere*.

Ces classements rendent-ils compte de manière fiable du travail parlementaire ? Il convient à ce sujet d'introduire préalablement une différence entre le travail des parlementaires et le travail parlementaire *stricto sensu.*

Lorsque les médias évoquent le travail des parlementaires ils évaluent de fait le seul travail parlementaire ce qui est source de confusion dans la mesure où se pose la question du périmètre de l'évaluation. Ce dernier ne porte en effet que sur le travail du parlementaire au sein de l'institution parlementaire. Or dans un pays où le scrutin est territorialisé, cette approche exclut de fait l'ensemble des représentations, la participation aux différentes instances locales dans lesquelles les parlementaires sont représentées dans le cadre de la loi, ou la participation aux concertations locales organisées à la demande de l'État par ses représentants (préfets de régions, préfets, sous-préfets). De même sont exclus de ce périmètre le travail d'accompagnement des particuliers, des collectivités ou des entreprises dans leurs démarches.

C'est d'ailleurs l'un des points, mis en avant par l'étude réalisée en mars 2019 par Tris Acatrinel et Nicolas Quénel pour le projet Arcadie, intitulé *« Rapport sur l'activité réelle des parlementaires »*.

Les conclusions tirées par la presse lors de la publication de ce dernier étaient que l'évaluation du travail des parlementaires était de fait quasi impossible. Quatre ans plus tard, la rédaction de *Public Sénat* ne disait pas autre chose. Dans un article du 19 juillet 2023 intitulé *« Absentéisme des parlementaires en séance ? Ne vous fiez pas aux hémicycles clairsemés »*, elle rappelle la complexité de la gestion du temps entre séance et commission et souligne *« la nécessité d'assurer une permanence… dans leur circonscription. Exigence qu'ils ne sauraient négliger à l'heure du procès en déconnexion des élus »* et revient sur les conclusions du rapport Arcadie de 2019, qui notait que *« cette présence en circonscription et ce travail sur place étaient largement considérés comme les angles morts du travail parlementaire »*.

Il est vrai que ce travail de terrain, dans la circonscription, est plus difficile à documenter.

Un second point à évoquer est celui de la diversité des situations des parlementaires au niveau de la géographie de leurs circonscriptions. Comme mentionné *supra* s'agissant de la mise en œuvre des dispositions relatives à la présence au sein de l'hémicycle ou en commission, une distinction a été introduite dans les règlements pour les parlementaires Ultra-marins. Si aucune distinction n'est effectuée pour les autres parlementaires, la différence n'en est pas moins réelle entre un député de Paris qui fera le tour de sa circonscription à pied en quelques heures et celle d'un député de province pour qui les déplacements sont chronophages et vont consommer une partie significative du temps disponible.

Ce facteur géographique n'est pas non plus pris en compte dans les évaluations, alors même que les moyens attribués aux parlementaires sont strictement identiques.

Le travail des parlementaires n'est donc évalué qu'au travers de leur seule fonction au sein des assemblées, tel que définie par l'article 24 de la Constitution : « *voter la loi, contrôler le gouvernement, et évaluer les politiques publiques* », pour autant la frontière n'est pas étanche entre ce travail du parlementaire en circonscription et son travail parlementaire car c'est bien l'ancrage territorial et cette action locale qui permettent une connaissance concrète de la mise en œuvre des lois ou des besoins de la population ou d'un territoire. C'est cette présence locale qui permet de nourrir le débat législatif et d'évaluer l'efficacité d'une politique publique. Cette approche territoriale pose d'ailleurs la question des conséquences de la suppression du cumul des mandats, pour l'expertise personnelle que peuvent avoir les parlementaires.

Puisque, comme le rappelait régulièrement Pierre Mazeaud, le président de la commission des lois de l'Assemblée nationale avant de rejoindre le Conseil constitutionnel, « *la place d'un député c'est à l'Assemblée* », il convient d'examiner l'évaluation du travail parlementaire *stricto sensu*.

Cette évaluation du travail parlementaire est effectuée par les médias comme par les sites en ligne par l'exploitation des données publiques fournies par l'Assemblée nationale ou le Sénat. Or les deux chambres ne fournissent que des éléments statistiques, sur les présences, le nombre d'interventions, de questions écrites ou orales ou de rapports publiés et de participation aux votes. Seuls les votes émis, et encore ne peut-il s'agir que des scrutins publics, vont au-delà d'une simple statistique et expriment le reflet de la position politique de l'auteur. L'Assemblée nationale comme le Sénat ne peuvent au regard de l'impartialité de l'institution dans le traitement des parlementaires exprimer un avis sur la valeur législative des propositions de loi, des questions, des rapports ou des amendements.

C'est pourtant bien à partir de ces données purement statistiques, qui ne reflètent que la présence de l'élu que sont établis les classements dont la multiplication et la fréquence se sont accentuées avec le développement d'internet et la mise en ligne des données par les assemblées.

Dès 1977 cependant un Institut de mesures de l'activité parlementaire a été créé à l'initiative d'Alain Brouillet, ce dernier, dans un article publié dans la revue *Pouvoir* en 1983, a retracé les débuts de ce qu'il appelle l'informatique parlementaire sous son double aspect, faciliter l'accès aux données extérieures dans tous les domaines pour les parlementaires, mais aussi établir des données sur l'activité du Parlement. Dans les années qui suivent la création de l'institut, et à partir des données qu'il fournit, les premiers classements seront établis dans plusieurs magazines : *Le Point*, *L'Expansion*, *Le Nouvel Obs*.

Avec le développement d'internet et consécutivement aux incidents ayant marqué la discussion de la loi Hadopi, émerge en 2009 un acteur aujourd'hui incontournable de l'information sur l'activité des parlementaires, devenu quasi institutionnel le site *NosDéputés.fr* auquel s'adjoint *Nos Sénateurs.fr*. Ces deux sites émanent du collectif *Regards citoyens.org* qui se définit dans sa présentation en ligne comme « *une association constituée de citoyens de tous âges et régions, tous bénévoles, qui se sont rencontrés sur Internet dans un désir commun de proposer un accès simplifié au fonctionnement de nos institutions démocratiques à partir des informations publiques* ». C'est notamment à partir des données de ce site, à l'approche des élections de 2012, qu'une nouvelle série de classements des députés, en fonction de leur activité parlementaire, est établie par plusieurs magazines et quotidiens : Hit-parade des députés (*Marianne* 23 janvier 2012), classement des députés (*L'Expansion* 1/04 2011). Des déclinaisons régionales existent comme celle du quotidien *Sud-Ouest*. En 2018 quelques mois après le début de la nouvelle législature *Paris Match* le 31 mai 2018 publie un article et un classement consacré aux députés les plus actifs. Le phénomène s'inscrit dès lors en continu.

Les données recensées par *Regards citoyens* et ces classements, constituent-ils le reflet du travail parlementaire, et de sa valeur ajoutée pour le citoyen ? Alors que les graphiques retraçant la présence et l'activité des parlementaires sur les sites de *NosDéputés.fr* ou de *Nos*

Sénateurs.fr, sont reproduits par nombre d'élus dans leurs propres publications, la question doit être à nouveau posée.

Elle l'a été dès 2012 lorsqu'à l'occasion de l'université d'été du parti socialiste le Ministre délégué aux relations avec le Parlement Alain Vidalies dénonce *« les effets dangereux voire pernicieux »* du site, ouvrant une polémique marquée par une rencontre entre le ministre et les animateurs de Regards citoyens qui consacra leur désaccord sur la manière d'évaluer le travail des élus. Les responsables du site vont alors écrire sur ce dernier *« préciser à l'opinion publique qu'il s'agit d'un compteur et non pas d'un indice qualitatif »*.

De fait le problème viendrait de l'interprétation qui en est faite au travers des classements par la presse.

Pour Alain Vidalies, il y avait un risque, qu'il constatait déjà, que dans le seul but d'améliorer les statistiques individuelles et de progresser dans les classements on aboutisse à une inflation des amendements comme des questions écrites et à un engorgement, sans pour autant apporter de valeur ajoutée au travail législatif. Le président de la commission des lois du Sénat apportait sa contribution à ce même débat en mettant en avant qu'un rapport de 900 pages pouvait être comptabilisé de manière identique à un rapport de 3 pages. Le rapport du projet Arcadie, observatoire de la vie parlementaire, quelques années plus tard, va plus loin et s'interroge sur le fond. Les questions écrites présentées sur le site de l'Assemblée nationale comme l'un des éléments du contrôle du gouvernement peuvent-elles être vraiment ainsi catégorisées, de surcroît la multiplication des questions tend à confirmer la tentation relevée par Alain Vidalies pour un certain nombre de parlementaires de faire du chiffre. Jean Jacques Urvoas évoque le risque que cette quantification du travail des députés aboutisse « *à une véritable fétichisation du chiffre* ». En octobre 2015, l'Assemblée nationale met fin à cette dérive en contingentant le nombre de questions pour chaque élu. Le rapport observe aussi que le site ne prend pas en compte les travaux menés dans des enceintes moins visibles « délégations » ou « office interparlementaires des choix scientifiques et technologiques » dont chacun s'accorde à reconnaître l'expertise dans des débats de fond comme sur la bioéthique, la politique énergétique par exemple. On peut aussi citer la mission d'évaluation et de contrôle de la commission des finances, son homologue de la commission des affaires sociales ou enfin la mission LOLF. De même le site ignore que le nombre de présences des parlementaires en commission est directement lié à la fréquence de réunions de ces dernières avec de fortes amplitudes entre les commissions les plus sollicitées par l'examen des textes (finances et lois) et les autres.

Les classements issus des données statistiques présentées par le site, reproduisent ces faiblesses, sans d'ailleurs chercher à les corriger par des pondérations ou en en introduisant de nouvelles données.

La méthodologie du site a cependant enregistré quelques progrès au fil des années. Ainsi pour les amendements une distinction est désormais apportée entre l'amendement déposé par son auteur et celui cosigné, mais une évaluation plus fine supposerait de s'intéresser au fait que l'amendement a été défendu ou pas, et surtout au contenu de ce dernier. Un simple amendement rédactionnel n'a pas la même portée qu'un amendement qui va modifier par exemple les crédits de la loi de finances. Parmi les progrès il faut aussi relever que certains classements récents ont été réalisés en deux volets, un pour la majorité et un pour l'opposition, car le devenir d'un amendement, la répartition du temps de parole ou l'obtention d'un rapport sont aussi liés au positionnement politique du parlementaire au sein de son assemblée.

Les classements comme les sites internet ne répondent pas non plus à une autre interrogation, celle qui a régulièrement alimenté le débat public, le cumul des mandats. Ce cumul est-il un obstacle ou non à l'efficacité du travail parlementaire, débat qui ressurgit aujourd'hui.

En 2014, Abel François et Laurent Weil dans la *Revue économique* se sont livrés à un travail d'analyse à partir des données de la XIIe législature. Ils en concluent que la relation entre travail parlementaire et cumul est faible, mais qu'elle apparaît positive allant à l'encontre de l'idée généralement émise que les détenteurs de mandats exécutifs locaux s'investiraient moins dans le fonctionnement des assemblées et validant certes de manière limitée la complémentarité entre mandat local et mandat national. Les moyens dont disposent les élus locaux faciliteraient aussi le travail parlementaire, ce qui pose la question, à contre-courant de l'opinion généralement émise, des moyens de travail des parlementaires. De fait, comment ne pas reconnaître qu'une expérience d'élu local permettra aussi de développer une expertise sur des sujets complexes tels que les dotations aux collectivités locales, le droit de l'urbanisme, les questions de sécurité pour ne citer que ces domaines.

Si les modes d'évaluation du travail parlementaire s'avèrent encore insuffisants et critiquables au regard de la présentation qui peut en être faite de l'extérieur, ils continuent cependant de progresser et sont indispensables tant dans la justification des moyens budgétaires dévolus aux assemblées que pour éclairer au-delà des options politiques le citoyen sur le fonctionnement de la démocratie représentative.

Au-delà même du volet strictement législatif, une évaluation plus fine du travail des parlementaires supposerait de s'intéresser à ce qui demeure le point faible du Parlement français notamment à l'Assemblée nationale, le Sénat y consacrant plus de temps, le contrôle du gouvernement qui ne peut se limiter aux questions, et à l'évaluation des politiques publiques dans le prolongement des acquis du printemps de l'évaluation.

Pour se faire le Parlement dispose de la mission d'assistance de la Cour des comptes au travers des rapports rendus au titre de l'article 58-2 du Code des juridictions financières (CJF) ou des évaluations de politique publique dont le Premier président Pierre Moscovici a souhaité qu'elles soient plus présentes dans la programmation des travaux des différentes chambres de la Cour. La reprise des recommandations formulées dans ces rapports ou des problèmes identifiés dans les notes d'exécution budgétaire qui sont encore trop rarement traduites en initiatives législatives. Encore faut-il pour cela que le déroulement du débat parlementaire notamment à l'occasion de l'examen de la Loi de finances initiale (LFI) le permette. Lors de la présentation du bilan de la première année de la seizième législature, qui a été dressé à sa demande, la présidente de l'Assemblée nationale a mis l'accent sur l'institution d'un ordre du jour transpartisan sur les semaines réservées à l'initiative parlementaire, ce peut être l'une des voies permettant de traduire en actes législatifs les résultats d'une évaluation des politiques publiques.

Le risque d'une restriction des pouvoirs budgétaires du *Bundestag* depuis la décision sur le frein à l'endettement de la Cour constitutionnelle allemande

Jérôme GERMAIN

MCF HDR droit public
UFR DEA Faculté de droit de Metz
IRENEE UR7303
Université de Lorraine

RÉSUMÉ

Quasiment inexistant avant 2023, le contrôle des lois budgétaires en Allemagne semble ainsi entrer dans une nouvelle ère avec la protection dorénavant renforcée du frein à l'endettement par la Cour de Karlsruhe. Devant l'amputation drastique des marges financières de l'action politique entraînée par cette jurisprudence, il est possible que le pouvoir constituant intervienne pour assouplir le frein à l'endettement.

Virtually non-existent before 2023, the control of budgetary laws in Germany thus seems to be entering a new era with the now reinforced protection of the debt brake by the Karlsruhe Court. Given the drastic reduction in the financial margins for political action brought about by this case law, it is possible that the constituent power will intervene to relax the debt brake.

Adopté par l'Allemagne en 2009 pour prolonger au niveau national la discipline budgétaire européenne, le frein à l'endettement n'était que faiblement présent dans le débat public ces dernières années.

Entrées en vigueur seulement en 2016, la bonne santé économique du pays puis la suspension des règles budgétaires pendant la pandémie avaient fait oublier la force potentielle des contraintes contenues dans le frein à l'endettement. Sa construction pouvait aussi laisser croire que sa protection juridictionnelle par la Cour constitutionnelle fédérale demeurerait platonique et rappellerait les difficultés à appliquer la Procédure pour déficits excessifs au niveau européen.

Longtemps présenté comme un simple instrument de bon sens pour préserver les générations futures d'une dette publique limitant leurs options politiques dans l'avenir, le frein à l'endettement est brutalement apparu sous un jour nouveau après la décision du 15 novembre 2023 de la Cour constitutionnelle fédérale[1]. Loin de concrétiser avec pragmatisme le principe constitutionnel d'équilibre budgétaire, le frein à l'endettement s'est révélé discutable d'un point de vue économique. Outre ses effets procycliques, il tend à ralentir l'investissement public et le développement économique sur le long terme. Il rend plus compliqué la transformation de l'économie dans le sens de la décarbonation et de la numérisation, pourtant indispensables pour rester internationalement compétitif. D'un point de vue politique, il oblige aujourd'hui la coalition au pouvoir à reconfigurer la politique prévue dans le contrat de gouvernement adopté au début de la législature. En encadrant aussi fortement les pouvoirs de décision du *Bundestag*, l'interprétation du frein à l'endettement donnée par le juge constitutionnel semble peu conciliable avec les critères habituels de la démocratie.

Quasiment inexistant avant 2023, le contrôle des lois budgétaires en Allemagne pourrait ainsi entrer dans une nouvelle ère avec la protection dorénavant renforcée du frein à l'endettement par la Cour de Karlsruhe (I). Devant l'amputation des marges financières de l'action politique entraînée par cette jurisprudence, il est possible que le pouvoir constituant intervienne pour assouplir le frein à l'endettement (II).

I. – LE RENFORCEMENT DE L'ENCADREMENT DES LOIS BUDGÉTAIRES PAR LE FREIN À L'ENDETTEMENT

L'encadrement supra-législatif des lois budgétaires a non seulement été accentué par rapport aux règles européennes par l'introduction dans

1. BVerfG, Urteil des Zweiten Senats vom 15. November 2023 - 2 BvF 1/22 -, Rn. 1-231, https://www.bverfg.de/e/fs20231115_2bvf000122.html

la Constitution fédérale d'un frein à l'endettement (A), mais la Cour constitutionnelle fédérale a montré qu'elle entendait veiller à son strict respect (B).

A. Le renforcement constitutionnel de l'encadrement des lois budgétaires

Le frein à l'endettement est un mécanisme constitutionnel destiné à limiter le déficit budgétaire annuel et diminuer l'endettement public. Prévu aux articles 109 et 115 de la Loi fondamentale, il dispose que le déficit structurel ne peut excéder chaque année 0,35 % du PIB au niveau fédéral. Le déficit budgétaire résulte en effet du déficit conjoncturel et du déficit structurel. Le déficit structurel est la différence entre le déficit budgétaire et le déficit conjoncturel. Il ne peut être connu avec précision qu'*ex post*[2].

Le déficit conjoncturel est le déficit budgétaire dû à la non-utilisation maximale de l'appareil productif. Si le déficit conjoncturel est permis, il ne faut pas oublier que, par définition, il tend vers 0 sur le cycle économique. Certaines années le frein à l'endettement prescrit même un excédent conjoncturel. On parle de composante conjoncturelle pour subsumer le déficit ou l'excédent conjoncturel autorisé par le frein à l'endettement. Comme la composante conjoncturelle du frein à l'endettement sert à compenser les fluctuations conjoncturelles de l'économie, elle ne permet un endettement supplémentaire qu'en cas de ralentissement économique. En cas d'accélération de l'activité économique, elle diminue alors le montant d'endettement permis par la composante structurelle du frein à l'endettement[3].

En cas de décalage entre le budget prévu et le budget exécuté, l'excédent éventuel de déficit structurel doit être obligatoirement amorti dans les budgets fédéraux ultérieurs par le gouvernement au-delà d'un montant accumulé de 1,5 % du PIB de dépassement du plafond annuel dans les budgets antérieurs. Cette obligation constitutionnelle qui a pour conséquence directe d'amputer le déficit structurel autorisé est placée sous la surveillance de la Cour constitutionnelle[4].

2. R. WENDT, « Artikel 115 », in H. V. MANGOLDT, F. KLEIN et Ch. STARK (dir.), *Grundgesetz Kommentar*, tome 3, 2018, p. 1723 *sq.*
3. F. DISSELBECK, *Staatsverschuldung*, Duncker & Humblot, 2017, p. 165 et M. KRAHÉ, F. SCHUSTER et Ph. SIGL-GLÖCKNER, « Wird die Konjunkturkomponente der Schuldenbremse ihrer Aufgabe noch gerecht? », Wirtschaftsdienst, n° 8, 2021, p. 624.
4. W. HEUN, « Artikel 115 », in H. DREIER (dir.), *Grundgesetz Kommentar*, Mohr Siebeck, 2018, p. 1255 *sq.* et Deutsche Bundesbank, Monatsbericht, avril 2022, p. 66 (en ligne : Die

Avant d'aller plus loin, il faut bien prendre la mesure de la contrainte que le frein à l'endettement fait peser sur les finances publiques allemandes. Un plafond de dette nouvelle de 0,35 % du PIB signifie un montant d'une quinzaine de milliards d'euros par an pour la composante structurelle du frein à l'endettement. Si on inclut la composante conjoncturelle du frein à l'endettement, ce montant d'une quinzaine de milliards d'euros par an est lui-même réajusté à la hausse ou à la baisse d'environ 3 ou 4 milliards d'euros par an selon la conjoncture économique. Lorsque l'on sait que la coalition tricolore s'était mise d'accord pour investir les prochaines années à hauteur de 50 milliards par an à travers le Fonds pour le climat et la transformation, ce volant de dette nouvelle annuelle est bien insuffisant pour l'ensemble des politiques publiques. C'est d'autant plus vrai que la coalition avait prévu d'autres réformes devenues depuis bien plus difficiles à financer (construction de logements, rénovation du réseau ferré, lutte contre la pauvreté des enfants, amélioration du revenu minimum d'existence...).

Par conséquence, le frein à l'endettement est plus restrictif que le Pacte de stabilité et de croissance et que les critères de Maastricht[5]. Comme les déficits locaux sont enregistrés avec ceux des *Länder* (qui n'ont droit qu'au déficit conjoncturel et non au déficit structurel) et comme les dépenses sociales sont comptabilisées avec celles de l'État central, le plafond de déficit budgétaire des administrations publiques allemandes devient tendanciellement 0,35 % du PIB (et non 3 % du PIB) puisque le déficit conjoncturel autorisé (censé atténuer les phases baissières du cycle) est nul sur l'ensemble du cycle économique. Si la croissance économique du pays reste supérieure à 0,35 % du PIB, ce qui fut largement le cas en moyenne ses dernières décennies, le frein à l'endettement tend par conséquence à réduire l'endettement public, même lorsqu'il se situe en dessous des 60 % du PIB[6].

Constitutionnalisé en 2009 et entré en vigueur en 2016 au niveau fédéral, le frein à l'endettement, paradoxalement, a longtemps été considéré comme faiblement justiciable[7]. En effet, le *Bundestag* peut par un vote à la majorité absolue le suspendre. Cette condition de majorité absolue n'est pas normalement difficile à atteindre puisque le

Schuldenbremse des Bundes: Möglichkeiten einer stabilitätsorientierten Weiterentwicklung (bundesbank.de)).

5. Th. I. SCHMIDT, *Öffentliches Finanzrecht*, Mohr Siebeck, 2023, p. 76.
6. Ch. RYCZEWSKI, *Die Schuldenbremse im Grundgesetz*, Duncker & Homblot, 2011, p. 182.
7. M. KLOEPFER, *Finanzverfassungsrecht*, Beck, 2014, p. 389.

chancelier est désigné par le *Bundestag* à la majorité absolue et donc chaque gouvernement en RFA dispose d'une telle majorité. Ensuite, la doctrine a longtemps pensé que la sanction prononcée par le juge constitutionnel resterait symbolique. En effet, le temps que la Cour constitutionnelle rende son arrêt en cas de saisine, le budget ayant violé le frein à l'endettement appartiendrait au passé. Enfin, certains auteurs craignaient que la Majorité et l'Opposition ne s'accordent par une sorte de convention constitutionnelle et se retiennent d'invoquer le frein à l'endettement devant la Cour constitutionnelle afin de ne pas limiter leurs propres marges de décision lors d'une future alternance[8].

B. Le renforcement jurisprudentiel de l'encadrement des lois budgétaires

La décision du 15 novembre 2023 de la Cour constitutionnelle relative à la seconde loi de finances rectificative pour 2021 a donc montré qu'un contrôle constitutionnel du frein à l'endettement était non seulement possible malgré les tentatives politiques d'assouplir la contrainte constitutionnelle (1) mais pouvait aussi considérablement limiter la marge d'appréciation de la Majorité au pouvoir (2).

1. Les tentatives politiques d'assouplir le frein à l'endettement

En arrivant au pouvoir en 2021, la coalition actuelle, dite tricolore (sociaux-démocrates, écologistes et libéraux) et menée par le chancelier social-démocrate Olaf Scholz, a décidé de revenir au respect du frein à l'endettement après 2 années de suspension en raison de la crise pandémique. Toutefois, en tant qu'ancien ministre des Finances de la dernière législature d'Angela Merkel au pouvoir, O. Scholz a prolongé certaines pratiques destinées à contourner le frein à l'endettement. Avant les élections législatives de 2021, la coalition regroupant démocrates-chrétiens et sociaux-démocrates a répondu aux terribles inondations de la vallée de l'Ahr (qui ont fait plus d'une centaine de morts dans l'ouest de l'Allemagne) en créant un fonds pour la reconstruction (*Aufbauhilfe-2021-Fonds* ou *Ahrtal-Fonds*). Ce Fonds avait la particularité de prévoir des milliards d'euros pour les régions

8. M. E. KLEPZIG, *Die Schuldenbremse im Grundgesetz – Ein Erfolgsmodell?,* Duncker & Humblot, 2015, p. 322.

sinistrées qui devraient être dépensées progressivement sur plusieurs années[9].

Début 2022, ce modèle a inspiré la réforme du Fonds pour le climat et la transformation. La seconde loi de finances rectificative pour le budget 2021 a reversé dans ce fonds 60 milliards d'euros initialement prévus dans le budget 2021 pour lutter contre la pandémie mais jamais consommés. Ces 60 milliards étaient destinés à être progressivement dépensés sur plusieurs années consécutives. En même temps, la seconde loi de finances rectificative pour 2021 a modifié les règles de comptabilité des Fonds spéciaux comme le Fonds pour la vallée de l'Ahr ou le Fonds pour le climat et la transformation. Désormais, les dépenses relèveraient de l'année de l'autorisation et non de l'année de l'exécution de la dépense.

2. Le choix prétorien d'une lecture stricte du frein à l'endettement

L'Opposition démocrate-chrétienne a contesté devant la CDU cette seconde loi de finances rectificative. La Cour constitutionnelle lui a donné largement raison sur la plupart des moyens invoqués : a) l'antériorité budgétaire ; b) l'annualité budgétaire ; c) la suspension du frein à l'endettement ; et d) les emprunts d'urgence. Elle est même parfois allée au-delà des attentes de l'Opposition (sur l'hostilité à la pluri-annualité notamment).

a. La soumission au principe d'antériorité par les lois budgétaires rectificatives

D'une part, le principe d'antériorité budgétaire empêche de voter une loi de finances rectificative après la fin de l'année budgétaire à laquelle elle se rapporte. La Majorité tricolore ne pouvait pas modifier le budget 2021 début 2022 même en reventilant des crédits non consommés. La Cour constitutionnelle annule donc la possibilité de contourner le frein à l'endettement en autorisant pendant qu'il est suspendu des crédits qui ne seront dépensés que lors de son application[10]. Cette interprétation rend très difficile le respect du

9. R. PRACHT, « Die Ahrtal-Flutkatastrophe als Notlage für das Jahr 2024 », VerfBlog, 14 décembre 2023 (en ligne : Die Ahrtal-Flutkatastrophe als Notlage für das Haushaltsjahr 2024 – Verfassungsblog).
10. Points 215 *sq.* de la décision relative au frein à l'endettement de la Cour constitutionnelle.

frein à l'endettement à une époque où des investissements massifs sont rendus indispensables par l'urgence de la décarbonation et de la numérisation de nos sociétés[11].

b. Le respect du principe d'annualité par l'exécution des dépenses budgétaires

D'autre part, le principe d'annualité budgétaire implique d'un côté que le Parlement vote chaque année les crédits qui seront dépensés dans l'année budgétaire concernée et d'un autre côté que le gouvernement dépense les crédits autorisés avant la fin de l'année budgétaire. La Cour constitutionnelle a considéré que le Fonds pour le climat et la transformation ne pouvait pas contenir des crédits autorisés pour une période si longue et que le gouvernement ne pouvait pas être autorisé à dépenser des crédits budgétaires aussi longtemps à l'avance. L'ouverture de la Loi fondamentale à la pluri-annualité ainsi que l'inscription annuelle des budgets des Fonds spéciaux dans le projet de budget fédéral soumis chaque année par le gouvernement à la délibération parlementaire n'ont pas suffi à infléchir la Cour constitutionnelle[12].

c. Le contrôle normal de la suspension du frein à l'endettement

Par ailleurs, la Cour constitutionnelle s'est reconnu le pouvoir d'exercer un contrôle normal et non restreint sur la suspension du frein à l'endettement par le *Bundestag* à la majorité absolue. La Loi fondamentale précise en effet que la suspension du frein à l'endettement doit être justifiée, entre autres, par la présence d'une situation d'urgence exceptionnelle et par des coûts qui échappent au contrôle de l'État. Ces deux conditions (urgence réellement exceptionnelle et coûts échappant au contrôle étatique) seront dorénavant soumises au contrôle normal de la Cour constitutionnelle en cas de saisine.

Au passage, par une interprétation particulièrement littérale, elle signale que le changement climatique n'est pas une situation d'urgence

11. L. MÄRTIN et C. MÜHLBACH, « Katalysator der Polykrise », VerfBlog, 24 novembre 2023, (en ligne : Katalysator der Polykrise – Verfassungsblog) et L. STARKE, « Eine verpasste Chance », VerfBlog, 21 novembre 2023 (en ligne : Eine verpasste Chance – Verfassungsblog).
12. Points 206 *sq.* de la décision relative au frein à l'endettement de la Cour constitutionnelle.

exceptionnelle. En effet, son caractère prévisible et structurel interdit de le considérer comme un événement conjoncturel et imprévisible à l'instar d'une situation d'urgence exceptionnelle (comme la pandémie). La lutte contre le changement climatique devra donc être financée dans le cadre du frein à l'endettement et de la quinzaine de milliards annuels d'endettement supplémentaire qu'il autorise pour l'ensemble des dépenses nouvelles au-delà de la politique climatique, même si cela semble bien illusoire[13].

La Cour constitutionnelle entend ici en outre assurer l'effectivité du frein à l'endettement en évitant des suspensions trop fréquentes. Elle tente ainsi de tirer les leçons du passé engrangées avant l'entrée en vigueur du frein à l'endettement. Entre 1969 et 2009, la Loi fondamentale contenait en effet une autre règle de limitation de l'endettement fédéral qui prenait la forme d'une règle d'or. L'emprunt ne pouvait être utilisé que pour financer l'investissement mais la Cour constitutionnelle a reconnu un tel pouvoir d'appréciation au politique que cette disposition constitutionnelle n'était pas réellement appliquée[14].

Son souci d'assurer l'effectivité du frein à l'endettement et d'éviter sa suspension trop fréquente fait que la Cour constitutionnelle se pose en protectrice des générations futures. Elle considère que leur autonomie démocratique passe par une RFA faiblement endettée. L'argument est toutefois réversible. Sans endettement massif aujourd'hui, les générations futures vont hériter d'une économie faiblement compétitive en raison de son retard technologique (en matière d'énergies renouvelables et dans le secteur du numérique par exemple) et d'une société peu résiliente face au changement climatique.

Il semblerait donc que la Seconde Chambre de la Cour constitutionnelle qui a rendu cet arrêt ait entendu contrebalancer un arrêt rendu le 24 mars 2021 par la Première Chambre de la Cour constitutionnelle. Dans cet arrêt relatif à la justice climatique, la Cour constitutionnelle a considéré que le droit à la liberté des générations futures légitimait des limitations des droits fondamentaux aujourd'hui pour lutter contre le changement climatique[15].

13. J. HOHNERLEI, « Schuldenbremse und Klimawandel », VerfBlog, 27 novembre 2023 (https://verfassungsblog.de/schuldenbremse-und-klimawandel) et R. VIOTTO, « Politik an der Kette – europäische Fiskalregeln und deutsche Schuldenbremse blockieren sozial-ökologische Transformation », SPW, n° 4, 2023, p. 51.

14. H. NEIDHARDT, *Staatsverschuldung und Verfassung*, Mohr & Siebeck, p. 54 *sq*.

15. Ch. CALLIES, « Elfes Revisites? Der Klimabeschluss des Bundesverfassungsgerichts », *VerfBlog*, 25 mai 2021 (en ligne : „Elfes“ Revisited?” – Verfassungsblog).

d. Le contrôle restreint des emprunts d'urgence

Enfin, la Cour constitutionnelle a admis ne posséder qu'un pouvoir de contrôle restreint sur les emprunts émis lors de la suspension du frein à l'endettement. Elle reconnaît une large marge d'autonomie à la Majorité au pouvoir pour choisir les moyens les plus adéquats pour lutter contre la situation d'urgence exceptionnelle. Toutefois, même s'il reste restreint, ce contrôle juridictionnel sur les emprunts émis en dépassement du frein à l'endettement ne cesse de surprendre. En effet, lorsque le frein à l'endettement est suspendu, la Cour constitutionnelle conserve un certain pouvoir de contrôle sur les emprunts émis. Les emprunts émis, dit emprunts d'urgence (*Notlagenkrediten*), doivent viser la résorption de la crise en présence. Ils ne peuvent pas servir à financer n'importe quelle politique. Une telle exigence de finalisation de la dette dépassant le plafond habituel par la lutte contre la crise à l'origine de la suspension de la règle budgétaire est par exemple inconnue dans le cadre du Pacte de Stabilité et de Croissance et des critères de Maastricht.

En contrepartie de cette autonomie relative dans l'appréciation des mesures à prendre reconnue au gouvernement, la Cour constitutionnelle exige un effort de justification de ces mesures de la part du gouvernement afin de bien montrer en quoi elles permettent de lutter contre la crise ayant causé la suspension du frein à l'endettement. C'est d'ailleurs parce qu'elle considère que les justifications apportées par le gouvernement étaient insuffisantes que la Cour, dans son arrêt du 15 novembre 2023, a considéré que le gouvernement avait violé les dispositions relatives au frein à l'endettement[16].

II. – L'INTERVENTION INÉLUCTABLE DU POUVOIR CONSTITUANT POURRA-T-ELLE ÉLARGIR LES MARGES DE MANŒUVRE DES GOUVERNANTS ?

Face à une interprétation si stricte du frein à l'endettement, il est fort probable qu'une réforme du frein à l'endettement devienne inévitable.

En effet, en 2022, face à la montée des prix de l'énergie en raison de la guerre en Ukraine, le gouvernement a dû réactiver le Fonds de stabilisation de l'économie créé pendant la pandémie pour relancer l'économie. Ce Fonds a alors été doté de 200 milliards d'euros, notamment pour limiter l'augmentation de la facture énergétique pour

16. Points 199 *sq*. de la décision relative au frein à l'endettement de la Cour constitutionnelle.

les ménages et les entreprises par le biais d'un bouclier énergétique. Or ce Fonds a été structuré de la même manière que le Fonds pour le climat et la transformation ou le Fonds pour la reconstruction de la vallée de l'Ahr. Son inconstitutionnalité ne faisant aucun doute, le gouvernement n'a pas souhaité le reconduire en 2024.

Afin d'éviter l'inconstitutionnalité de ces 3 Fonds, le gouvernement a dû à nouveau fin novembre 2023 suspendre le frein à l'endettement pour 2023 alors qu'il souhaitait revenir au respect du frein à l'endettement dès 2022. La guerre en Ukraine l'avait en effet déjà conduit à suspendre début 2022 le frein à l'endettement peu après l'adoption de la seconde loi de finances rectificative pour 2021. La suspension du frein à l'endettement permet de dépasser le plafond de 0,35 % du PIB et ainsi d'effectuer les dépenses prévues par ces Fonds. D'ailleurs, cette suspension du frein à l'endettement en fin d'exercice budgétaire a suscité un débat (venant notamment de la Cour des comptes) sur la possibilité d'une suspension qui n'intervienne pas avant ou au début de l'exercice budgétaire[17]. De surcroît, en raison de l'adoption d'une loi budgétaire rectificative pour 2023, le budget 2024 n'a été adopté que le 2 février 2024. Officiellement, le gouvernement, notamment sous l'influence du chancelier Scholz et du Ministre libéral des Finances, Ch. Lindner, tient à respecter le frein à l'endettement en 2024. Toutefois, la suspension du frein à l'endettement pourrait s'avérer indispensable pour que le Fonds Ahrtal puisse procéder aux dépenses de reconstruction programmée. Mais, là encore, certains experts avaient estimé, en décembre puis en janvier, devant la Commission des finances du *Bundestag* que la catastrophe naturelle de 2021 est trop éloignée dans le temps pour justifier aujourd'hui une suspension du frein à l'endettement pour seulement quelques milliards d'euros[18].

Le budget 2024 a été de toute façon très difficile à boucler en raison du retour du frein à l'endettement. Comme la décision du 15 novembre 2023 de la Cour constitutionnelle a supprimé pour inconstitutionnalité 60 milliards d'euros du Fonds pour le climat et la transformation, un trou d'une vingtaine de milliards d'euros restait à combler dans le budget 2023 ainsi que dans le budget 2024.

17. G. ISMAR et H. ROSSBACH, « Der Ampel droht das nächste Problem », Süddeutsche Zeitung, 4 décembre 2023 (en ligne : Haushaltskrise: Bundesrechnungshof rügt Nachtragshaushalt 2023 - Politik - SZ.de (sueddeutsche.de)).

18. Par exemple les Professeurs H.-G. Henneke et Th. Büttner lors de leur audition sur le projet de budget 2024 par la Commission du budget du *Bundestag* le 11 janvier 2024 ainsi que dans leurs contributions écrites (en ligne sur le site du *Bundestag* : Deutscher Bundestag - Anhörung zum Bundeshaushalt 2024).

Pour ce faire, le gouvernement a eu besoin de procéder à de nombreuses coupes budgétaires et à des augmentations d'impôts, notamment dans le budget 2024. Ainsi, l'aide publique pour l'achat de véhicules électriques n'a pas été renouvelée et des dotations du revenu minimum d'existence (comme le bonus-formation) n'ont pas été reconduites. La TVA a été augmentée dans la restauration et l'exonération fiscale sur le diesel agricole a été supprimée. Alors que l'Allemagne est entrée en récession en 2023 et que son économie aurait eu besoin d'être soutenue par l'État, cette austérité budgétaire risque d'aggraver la récession en cours.

Les électeurs semblent avoir déjà exprimé leur sentiment sur ce train de mesures. Une série de grèves et de manifestations ont été organisées un peu partout dans le pays (agriculteurs, artisans, cheminots...). Connaissant déjà une progression régulière dans les sondages en raison de l'inflation, le parti d'extrême-droite représenté au *Bundestag*, l'AfD, est passé largement en tête dans les *Länder* de l'Est, menaçant de remporter les élections fédérées de septembre 2024.

Le risque que l'AfD gouverne 4 *Länder* à partir de l'automne a réveillé en Allemagne les souvenirs de la politique économique menée par le chancelier conservateur Brüning entre 1930 et 1932 qui avait favorisé l'arrivée des nazis au pouvoir en 1933. En répondant à la crise déflationniste de 1929 par des mesures d'austérité (hausse des impôts et baisse des dépenses publiques et des salaires y compris dans le secteur privé), le chancelier Brüning avait renforcé la récession et plongé dans la pauvreté et le désespoir les classes populaires et de larges parties des classes moyennes. La plupart des historiens considèrent aujourd'hui que cette politique avait largement contribué à faire passer le parti nazi de 2,6 % en 1928 à 37,4 % des voix lors des élections législatives de 1932[19].

Alors qu'aujourd'hui la dette publique allemande se situe à 65 % du PIB, et non au-dessus de 100 % comme dans la plupart des pays comparables, on se demande si l'Allemagne a réellement besoin d'une cure d'austérité. Surtout si elle est si dangereuse pour la démocratie.

Au-delà de la mise en difficulté du gouvernement actuel, la décision du 15 novembre 2023 de la Cour constitutionnelle inquiète les *Länder*. En effet, la plupart des *Länder*, y compris ceux gouvernés par la CDU, ont mis en place des Fonds structurés de la même façon que le Fonds

19. M. BLYTH, *Austerity: the history of a dangerous idea*, Oxford University Press, 2013, p. 193 *sq*. Voir aussi : S. ETTMEIER et A. KRIWOLUZKY, « Austeritätspolitik der Ära Brüning hat den Wirtschaftseinbruch verstärkt und die Arbeilosigkeit erhöht », DIW Wochenbericht, n° 24, 2022, p. 346 *sq*. (en ligne : DIW Berlin: Austeritätspolitik der Ära Brüning hat den Wirtschaftseinbruch verstärkt und die Arbeitslosigkeit erhöht).

pour le climat et la transformation afin de profiter de la suspension du frein à l'endettement pour abonder des crédits qui serviront sur plusieurs années à investir dans la transition énergétique lors du retour du frein à l'endettement. De toute évidence, ces Fonds sont inconstitutionnels depuis la décision « seconde loi budgétaire rectificative ». Certains *Länder* ont alors prolongé la suspension du frein à l'endettement en mettant en avant le renchérissement des prix de l'énergie depuis le début de la guerre en Ukraine. D'autres ont commencé à réformer les Fonds concernés, ce qui va vraisemblablement ralentir la lutte contre le changement climatique[20].

Le SPD et les Verts ainsi que des Ministres-Présidents issus de la CDU ont proposé pour sortir des blocages induits par le frein à l'endettement de modifier la Loi fondamentale. Pour l'instant l'opposition CDU-CSU (ainsi que les libéraux du FDP qui participent à la Majorité tricolore) bloque la révision constitutionnelle du frein à l'endettement[21]. En cas d'alternance, si la CDU-CSU revient au pouvoir, il est probable que, face à la réduction drastique des marges de manœuvre politique à laquelle conduit l'interprétation jurisprudentielle actuelle du frein à l'endettement, elle se convertisse elle aussi à un assouplissement du frein à l'endettement. La majorité des économistes universitaires[22] ainsi que des organisations patronales[23] et des entreprises connues (comme Thyssen ou BASF) plaident aussi en ce sens[24].

En attendant, la Majorité au pouvoir n'est pas totalement désarmée pour desserrer la contrainte exercée par le frein à l'endettement. Elle a notamment proposé de réformer le mode de calcul du déficit conjoncturel[25]. Une simple loi, voire un décret, suffiraient. Un mode

20. L. LAUDE et N. HARDING, « Die Länderbremse », VerfBlog, 27 novembre 2023 (en ligne : Die Länderbremse – Verfassungsblog).

21. En effet, 60 % des électeurs allemands demeurent attachés au frein à l'endettement (L'Allemagne s'interroge sur son « frein à l'endettement » – Les Échos du 1er février 2024).

22. Si 48 % des économistes universitaires veulent conserver en l'état le frein à l'endettement, 44 % souhaitent qu'il soit assoupli et 6 % qu'il soit abrogé (Die deutsche Schuldenbremse – Stabilitätsanker oder Investitionsblocker? – Fakten – ifo Institut).

23. Notamment le Professeur M. Hüther, qui dirige l'Institut de l'économie allemande (*Institut der deutschen Wirtschaft)* : Schuldenbremse: Sollte man die Schuldenbremse lockern? - Institut der deutschen Wirtschaft (IW) (iwkoeln.de).

24. Voir aussi l'appel du 27 janvier 2024 de 54 grandes entreprises pour assouplir le frein à l'endettement : Brandbrief: Was führende Unternehmen von der Politik erwarten | tagesschau.de.

25. Des membres du SPD et des Verts ont par exemple proposé de sortir les investissements publics ou au moins la transition climatique du champ d'application du frein à l'endettement. Mais cette solution implique une révision de la Loi fondamentale à la majorité des 2/3 du *Bundestag* et du *Bundesrat*.

de calcul s'appuyant moins sur la situation passée de l'économie, pour définir la situation réputée normale, pourrait, par exemple, permettre de dégager des marges supérieures d'endettement et d'investissement[26].

26. Le Conseil des experts pour l'évaluation du développement économique d'ensemble (dit Conseil des Sages), qui est nommé par le gouvernement, a, de son côté, proposé une réforme *a minima* du frein à l'endettement. Il a recommandé d'augmenter de 0,35 % à 1 % du PIB le déficit structurel permis en dessous d'un endettement public de 60 % du PIB (et à 0,5 % entre 60 et 90 %) afin de dégager une trentaine de milliards d'euros par an pour le budget fédéral lorsque la réduction des déficits n'est pas à l'ordre du jour (Schuldenbremse: Wirtschaftsweise fordern Reform für mehr Spielräume - DER SPIEGEL).

Expertise financière et autonomie du Parlement dans l'exercice de ses missions

Jean ARTHUIS

Ancien Ministre de l'Économie et des Finances
Ancien Président de la Commission des budgets du Parlement européen
Ancien Président de la Commission des finances du Sénat

Je remercie le professeur Michel Bouvier de m'avoir convié à ce très intéressant colloque. Je crois devoir préciser qu'il m'a demandé de prendre la parole avec la liberté de ton requise, au risque d'être transgressif. J'espère ne pas le décevoir.

Dans nos démocraties européennes, les Parlements sont dotés des budgets répondant à leurs attentes. Je n'ai pas connaissance de situations où ils auraient eu à souffrir de l'arbitraire du gouvernement pour faire face aux dépenses qu'ils souhaitent engager. La séparation des pouvoirs est manifestement respectée. Les intervenants qui nous ont précédés à cette tribune l'ont démontré aussi bien pour l'Italie, l'Allemagne que la France. Et nous allons sans doute en avoir confirmation dans un instant pour la Royaume-Uni et l'Espagne. Je l'ai vérifié également lorsque je présidai la commission des budgets au Parlement européen. En prenant un peu de distance, ce qui me frappe, c'est l'absence de projet parlementaire et de réflexion sur la gouvernance du Parlement, j'y ajoute, s'agissant de la France, le renoncement à se doter d'une autonomie d'expertise en matière budgétaire. Jean-Pierre Camby l'a rappelé, nous sommes à la fin d'une époque. Nos démocraties sont à rude épreuve et les symptômes de dysfonctionnement se multiplient. Les parlementaires désormais privés de fonctions locales sont soumis aux indicateurs de performance mesurables, c'est-à-dire le nombre d'amendements déposés ou signés, le nombre de questions au gouvernement, orales ou écrites, le présentéisme en commission. Et comme les assistants parlementaires sont à l'œuvre, l'inflation submerge les travaux. Nous sommes à la limite du chaos. L'individualisme prévaut et puisque les acteurs politiques ont de moins en moins prise sur la réalité, priorité est donnée à la communication.

Le Parlement vote les lois et contrôle l'action du gouvernement et des administrations publiques. Si le contrôle budgétaire a progressé, notamment grâce au « printemps de l'évaluation », à l'initiative d'Éric Woerth et de Laurent Saint-Martin, il subsiste de larges marges de progression. Gérard Sutter n'a pas manqué de relever les avancées significatives, le recours à des experts extérieurs. L'idée de doter le Parlement d'une autonomie d'expertise, à l'exemple du CBO américain, n'a jamais pu prendre corps au motif que la Cour des comptes, en application de l'article 47-2 de la Constitution « assiste » le Parlement dans sa mission de contrôle de l'action du gouvernement. Le principe d'équidistance de la Cour entre le gouvernement et le Parlement doit être mis en question du fait du va-et-vient de ses membres entre la Cour et les cabinets ministériels. Mon ami Michel Bouvard me pardonnera cette digression.

Au fond, il faut s'interroger sur le financement du Parlement. Ce qui implique la conception d'un projet, d'une vision des défis à assumer, d'une stratégie pour répondre aux attentes des citoyens et de la nation. En matière financière et budgétaire, j'observe que les dérives se perpétuent, laissant à penser que déficits chroniques et emballement de la dette sont une fatalité inexorable. Si par ailleurs, nous portons attention au déséquilibre de notre balance commerciale, signe que nous produisons sensiblement moins que ce que nous consommons, nous mesurons la vulnérabilité de notre communauté nationale. Nous avons un impératif de lucidité pour nous extraire de nos illusions et réhabiliter le principe de réalité.

À cet égard, je voudrais souligner la lisibilité si singulière des redditions de comptes publics et m'étonner de notre incapacité à remettre en cause nos procédures et méthodes. Nommé ministre de l'Économie et des Finances, il y aura bientôt 30 ans, j'ai pris conscience en arrivant à Bercy que j'étais dans la situation d'un directeur financier ne disposant que d'une comptabilité de caisse, point de bilan ni compte de résultat, privé évidemment de toute vision consolidée. Pour y porter remède, j'avais lancé une mission visant à instituer une gestion patrimoniale de l'État. Dans ses souvenirs d'inspecteur des finances, publiés en 2000 sous le titre « de Rivoli à Bercy », Guy Delorme va droit au but. *« Le dossier le plus prometteur pour l'avenir des finances de l'État et qui m'a occupé le plus longtemps, portait sur la comptabilité patrimoniale de l'État ».* Les orientations prescrites par le groupe de travail que j'avais mis en place, présidé par le regretté André Giraud, ont été approuvées par le conseil des ministres en avril 1997. Depuis lors, d'appréciables progrès ont été accomplis. La Cour des comptes, conformément à la révolution copernicienne opérée par la LOLF du 1er août 2001, certifie les comptes de l'État. La première tentative, sur les comptes de l'année 2006, a donné lieu à treize réserves lourdes et graves. Réserves qui se sont allégées au fil des années. Notons qu'il en reste quatre, que la Cour juge substantielles. Dans cette avancée, les comptes de la Sécurité sociale sont également l'objet d'une certification. Je note que, pour 2022, la Cour a refusé de certifier les comptes de la Cnaf, et formule des réserves sur les comptes des quatre autres branches. Reconnaissons que le processus est enclenché et que d'appréciables progrès ont été accomplis.

Par ailleurs, à titre personnel, je me suis toujours étonné, sur le plan européen, de la diversité des procédures, des normes et pratiques de comptabilité publique. Lorsqu'il s'est agi de créer notre monnaie unique, il a fallu convenir d'un règlement de copropriété puisque nous avions décidé de faire naître une monnaie orpheline d'État. Pour l'essentiel, il s'agissait du pilotage des finances publiques. Les dispositions du texte fondateur, le *Traité de Maastricht*, fixent donc aux pays détenteurs de l'euro des bornes budgétaires relatives au déficit public (3 %) et au niveau d'endettement (60 %). Au déshonneur des comptables publics nationaux, la production des données a été confiée aux instituts de statistiques nationales, en France l'INSEE, sous le contrôle d'Eurostat, organisme dépendant de la Commission européenne, chargé des statistiques européennes. Nous touchons ici une étrangeté des gouvernances souveraines. Chacun peine à s'extraire de sa culture du *clair-obscur* et de l'*entre-soi*. Avec les statistiques, les arrangements cosmétiques sont-ils plus aisés ? Cette situation fait le bonheur des agences de notation, sans doute plus redoutées que les autorités de Bruxelles.

La reddition de comptes, pour essentielle qu'elle soit dans toute communauté humaine où le pouvoir de gestion est délégué, les entités de la sphère publique en ont manifestement perdu le sens et la vision, aveuglés par leurs réglementations et coutumes. Mais au fond, ne s'agit-il pas d'un manquement aux exigences élémentaires de la démocratie ?

Par contraste, dans les entreprises et les associations, les parties prenantes prennent connaissance du résultat de la gestion et de la situation patrimoniale au vu des états financiers présentés par les dirigeants, documents lisibles, compréhensibles et pédagogiques. Le quitus aux gestionnaires en dépend. Rien de tel pour l'État, la Sécurité sociale et les collectivités territoriales. Paradoxalement et étonnamment, l'autorité politique élude ce moment solennel.

Pour les organismes de Sécurité sociale, aucun document synthétique agrégeant dépenses et recettes par nature, consolidant les comptes des entités contrôlées, distinguant situation patrimoniale et compte de résultat n'est établi. On doit se contenter d'une liasse épaisse de documents analytiques et abscons, assortis de budgets annexes. S'agissant de l'État, si d'incontestables progrès ont été accomplis en application de la LOLF, il est stupéfiant d'observer que ni le gouvernement, ni le Parlement, s'en saisissent. Le débat, par tradition, s'en tient à la loi de règlement. Dans ce qui relève d'une sorte de culture de l'opacité, l'approbation des comptes devient un exercice ennuyeux et formel, voté dans l'indifférence générale. Edgar Faure moquait nos routines budgétaires par cette fameuse trilogie « *Litanie, liturgie, léthargie* ».

En l'état, question fondamentale, à quoi bon certifier les comptes s'ils n'intéressent personne ?

Ces considérations seraient futiles si la France maîtrisait son endettement creusé par un demi-siècle de déficit chronique.

Ce qui est en cause, c'est la fiabilité de l'information comptable dans la gouvernance publique, encore faut-il qu'elle soit parlante, qu'elle soit accessible et compréhensible par tous les membres de la communauté, qu'elle soit nationale ou locale. Les contempteurs des propositions de réformes ont tôt fait de dénoncer des *« réformes comptables »* et d'invoquer le manque de moyens sans remettre en cause structures, organisation et mode de gouvernance. En focalisant l'attention sur les projets de budget, à tous les niveaux, les acteurs politiques privilégient les effets d'annonces. Nombre de crédits inscrits ne sont jamais engagés. Députés et sénateurs consacrent un trimestre au vote des budgets de l'État et de la sécurité sociale. Au vote final, avec ou sans recours au 49-3, le texte est pratiquement identique à celui mis en discussion par le gouvernement. Dix-huit mois plus tard, l'approbation de comptes sera expédiée en quelques heures, dans l'apathie médiatique.

D'incontestables progrès ont été accomplis dans la présentation et la fiabilité des comptes de l'État, ce qui m'est incompréhensible, c'est une absence d'appropriation par les acteurs politiques. Il conviendrait au surplus que soient agrégés les comptes de l'État et des organismes de Sécurité sociale compte tenu de la porosité des flux financiers entre les différentes entités. Face aux réformes structurelles à accomplir, la pédagogie est essentielle. Elle doit prendre appui sur des données chiffrées objectives et sincères afin que chacun comprenne l'urgence et la nécessité des réformes.

Expertise financière et autonomie du Parlement dans l'exercice de ses missions

Philippe THIRIA
Ancien directeur fiscal

RÉSUMÉ

L'entreprise et le Parlement sont certes bien différents dans leurs objectifs et leur fonctionnement, cependant l'analyse de l'approche financière de l'entreprise peut permettre d'éclairer les besoins d'expertise financières du Parlement. Ainsi une revue des différentes expertises mises en œuvre dans l'entreprise, tant dans sa vie courante que lors d'évènements exceptionnels, et de la façon dont elles travaillent en étroite collaboration, peut s'avérer utile dans l'étude de l'autonomie financière du Parlement.

Although the objectives and workings of companies and the Parliament are very different, an analysis of a company's financial approach can shed light on the Parliament's need for financial expertise. A review of the different types of expertise used within the company, both in its day-to-day operations and during exceptional events, and of the way in which they work in close collaboration, may prove useful in the study of the Parliament's financial autonomy.

La voix de l'entreprise

Cette contribution est celle d'un simple représentant de l'entreprise, seul ici à en porter la voix. Il s'agit donc d'une approche extérieure et modeste en l'absence de compétence en matière de finances parlementaires. L'expérience de directeur fiscal en entreprise apporte cependant quelques connaissances en matière financière et pourrait apporter un éclairage sur ces questions.

La question

De quelle expertise financière autonome le Parlement doit-il disposer pour exercer ses missions financières et notamment : l'examen critique des Lois de Finances dans leur aspect purement financier (recettes et dépenses) mais aussi dans ce qui touche à la loi fiscale, et donc à la technique fiscale ? Ce dernier aspect implique des analyses juridiques, économique et de faisabilité pratique (une gestion de l'impôt réaliste par exemple).

Ces missions couvrent aussi, avec les mêmes contraintes, les finances sociales, les finances locales, etc.

Un regard sur le fonctionnement de l'entreprise peut s'avérer utile, bien que les deux domaines soient bien différents.

Le fonctionnement de l'entreprise

L'entreprise est bien sûr très différente du Parlement dans ses objectifs et dans son fonctionnement, il y a cependant des points communs que l'on peut explorer pour essayer d'en tirer des leçons.

La Direction générale de l'entreprise veut être éclairée financièrement sur ses choix.

Ses choix passés d'abord : quels ont été les résultats réels de son activité, quels écarts peut-on constater entre le réel et les données du budget, comment analyser ces écarts et quelles leçons faut-il tirer de ces analyses pour la gestion à court et moyen terme ?

Ses choix pour l'avenir ensuite : besoin de prévisions dans de nombreux domaines tels que la conjoncture à venir, l'évolution technologique, les études de marchés, etc. ; ce qui doit mener à construire un budget détaillé, à identifier et rassembler les moyens nécessaires notamment financiers, à planifier et à lancer les actions en pratique. Ceci paraît clairement comparable au travail du Parlement.

On doit citer également le traitement des opérations exceptionnelles comme les fusions, les cessions et les acquisitions.

De quels moyens la Direction générale dispose-t-elle ?

Les moyens internes comprennent en premier la comptabilité qui constitue d'abord un moyen d'information avant d'être une obligation. Les nouveaux outils informatiques tels que les ERP (progiciels de gestion intégrés) apportent une qualité et une rapidité d'information remarquable. Ainsi la comptabilité se décline-t-elle simultanément en trois sous-ensembles : comptes individuels pour chaque société, comptes consolidés et comptabilité analytique. Sur cette base interviennent les contrôleurs de gestion qui sont les économistes de l'entreprise et fournissent à la Direction des analyses en continu du fonctionnement de l'entreprise.

La trésorerie est gérée au jour le jour par une équipe spécialisée qui informe sur la situation quotidienne mais aussi sur les enjeux de change, de taux d'intérêt et d'instruments financiers complexes à usage de couverture.

Enfin la Direction dispose des services du Département juridique et, pour les entreprises plus importantes, du Département fiscal, leur éclairage ayant bien souvent des conséquences financières directes.

À cela s'ajoutent les moyens externes. Les commissaires aux comptes, outre leur rôle de contrôle, apportent souvent leur conseil comme c'est le cas de la Cour des comptes. Les cabinets conseils sont utilisés en matière de réorganisation (dont les conséquences financières sont souvent le motif) et plus généralement de recherche d'économies. Les banques conseils interviennent en matière de « cession-acquisitions » ajoutant leurs compétences particulières à celle de l'entreprise. Ajoutons les équipes de formation interne et externe.

Quelques illustrations

De façon générale, dans l'entreprise, les services internes et externes travaillent en commun et l'on peut en donner quelques exemples pratiques puisés dans l'expérience.

Acquisition d'un concurrent :

Soit un groupe qui achète le concurrent d'une de ses filiales. Ces deux concurrents ont l'habitude de se combattre et risquent de continuer à le faire, surtout au niveau des forces de ventes qui s'affrontaient sur le même marché. Il y a donc un risque de dysfonctionnement coûteux et qui peut être fatal au rapprochement. Que faire alors ?

La Direction présente le problème aux Départements juridique et fiscal en insistant sur l'urgence qu'il y a à trouver une solution.

Ensemble les deux départements proposent une solution rapide : mettre en œuvre, en quelques jours, une location gérance liant les deux filiales, dans l'attente de la fusion juridique dont on sait qu'elle demande des délais et un plus grand formalisme. Les forces de ventes sont donc unifiées sans tarder en termes de statut et commencent à travailler comme une seule.

Un tel exemple montre le mérite d'une grande réactivité et la preuve d'une bonne inventivité pour fournir une solution immédiate.

Effet de la taxe professionnelle sur l'investissement

Après plusieurs années de réforme la Taxe Professionnelle ne frappait plus avant sa disparition que les matériels et outillages et les immeubles professionnels.

Une approche micro-économique montrait que les matériels et outillages subissaient un surcoût de 30 % environ du seul fait qu'ils étaient installés en France, or la réalité est que les matériels et outillages sont plus mobiles qu'on ne le pense.

Les entreprises étaient donc tentées par la création d'une nouvelle usine dans l'espace européen ou par l'installation d'une nouvelle ligne dans une autre usine européenne préexistante.

Ainsi apparaît l'influence de l'impôt sur les investissements en France, or ceci n'était pas connu des élus semble-t-il. Un service d'étude au sein du Parlement aurait pu éclairer ce point.

Acquisition importante

Soit un groupe qui en achète un autre. Cette opération rassemble un grand nombre d'experts qui en étudient conjointement l'ensemble des aspects, et ceci du côté du vendeur comme de celui de l'acquéreur.

Les experts extérieurs sont principalement les banques d'affaires qui organisent la rencontre des parties et préparent les documents d'information ou les analysent. Les cabinets d'audit interviennent dans l'examen de l'ensemble des données, ce que l'on nomme les « due diligences ».

Les experts internes : juridique, fiscal, trésorerie, audit interne travaillent en commun avec les externes.

Ceci illustre la nécessité et la possibilité en pratique d'un travail commun d'experts externes et internes ayant des savoir-faire différents qui s'ajoutent et se combinent pour éclairer une opération importante. Le recours à des experts extérieurs est donc une nécessité lorsque la question excède les compétences présentes en interne.

Prix de transfert

Ils constituent une obligation fiscale qui repose sur une question économique : quel est le juste prix à pratiquer lors d'une transaction internationale entre deux sociétés d'un même groupe ? Cela impose de définir une politique de Prix de Transfert, de rédiger une documentation selon un modèle réglementaire et, le cas échéant, de dialoguer avec l'administration fiscale.

Gérer les prix de transfert rend donc nécessaire une coopération entre plusieurs parties : la Direction (quelle approche, quelle stratégie, quelles perspectives pour l'entreprise ?), la fonction fiscale (respect des normes complexes dans l'établissement de la politique et de la documentation, et relations avec l'administration) et le Contrôle de gestion pour justifier le calcul économique des prix.

Ainsi l'accent doit-il être mis sur la synthèse opérée au sein de l'entreprise d'une question complexe qui convoque la stratégie, la chaîne d'approvisionnement, les contraintes fiscales et la nécessaire quantification de l'ensemble.

Conclusion : cet éclairage peut-il être utile pour le Parlement ?

Il n'est pas question de prétendre donner des conseils au Parlement dans ses missions financières mais de dresser ici un canevas des points d'attention et peut-être d'amélioration tels que le voit un observateur extérieur :

– Nécessité d'un service interne à chaque chambre du Parlement :

• Autonome donc financé par le Parlement

• Centralisé

• Disponible et réactif : pas de grands rapports !

• Au service de chaque parlementaire qui le demande

• Indépendant politiquement comme les commissions bipartisanes aux USA

– Rassemblant plusieurs expertises « pointues » autres que celles des finances publiques

– Des femmes et des hommes mais aussi des systèmes « numériques »
– Traitant aussi bien le passé que l'aide à la décision pour l'avenir
– Assurant une veille permanente sur les questions importantes
– Ayant des contacts suivis avec des experts extérieurs : de tous types, institutionnels comme particuliers (accès à la micro-économie en particulier) ces derniers étant parfois gratuits, avec lesquels travailler en équipe
– Suivant en permanence certaines politiques globales : le logement, la formation, la santé, etc.
– Proposant également une information et une formation destinées aux parlementaires : sur des techniques particulières et sur des sujets en question ou à anticiper

Ces éléments existent certainement pour la plupart d'entre eux au sein du Parlement sous forme développée ou en développement, l'important est la liaison confiante entre les diverses composantes internes et externes.

Les *Cortes generales* en Espagne face au besoin d'expertise financière : quelle autonomie parlementaire ?

François BARQUE

Maître de conférences HDR à l'Université Grenoble Alpes

L'auteur tient à remercier Mmes Isabel Revuelta de Rojas, Contrôleuse financière au Congrès et Lidia García, Directrice de l'office budgétaire des Cortes pour leurs réponses à ses questions.

RÉSUMÉ

La monarchie parlementaire espagnole a conféré une importante autonomie aux chambres. Les parlementaires peuvent donc compter sur des ressources en expertise suffisantes pour traiter des sujets intéressant les finances publiques. À côté des ressources internes, il existe des ressources externes, notamment le recours au Tribunal des comptes, qui n'affectent pas l'autonomie parlementaire.

The Spanish parliamentary monarchy has granted significant autonomy to the parliament. Parliamentarians can therefore count on sufficient expertise resources to deal with subjects of public finance. Alongside internal resources, there are external resources, notably recourse to the Court of Auditors, which do not affect parliamentary autonomy.

Pour tourner la page du franquisme et des précédents constitutionnels peu heureux, les constituants de 1978 souhaitèrent instaurer en Espagne une monarchie parlementaire. Il s'agissait pour eux d'établir un régime équilibré et favorable à l'avènement de la démocratie. Ainsi, sur le fondement de la Constitution du 27 décembre 1978, le roi est un monarque qui règne, mais qui ne gouverne pas. En outre, l'on est en présence d'un régime parlementaire moniste au sein duquel les assemblées sont appelées à assurer des fonctions non négligeables. En opposition au franquisme, là encore, le choix du bicaméralisme a été fait (article 66.1 de la Constitution espagnole[1]), le Parlement (les *Cortes generales*) étant composé du Congrès des députés (*Congreso de los diputados*) et du Sénat (*Senado*).

Afin de leur permettre d'exercer leurs compétences dans les meilleures conditions, la Constitution a reconnu aux chambres une importante autonomie. En vertu de l'article 72 CE, elles « établissent leur propre règlement, approuvent leur budget de manière autonome et, d'un commun accord, régissent le statut du personnel des *Cortes generales* [...]. [Elles] désignent leurs présidents respectifs et les autres membres de leurs bureaux. [...] Les présidents des chambres exercent en leur nom la totalité du pouvoir administratif ». L'autonomie a ensuite été détaillée par la jurisprudence[2] et par d'autres textes. Ainsi, en vertu de l'article 60.1 et 2 du règlement du Congrès des députés, ce dernier « doit disposer des moyens en personnel et en matériel nécessaires pour l'accomplissement de ses fonctions, spécialement ceux visant les services techniques de documentation et d'assistance juridique [...]. La commission du budget, en particulier, doit être dotée des moyens en personnel et en matériel adéquats lui permettant de prêter une assistance technique satisfaisante sur tous les aspects de l'activité législative ayant une répercussion sur les recettes et les dépenses publiques ».

En Espagne, l'autonomie parlementaire apparaît dès lors avec trois dimensions : une autonomie normative, qui autorise les chambres à adopter une règlementation interne pour réguler leur fonctionnement ; une autonomie budgétaire et financière – très forte[3] –, leur permettant notamment d'élaborer leurs budgets et de les exécuter ; une autonomie fonctionnelle grâce à laquelle chaque chambre peut compter sur des

1. CE ci-après.
2. Voir par exemple : ATC 52/1994 du 16 février 1994, FJ 2.
3. Sur le sujet, voir : F. BARQUE, « L'autonomie financière des *Cortes generales* en Espagne », RIDC, 2018, p. 859.

ressources humaines et matérielles suffisantes. Cette troisième facette de l'autonomie dépend amplement de la deuxième, les moyens dont disposent les parlementaires étant directement liés aux choix budgétaires.

Lorsque les parlementaires doivent se prononcer sur un texte ou examiner un sujet, un travail préalable en interne est toujours indispensable. L'autonomie parlementaire doit leur permettre de trouver les moyens nécessaires pour accomplir leur mission d'analyse et de contrôle. Les chambres doivent donc pouvoir compter sur des ressources, conduisant à solliciter leurs experts, « choisi[s] pour [leurs] connaissances éprouvées et chargé[s] de faire des examens, constatations ou appréciations de fait »[4].

Comme le reconnaît le secrétaire général de l'Union interparlementaire, « le fait de disposer d'un service parlementaire de recherche, doté de ressources suffisantes, est une garantie fondamentale pour l'efficacité des parlementaires. [Ces] services […] ont une valeur inestimable puisqu'ils constituent une source d'analyse indépendante, neutre et non partisane. Ils offrent un espace sûr, au sein duquel les parlementaires de tout bord politique peuvent poser des questions et obtenir des réponses dignes de confiance. Ils contribuent à l'autonomie du Parlement en fournissant une évaluation réaliste sur les perspectives présentées par l'exécutif, par les groupes de pression ou encore par les médias. Leurs analyses servent de base pour le travail législatif et l'activité de contrôle du Parlement »[5].

Or, les besoins d'informations sont d'autant plus forts que les questions portent sur des domaines techniques. Tel est naturellement le cas en matière de finances publiques. Il n'est pas rare que les députés et les sénateurs espagnols doivent se prononcer sur un texte financier (projet de loi de finances annuelle, projet ou proposition de loi fiscale[6] ou autres textes à portée financière[7]). En outre, il leur arrive de réaliser des contrôles portant sur la bonne gestion de certains organismes publics[8]

4. Dictionnaire *Le Robert*.

5. M. CHUNGONG, « Prólogo », *in* Unión interparlementaria-Federación internacional de asociaciones de bibliotecarios y bibliotecas, *Directrices para los servicios de investigación parlamentaria*, 2015, p. 4, disponible sur : http://archive.ipu.org/pdf/publications/research-sp.pdf.

6. En vertu de l'article 134.7 CE, « la loi de finances ne peut pas créer d'impôts. Elle peut cependant les modifier dans les cas prévus par une loi fiscale à caractère substantiel ».

7. Selon l'article 134.5 CE, « après l'adoption de la loi de finances, le gouvernement peut présenter des projets de loi comportant une augmentation des dépenses publiques ou une réduction des recettes correspondant au même exercice budgétaire ».

8. Par exemple dans le cadre d'une commission d'enquête prévue à l'article 72 CE.

ou encore de recevoir des rapports ou autres informations intéressant les finances publiques[9]. Assurément, le domaine financier nécessite souvent de recourir à une expertise préalable, par exemple pour vérifier la recevabilité financière[10] d'une proposition d'amendement, comprendre des analyses techniques issues d'un document ou encore apprécier la sincérité des prévisions budgétaires figurant en loi de finances.

En Espagne, les ressources en expertise financière mises à disposition des *Cortes generales* sont globalement satisfaisantes, permettant ainsi que leur autonomie soit garantie. Les chambres peuvent solliciter des expertises internes, idéales pour satisfaire des demandes ponctuelles et d'envergure limitée (I). Elles peuvent, en outre, solliciter des expertises externes, notamment pour un contrôle de plus grande ampleur, sans pour autant compromettre leur autonomie (II).

I. – DES MOYENS D'EXPERTISE INTERNE POUR DES QUESTIONS CIBLÉES : L'AUTONOMIE GLOBALEMENT GARANTIE

Des experts fonctionnaires des Assemblées. L'expertise en matière financière au sein des *Cortes generales* est principalement assurée par les fonctionnaires recrutés par concours, en charge du conseil et de l'assistance des parlementaires. Ainsi, l'on ne saurait raisonnablement considérer comme des experts les assistants des parlementaires. Contrairement aux fonctionnaires des chambres, ceux-ci sont recrutés par contrat à durée déterminée. Si l'opacité règne quant à leur régime (et à leur niveau de rémunération), leur nombre a considérablement augmenté au cours des dernières législatures[11]. Ces assistants n'ont toutefois pas forcément de compétences en matière financière ; ils ont

9. Ainsi, l'accord du gouvernement sur les objectifs de stabilité et de dette publique doit être transmis aux parlementaires, accompagné notamment d'un rapport du ministère de l'Économie (article 15.6 de la loi organique 2/2012 du 27 avril 2012 de stabilité budgétaire et de soutenabilité financière).

10. En effet, en vertu de l'article 134.6 CE, « toute proposition ou tout amendement entraînant soit une augmentation des crédits, soit une diminution des recettes budgétaires doit avoir l'accord du gouvernement pour sa prise en considération ». Au Congrès des députés cependant, jusqu'à la VIIe législature, l'examen de la recevabilité financière des amendements parlementaires était externalisé vers les services de l'État (en ce sens : J. M. ANDRÉS JOVANI, « El análisis económico y presupuestario en las Cortes generales. Un continuo proceso de adaptación », Revista de las Cortes generales, n° 104, 2018, p. 529).

11. M. HERNÁNDEZ, « El Congreso tendrá por primera vez más asesores que funcionarios », El Confidencial, 4 octobre 2023, disponible sur https://www.elconfidencial.com/espana/2023-10-04/congreso-asesores-funcionarios_3747608/

une vocation plus générale, qui consiste à aider les parlementaires dans leurs tâches quotidiennes[12]. En cas de questions techniques portant sur les finances publiques, les parlementaires se tourneront vers les fonctionnaires experts en la matière.

Les besoins d'expertise peuvent provenir de parlementaires, de groupes parlementaires ou encore de commissions. Parmi les commissions permanentes[13], les commissions du budget (*comisiones de presupuestos*)[14] jouent, dans les deux chambres, un rôle non négligeable en matière financière. Si elles ne peuvent se voir déléguer par les chambres l'adoption des projets de lois de finances[15], elles n'en sont pas moins chargées de les examiner préalablement au vote en séance plénière. Jouent également un rôle important la commission de l'économie et des finances (*comisiones de economía y hacienda*) au Congrès, la commission des finances (*comisión de hacienda*) et la commission de l'économie et de la transition numérique (*comisión de asuntos económicos y transformación digital*) au Sénat.

Ces commissions comptent sur des fonctionnaires juristes (les *letrados*) qui peuvent apporter une expertise certaine, notamment sur la législation fiscale[16]. Cependant, il est souvent nécessaire de solliciter l'appui technique de certains services parlementaires pour obtenir une expertise plus poussée en matière financière, par exemple sur des questions relevant de la prévision économique. Au Congrès des députés, les ressources en expertise financière se retrouvent au département d'analyse économique et budgétaire, placé au sein de la direction des études, des analyses et des publications. Créé en 2007, ce département a remplacé l'aire des études économiques, notamment pour mieux mettre en évidence les compétences en matière d'expertise budgétaire des fonctionnaires. Ses agents sont donc chargés de rédiger plusieurs types de documents à destination

12. Le Tribunal constitutionnel a reconnu l'existence de ces assistants dans une décision qui intéressait, certes, les droits des parlementaires des communautés autonomes, mais dont la portée peut être étendue aux parlementaires nationaux (STC 181/89 du 3 novembre 1989, FJ 5 : à propos du droit dont dispose un parlementaire d'examiner des comptes bancaires avec l'aide de ses assistants techniques à la condition que ceux-ci soient accrédités par la chambre).
13. Article 46 du règlement du Congrès ; article 49 du règlement du Sénat.
14. Sur le sujet et concernant le Congrès des députés, voir : J. M. ANDRÉS JOVANI, *op. cit.*, pp. 528 et suivantes.
15. Article 75.2 CE.
16. Par exemple, deux *letrados* sont affectés à la commission du budget du Congrès des députés.

des parlementaires. On trouve, par exemple, le *Bulletin parlementaire d'économie et d'informations budgétaires*[17], des notes informatives ou encore des fiches informatives[18]. Tous ces documents sont disponibles sur l'intranet du Congrès. Au Sénat, les fonctionnaires intervenant pour les expertises financières relèvent de la direction du budget et de la contractualisation, qui comprend notamment plusieurs départements (conseil juridique, conseil technique et gestion budgétaire). En outre, la direction des études peut être mobilisée. Celle-ci comprend un service d'études et d'analyses. Parmi tous les fonctionnaires parlementaires susceptibles d'intervenir, les experts sont des conseillers spécialisés[19] (*asesores facultativos*). Recrutés par concours, ils jouent un rôle prédominant dans leurs spécialités respectives (économie, etc.).

On soulignera que le développement de l'internet a incité de nombreuses institutions à mettre en ligne des informations financières, conduisant à une évolution des missions d'expertise des fonctionnaires parlementaires. « Dans ce contexte nouveau, le travail des services parlementaires chargés de l'analyse budgétaire a changé de nature. Il s'agit davantage de permettre l'accès à cette grande quantité d'information, l'exploitation, la reformulation, la simplification et l'interprétation des différents soldes et indicateurs »[20]. Aussi, ces travaux sont très souvent le fruit de l'initiative des administrations parlementaires, qui devancent en quelque sorte les attentes des élus, faisant preuve de proactivité. Au Congrès des députés, le département d'analyse économique et budgétaire a pris l'initiative de proposer aux députés un « service d'information sélective et d'information statistique » ; il s'agit d'envoyer périodiquement par mail un ensemble de statistiques provenant de sources diverses, institutionnelles ou privées[21].

17. Faisant l'objet de parutions régulières, ce bulletin propose six collections : conjoncture et prévisions ; semestre européen et stabilité ; recouvrement fiscal ; exécution du budget de l'État ; exécution des budgets des Communautés autonomes ; exécution des investissements de l'État au niveau territorial.
18. Parmi de nombreux exemples, voir une note sur les objectifs gouvernementaux de stabilité budgétaire 2017-2019 figurant dans le Bulletin parlementaire d'économie et du budget (https://www.congreso.es/docu/docum/ddocum/dosieres/sleg/legislatura_12/spl_6/pdfs/36.pdf).
19. C. GUTIÉRREZ DEL CASTILLO, « Treinta años de análisis económico en el Parlamento español. Retos a futuro », Revista de las Cortes generales, n° 104, 2018, p. 487.
20. J. M. ANDRÉS JOVANI, *op. cit.*, p. 533.
21. Voir davantage de précisions dans le *Bilan d'activité des Cortes-XIIIe législature*, p. 325, disponible sur : https://app.congreso.es/est_memoriaXIII/.

L'office budgétaire des *Cortes generales*. Cet organe a fait l'objet d'une création plutôt récente, par la loi 37/2010 du 15 novembre 2010[22], après avoir été maintes fois reportée[23]. Comme l'exposé des motifs de la loi l'indique, cette création était « constamment réclamée par les différents groupes parlementaires » ; elle « obéit à la nécessité d'articuler, au sein des chambres, un mécanisme efficace de conseil technique pour le suivi et le contrôle de l'exécution des budgets de l'État [...] mis à disposition des députés et des sénateurs »[24]. Bien qu'il soit adossé au secrétariat général du Congrès des députés, l'office est un organe partagé par les deux chambres qui font appel à lui pour ses compétences techniques. Ainsi, le directeur de cet organe d'experts est désigné par les bureaux des deux chambres réunies pour l'occasion, sur proposition du président du Congrès, parmi les « personnalités renommées pour leurs compétences en matière économique, financière ou budgétaire »[25]. L'office se compose de fonctionnaires parlementaires[26] et peut compter également sur l'assistance des services juridiques des deux assemblées. Il s'agit donc d'un organe parlementaire, totalement financé par le budget des *Cortes*[27], au sein duquel et pour lequel travaillent des fonctionnaires parlementaires sur le fondement des « principes d'indépendance, d'objectivité et de transparence »[28].

Sa fonction est donc purement technique[29], exercée à partir de la collecte d'informations budgétaires et financières. Ainsi, comme l'office travaille principalement avec l'administration étatique, la loi consacre opportunément le principe de collaboration. C'est sur le fondement de ce principe que la loi 37/2010 oblige l'État à fournir régulièrement à l'office plusieurs documents, dont un rapport mensuel sur l'exécution budgétaire[30] ; il doit avoir accès aux bases

22. Ces règles ont été précisées par une résolution commune aux deux chambres du 19 juillet 2011 (Boletín oficial de las Cortes generales, 29 juillet 2011, p. 3).
23. I. M. GIMÉNEZ SÁNCHEZ, « La nueva Oficina presupuestaria de las Cortes generales », *in La constitución política de España: estudios en homenaje a Manuel Aragón Reyes*, Madrid, Centro de estudios políticos y constitucionales, 2016, p. 125.
24. Boletín oficial del Estado, 16 novembre 2011, p. 95592.
25. Article 2 de la loi 37/2010.
26. Malgré nos demandes, il ne nous a pas été possible d'obtenir la composition exacte de l'office, cette information n'étant pas communicable (sic).
27. Article 2.2 de la loi 31/2010.
28. Exposé des motifs de la loi 31/2010.
29. Voir l'article 3 de la loi 37/2010.
30. Article 4 de la loi 37/2010. Cette même disposition prévoit, en outre, que l'État devra fournir un rapport semestriel sur le degré d'exécution des dépenses d'investissement étatiques ainsi qu'un rapport annuel sur la liquidation provisoire de l'exercice budgétaire relatif à l'année précédente.

d'informations comptables et budgétaires du ministère de l'Économie et des Finances. Il ne saurait être question que l'office rende des rapports évaluant la gestion financière des administrations ou encore fasse des recommandations pour l'améliorer. En revanche, il est chargé de fournir aux Assemblées des informations brutes, des données précises portant sur l'exécution budgétaire étatique ou encore de les expliquer aux organes parlementaires qui l'ont sollicité. Par ailleurs, il est chargé de suivre l'activité législative ayant des répercussions sur les recettes et les dépenses publiques pour mesurer l'impact que ces dispositions peuvent avoir sur les finances publiques.

Des expertises d'envergure moyenne. Au total, et en théorie, l'autonomie des *Cortes* serait garantie puisque l'expertise financière proviendrait de leurs propres organes. Compte tenu des moyens humains et matériels dont disposent ces services[31], leurs tâches sont en pratique bornées à la publication d'informations sommaires et de statistiques ainsi qu'aux réponses à des questions ne demandant pas des investigations et des analyses approfondies[32]. Ainsi, la direction d'analyse économique et budgétaire du Congrès – qui ne comprend que deux conseillers techniques spécialisés en économie – est surtout sollicitée pour répondre à des questions de technique budgétaire. Au cours de la XIIIe législature, 57 % des questions étaient résolues dans la journée[33].

Pour satisfaire certaines demandes, les parlementaires peuvent les « externaliser » en se tournant vers des experts extérieurs qui complètent l'offre d'expertise proposée en interne.

II. – DES MOYENS D'EXPERTISE EXTERNE : UNE AUTONOMIE FORCÉMENT RÉDUITE ?

Des expertises externes ponctuelles non institutionnalisées. Il peut arriver que les chambres recourent à des expertises extérieures pour obtenir des analyses sur une problématique financière précise. Cette expertise peut se matérialiser par des auditions ou encore des

31. R. FERNÁNDEZ LLERA, « Parlamento y control externo: una relación solida y abierta », *in* J. TUDELA ARANDA et M. KÖLLING (dir.), *Calidad demócratica y Parlamento*, Fundación Manuel Giménez Abad de Estudios Parlamentarios y del Estado autonómico, Madrid, 2022, pp. 186 et 188.

32. C. GUTIÉRREZ DEL CASTILLO, *op. cit.*, p. 515.

33. 14 % des questions se voyaient apporter une réponse le lendemain ; 29 % les jours suivants (*Bilan d'activité des Cortes-XIIIe législature*, *op. cit.*, p. 330).

notes remises aux parlementaires. Le recours à des ressources externes peut également se faire sans sollicitation formalisée, en exploitant des travaux publiés par des institutions. C'est particulièrement le cas en matière de prévisions (budgétaires ou économiques). Afin d'apprécier les prévisions retenues par le gouvernement, il est fréquent que les services des assemblées mobilisent les prévisions confectionnées par d'autres organismes (Commission européenne, FMI, Banque d'Espagne, AIREF[34] notamment) dès lors qu'en interne ils ne possèdent pas les compétences et les moyens nécessaires pour réaliser ces prévisions[35].

Il ne semble pas que ces sollicitations non institutionnalisées portent gravement atteinte à l'autonomie parlementaire. Certes, en recourant à de telles informations, les chambres ne mobilisent pas leurs propres services ; en outre, un expert sollicité n'a, en principe, pas d'obligation d'accepter une audition qui incomberait aux experts, contrairement au Tribunal des comptes qui, au contraire, doit répondre aux demandes des chambres (cf. *infra*). Cependant, les demandes de comparution demeurent limitées et les experts sollicités ne sont, en aucun cas, rémunérés. En outre, les chambres peuvent consulter des documents officiels et publiés, comme le ferait n'importe quel citoyen.

Une expertise externe institutionnalisée : la collaboration du Tribunal des comptes. Les *Cortes generales* peuvent compter sur les expertises financières rendues par le Tribunal des comptes. En vertu de l'article 136 CE, ce tribunal est une institution spécialisée dans les contrôles sur les finances publiques. Il s'agit de « l'organe de contrôle suprême des comptes et de la gestion économique de l'État ainsi que du secteur public ». La loi organique 2/1982 du 12 juillet 1982 lui attribue une mission juridictionnelle, consistant à engager « la responsabilité comptable »[36] des personnes ayant à leur charge le maniement des deniers publics, et une mission administrative de contrôle (*fiscalización*) du secteur public. Or, la Constitution a expressément lié cet organe au Parlement espagnol. En effet, en vertu de l'article 136.2 CE, il « dépendra directement des *Cortes generales* ». Le constituant aurait fort bien pu configurer autrement le Tribunal des comptes sans en faire un organe adossé aux *Cortes generales*. Il eût été possible, par exemple, de le rattacher à l'exécutif[37], comme ce fut le cas dans

34. Autorité indépendante de responsabilité fiscale.

35. J. M. ANDRÉS JOVANI, *op. cit.*, p. 542.

36. Article 2 de la loi organique sur le Tribunal des comptes (LOTCU ci-après).

37. C'était le cas sous le franquisme, avec la loi organique du 3 décembre 1953.

le cadre de précédents régimes. Une autre possibilité aurait été de le séparer des pouvoirs exécutifs et législatifs, en l'intégrant au pouvoir judiciaire[38]. Or, comme l'un des principaux objectifs était d'instaurer un régime parlementaire afin d'éviter la toute-puissance de l'exécutif, il apparut plus pertinent de rattacher le juge financier aux *Cortes*, afin de renforcer les prérogatives de contrôle des parlementaires sur l'exécutif[39]. Cette dépendance revêt deux aspects.

En premier lieu, les assemblées peuvent, dans le cadre de leurs propres travaux, s'appuyer sur les contrôles assurés par le Tribunal des comptes. C'est essentiellement par le biais de la commission mixte chargée des relations avec le Tribunal des comptes[40] que les contacts ont lieu. Composée de députés et de sénateurs[41], cette commission est notamment chargée de transmettre au Tribunal les demandes de contrôles en provenance des parlementaires[42]. En effet, en vertu de l'article 45 de la loi organique, l'initiative du contrôle appartient concurremment au Tribunal, aux *Cortes generales* et aux assemblées des communautés autonomes. Le juge des comptes est, en outre, tenu de transmettre à la commission mixte son programme annuel de contrôle[43] ainsi que les résultats des contrôles exercés à sa demande, figurant dans un rapport et parfois accompagnés de recommandations faites à l'organe examiné. La commission va se prononcer sur ce document, le plus souvent après avoir auditionné le président du Tribunal. En pratique, les parlementaires valident, par le biais d'une résolution, le rapport ainsi que les observations ; ils peuvent parfois, toujours par résolution, se permettre d'ajouter quelques recommandations, voire de demander au Tribunal d'approfondir son contrôle sur certains points. En outre, cette

38. Sur ces orientations, voir : A. FANLO LORAS, « Relaciones del Tribunal de cuentas con las Cortes generales: la comisión mixta Congreso-Senado para las relaciones con el Tribunal de cuentas », Revista de administración pública, n° 108, 1985, p. 333 ; L. F. RUDI ÚBEDA, « Las Cortes generales y su relación con el Tribunal de cuentas », Revista española de control externo, n° 12, 2002, p. 148.
39. C'était également le cas sous la IIe République (article 120, repris par l'article 136 CE).
40. Créée par la disposition transitoire 1 de la LOTCU. Un antécédent direct est la commission permanente pour connaître des questions en lien avec le Tribunal des comptes de la République, instauré par l'article 123 du règlement du Congrès des députés du 20 novembre 1934.
41. Son organisation et son fonctionnement sont détaillés par la norme commune aux bureaux du Congrès et du Sénat, adoptée le 3 mars 1983 (Boletín oficial de las Cortes generales, 12 avril 1983, p. 141). La commission mixte se compose de 39 membres (22 députés et 17 sénateurs), désignés par les groupes parlementaires en fonction de leur importance numérique dans chaque assemblée.
42. Son rôle est aussi de canaliser des demandes de contrôles qu'elle peut recevoir de parlementaires.
43. Article 3 de la loi 7/1988 sur le fonctionnement du Tribunal des comptes du 5 avril 1988.

commission recevra le rapport annuel dans lequel le Tribunal présente tous les contrôles réalisés au cours de l'année précédente ; elle émettra, là encore, une résolution. Par ailleurs, sur décision des *Cortes* ou en cas « de nécessité extraordinaire et urgente »[44], le Tribunal devra leur transmettre les résultats obtenus à la suite de n'importe quel contrôle et figurant dans un rapport extraordinaire.

En second lieu, la dépendance du Tribunal à l'égard des *Cortes* se constate au niveau du contrôle des comptes de l'État. La Constitution dispose que le Tribunal « exerce ses fonctions par délégation de celles-ci en ce qui concerne l'examen et la vérification des comptes généraux de l'État »[45]. Le terme de « délégation » signifie que, dans ce cas précis, la compétence de contrôle revient initialement aux chambres, mais que celles-ci ne l'exercent pas directement. Après avoir opéré le contrôle, le Tribunal doit rendre une déclaration et la soumettre aux deux assemblées. La commission mixte émettra seulement un avis à partir duquel chaque chambre se prononcera en séance plénière[46].

La portée de la « dépendance » du Tribunal des comptes à l'égard des chambres. Toute la question est naturellement de savoir le sens et la portée à donner à ce lien de dépendance. Si cette dépendance doit se comprendre comme une hiérarchie du Tribunal à l'égard des *Cortes*, l'on pourrait considérer ce dernier comme un organe de celle-ci. Dans ce cas, un travail d'expertise financière commandé par les *Cortes* au Tribunal des comptes ne viendrait pas affecter l'autonomie des premières puisque l'entité de contrôle lui serait subordonnée. Il s'agirait alors d'envisager le Tribunal comme une simple « commission spéciale » au service des *Cortes*.

En réalité, la portée de ce lien de dépendance ne doit pas être exagérée ni sous-estimée. Certes, les *Cortes* ne peuvent pas modifier le programme de contrôle du Tribunal, ni amender les observations et les recommandations que celui-ci formule dans ses rapports. En outre, si la loi organique donne compétence aux *Cortes* pour désigner les magistrats du Tribunal[47], ceux-ci demeurent indépendants et

44. Article 28.4 de la loi 7/1988 précitée.

45. Article 136.1§2 CE.

46. Voir l'article 2 LOTCU.

47. Article 30.1 LOTCU : « Les conseillers aux comptes seront désignés par les *Cortes generales* (six par le Congrès des députés et six par le Sénat) au moyen d'un vote à la majorité des trois cinquièmes de chaque chambre, pour une période de neuf ans ». Les parlementaires devront les désigner parmi, entre autres, les fonctionnaires (*censores*) du Tribunal des comptes, les magistrats et les procureurs, les professeurs d'Université et les fonctionnaires appartenant à des corps pour lesquels un diplôme académique supérieur est exigé, les avocats ou encore les économistes. Tous devront avoir au moins quinze ans

inamovibles[48]. En revanche, lorsqu'il est saisi en ce sens, le Tribunal des comptes a l'obligation de remettre ses rapports aux chambres et d'entreprendre les contrôles que celles-ci lui demandent ; compte tenu du fait qu'il bénéficie, lui aussi, d'une autonomie financière[49], l'argument budgétaire, selon lequel, le Tribunal n'aurait pas assez de crédits pour financer le contrôle doit être écarté.

Il en ressort que le Tribunal des comptes jouit d'une indépendance totale à l'égard des *Cortes* pour ce qui est de la conduite des contrôles financiers et de la rédaction de ses observations. Les chambres sont donc totalement passives en ce qu'elles doivent prendre acte des résultats obtenus par les magistrats. Cette situation s'explique par le fait que les deux organes n'ont pas la même nature. Le Tribunal est une institution composée d'experts, à vocation purement technique ; les *Cortes* ne peuvent que prendre acte des résultats obtenus par le Tribunal dans le cadre de ses contrôles et procéder ensuite à un contrôle politique[50].

Est-ce à dire que l'autonomie des chambres soit affectée ? Certes, le contrôle qu'elles réaliseront par la suite dépendra d'un rapport rédigé par les magistrats du Tribunal des comptes. Pour autant, la Constitution oblige ces derniers à donner suite aux demandes de contrôle formulées par les parlementaires. Ceux-ci peuvent faire des recommandations complémentaires qui s'ajouteront aux observations figurant dans le rapport du Tribunal ; ils pourront, en outre, demander à ce dernier, d'approfondir son investigation. L'autonomie parlementaire est alors préservée : le Tribunal des comptes intervient comme le ferait une administration parlementaire, tel un expert financier au service du Parlement, mais demeurant extérieur à celui-ci.

d'expérience et voir leur compétence reconnue. On ajoutera que le président du Tribunal est nommé par le roi, parmi les douze magistrats et sur proposition de ces derniers, pour une durée de trois ans (article 29 LOTCU).

48. En vertu de l'article 136.3 CE, « les membres du Tribunal des comptes jouissent de la même indépendance et de la même inamovibilité et sont soumis aux mêmes incompatibilités que les juges ». Voir aussi l'article 30.2 LOTCU.

49. Cette autonomie est consacrée à l'article 6 LOTCU.

50. « Le Tribunal des comptes est l'organe technique dont se prévalent les *Cortes generales* pour réaliser ensuite leurs contrôles politiques et faire des propositions de résolution dirigées soit au Tribunal, soit au pouvoir exécutif. En aucune façon elles peuvent se substituer au Tribunal, en exerçant ses fonctions techniques de contrôle […] » (propos du président de la commission mixte de l'époque, M. TORRES BOURSAULT, 24 septembre 1984, rapportés par A. FANLO LORAS, *op. cit.*, p. 344).

L'expertise financière et l'autonomie du Parlement britannique dans l'exercice de ses missions

Alexandre GUIGUE

Professeur de droit public
Université Savoie Mont Blanc
Directeur du Centre de recherche en droit Antoine Favre
Membre de la Chaire Droit et politique comparés –
Université Jean Monnet Saint-Étienne

RÉSUMÉ

La Commission des comptes publics britannique est réputée pour le contrôle *ex post* qu'elle effectue, avec l'aide du Bureau national d'audit, sur les choix budgétaires du gouvernement. La situation est très différente en matière de contrôle *ex ante*, en dépit des efforts déployés par les différentes commissions concernées. En 2019, la Commission sur la procédure a recommandé la création d'une Commission sur le budget assistée par un Bureau budgétaire de la Chambre des Communes. Pour l'heure, le gouvernement n'a pas suivi cette recommandation.

The Public Accounts Committee is renowned for the ex post scrutiny it conducts of Government budgetary plans, with the help of the National Audit Office. The situation is very different regarding ex ante scrutiny, despite the efforts undertaken by the different committees involved. In 2019, the Procedure Committee recommended the creation of a dedicated budget committee assisted by a Commons Budget Office. So far, the government has not accepted this recommendation.

L'expertise financière du Parlement britannique est généralement associée à la puissante Commission des comptes publics (*Public Accounts Commission*) et à l'assistance que lui apporte une administration parlementaire remarquable : le Bureau national d'audit (*National Audit Office*, NAO). Le contrôle effectué par la Commission, qui a de bonnes raisons d'être crainte par tout agent public, est facilité par l'expertise des plus de 900 employés du NAO. Il est souvent une source d'inspiration, voire de jalousie, pour les Parlements étrangers, comme le Parlement français, qui réfléchissent aux moyens de renforcer leurs capacités d'expertise. Les vertus du dispositif britannique sont indéniables, mais il serait trop rapide d'en conclure que le Parlement de Westminster dispose d'une forte autonomie, voire d'une autonomie suffisante, dans l'exercice de toutes ses missions financières.

Ce qui caractérise les missions du Parlement britannique en matière de finances publiques, outre la mise à l'écart presque totale de la Chambre des Lords, est un déséquilibre conséquent entre son action *ex ante*, c'est-à-dire en amont des décisions budgétaires, et son rôle *ex post*, c'est-à-dire son contrôle de l'exécution budgétaire et des comptes publics. La différence entre ces deux temps du contrôle exercé par l'organe législatif sur l'action du gouvernement n'est pas simplement temporelle. Toute action des parlementaires *ex ante* implique de peser sur les décisions budgétaires du gouvernement, c'est-à-dire de participer à ses décisions. Cela peut intervenir par la pression qui résulte des débats, en commission ou en séance publique, à condition que les parlementaires disposent d'une expertise suffisante. Cela peut aussi se matérialiser par la proposition et l'adoption d'amendements et aussi lors des votes qui interviennent au cours de la procédure budgétaire.

À l'inverse, la démarche *ex post* n'implique pas de peser sur les décisions budgétaires ou de s'immiscer dans les choix politiques du gouvernement. Le contrôle de l'exécution budgétaire et l'analyse des comptes publics prennent un tour plus objectif, en tout cas moins politique. Certes, le contrôle *ex post* peut être une source d'information financière et d'expertise pour la prise de décisions budgétaires futures, c'est-à-dire en permettant que s'établisse un cercle vertueux entre les deux temps du contrôle financier. Mais l'essentiel demeure que les deux types de mission sont distincts à la fois temporellement et matériellement. Au Royaume-Uni, leur distinction façonne le travail du Parlement. La Commission des comptes publics et le NAO accomplissent exclusivement des missions *ex post*. Selon les parlementaires britanniques eux-mêmes, cela contribue à leur prestige puisque leur travail peut, et doit, selon les Britanniques, s'appréhender sans prisme politique. L'expertise dont il s'agit est perçue de manière objective, même lorsque le gouvernement exprime son désaccord avec les conclusions formulées dans tel ou tel rapport. Le parallèle peut être fait ici, même si la comparaison a ses limites, avec la perception que l'on peut avoir en France des rapports de la Cour des comptes. La différence, bien entendu, est que la Cour des comptes ne fait pas partie du Parlement, au contraire de la Commission des comptes publics et du NAO. L'expertise dont bénéficient les assemblées françaises au titre, par exemple, de la mission d'assistance que l'article 47-2 de la constitution de 1958 confie à la Cour des comptes demeure externe.

S'il est indéniable que le Parlement britannique dispose d'une forte autonomie en aval des décisions budgétaires, les choses sont très différentes en matière de contrôle *ex ante*. Ce constat, qui a été établi à plusieurs reprises par la Commission sur la procédure de la Chambre des Communes (en 2016 et en 2019 en particulier) amène à nuancer la tentation que les comparatistes ou spécialistes de droit étranger ont parfois de conclure que le modèle anglais présente plus d'avantages pour le Parlement de Westminster que pour son homologue français, par exemple. En effet, l'autonomie financière de la Chambre des Communes est forte si l'on envisage ses missions *ex post*, faible si l'on envisage ses missions *ex ante*. La procédure budgétaire britannique est même caractérisée par un déséquilibre marqué qui favorise le contrôle de l'exécution et des comptes publics au détriment de l'examen minutieux et attentif des projets budgétaires du gouvernement. C'est comme si, en raison d'un bipartisme qui place l'Opposition dans une situation presque sans espoir de voir ses amendements adoptés, le champ de la décision budgétaire était délaissé par les parlementaires britanniques. Comme l'Opposition est minoritaire[1], elle intériorise le fait qu'elle n'a pas les moyens politiques de peser sur les choix du gouvernement lors des votes budgétaires. Elle concentre alors son attention sur le contrôle minutieux de son action, *ex post* donc. Dans ce paysage, seules des tensions au sein de la majorité elle-même peuvent la conduire à infléchir ses choix budgétaires. Ce fut le cas au sein du parti conservateur depuis le référendum de 2016 sur la sortie de l'Union européenne qui a mis à l'honneur le puissant *European Research Group* (ERG). La logique du système est que le Cabinet, qui est composé des parlementaires

1. Il faut signaler les situations relativement exceptionnelles suivantes : le gouvernement de coalition (2010-2015) et les gouvernements ponctuellement minoritaires (2017-2019) pendant la période des négociations du Brexit.

les plus en vue du parti majoritaire (*frontbenchers*), est choisi pour exercer des missions exécutives, sous le contrôle *ex post* des autres parlementaires, c'est-à-dire des parlementaires de l'Opposition et de ceux de la majorité qui ne font pas partie du Cabinet (*backbenchers*). Ainsi, le Cabinet a un mandat pour lequel il n'est pas censé être trop entravé, sauf choc politique qui conduirait à sa démission et/ou à des élections anticipées. Tant qu'il conserve la confiance, son action peut être scrutée, analysée et critiquée, mais guère remise en cause.

L'action *ex ante* du Parlement britannique offre une image guère reluisante. La procédure budgétaire n'offre pas beaucoup de temps aux parlementaires pour exercer un contrôle approfondi et le travail est divisé entre une multitude de commissions. Il n'existe ainsi pas d'équivalent à la Commission des comptes publics et au NAO pour le travail d'expertise qui s'effectue *ex ante,* c'est-à-dire lors des prises de décision budgétaires. Cela a amené la Commission sur la procédure à s'interroger sur l'opportunité de doter le Parlement d'une nouvelle Commission, une Commission sur le budget, et de lui adjoindre les services d'une administration avec de fortes capacités d'expertise : un Bureau parlementaire du budget, sur les modèles irlandais et canadien. La recommandation n'a pas été reprise. Elle ponctue, cependant, des années de réflexion et confirme le constat de la présente étude : le Parlement britannique a une faible autonomie en matière d'expertise financière dans l'exercice de ses missions *ex ante* (I), et une autonomie bien plus forte dans ses tâches *ex post* (II).

I. – LA FAIBLE AUTONOMIE DU PARLEMENT DANS L'EXERCICE DE SES MISSIONS *EX ANTE*

La faible autonomie du Parlement dans l'exercice de ses missions *ex ante* s'explique principalement par les contraintes liées à la procédure budgétaire elle-même (A). Plusieurs réflexions ont été menées en vue d'une réforme (B).

A. Les contraintes liées à la procédure budgétaire

En 2019, le député Charles Elphicke a caractérisé la faiblesse du contrôle effectué *ex ante* par le Parlement de Westminster en des termes peu flatteurs. Il souligne que le projet de loi portant autorisation provisoire des dépenses publiques de 2019 « n'avait pas été débattu lors du *second reading*, qu'il n'avait pas été débattu non plus lors du *third reading* ». Il poursuit : « si vous clignez des yeux, vous ne le voyez pas passer » (*blink and you miss it*). Par comparaison avec les 70 jours dont dispose le Parlement français pour se prononcer sur le projet de loi de finances de l'année, la situation britannique n'est pas enviable. Dans le peu de temps dont ils disposent, les MPs appréhendent les propositions budgétaires du gouvernement de manière dispersée, en divisant le travail entre une multitude de commissions.

– La répartition de l'examen des propositions de dépenses entre les commissions permanentes chargées de contrôler les ministères

Le *standing order* n° 152 (règlement de la Chambre des Communes) prévoit l'existence de 17 commissions permanentes dont la plupart ont pour fonction de surveiller l'action des ministères. Elles sont composées de dix MPs en moyenne. Lorsque le gouvernement publie ses propositions de dépenses, elles les examinent, procèdent à des auditions et s'appuient sur les services d'une équipe de 25 experts constituée, depuis 2002, en un Bureau de contrôle, le *Scrutiny Unit*[2].

Le travail de ces commissions et du Bureau de contrôle est institutionnalisé lors de la présentation des *estimates* (les grandes masses de dépenses annuelles). Le Bureau apporte une aide précieuse aux parlementaires pour analyser l'information fournie par le gouvernement. Le débat devant la Chambre entière est, cependant, très limité. D'abord, seuls certains agrégats de dépenses sont sélectionnés par une commission composée de MPs qui ne font pas partie du gouvernement (*Backbench Business Committee*). Celle-ci retient quatre *estimates* parmi ceux qui sont mis en avant par les parlementaires pour un débat qui dure deux jours. Le reste des propositions est adopté sans amendement et sans débat. Il en va de même du projet de loi qui leur donne ensuite valeur législative (*supply and appropriation act*).

Depuis 1997, le gouvernement présente ponctuellement des programmes pluriannuels de dépenses appelés *spending reviews*. Prévus pour couvrir une période moyenne de trois ans, même si la durée est libre, ils sont aussi examinés par les commissions permanentes. La Commission du Trésor (*Treasury Committee*), chargée de contrôler l'administration

2. Cet organe avait été créé sur la base d'une proposition émise par la Commission sur la procédure dans un rapport de 1999 qui portait déjà sur la procédure applicable aux dépenses publiques. Procedure Committee, Sixth Report of Session 1998–99, *Procedure for Debate on the Government's Expenditure Plans*, HC 295, n° 54.

fiscale, la Banque d'Angleterre, le Trésor britannique et le Bureau pour la responsabilité budgétaire, mène l'enquête et produit un rapport.

Les dépenses de la Chambre des Communes sont pour sa part examinées par une commission « des finances » (*Finance Committee,* en vertu du *standing order* n° 144) composée d'un maximum de onze membres. Une commission similaire existe à la Chambre des Lords.

– La répartition de l'examen des propositions de recettes entre la Commission de la Chambre entière et une commission des lois

Chaque année, le Chancelier de l'Échiquier prononce un discours, appelé *budget speech*, devant la Chambre des Communes. Généralement prévu au mois de mars, le discours porte principalement sur les modifications à venir en matière de recettes, mais tend à inclure aussi le programme de dépenses du gouvernement. Lors de l'annonce d'un budget, la Commission du Trésor s'active. Elle entend des agents du gouvernement ainsi que des experts externes, comme le Bureau pour la responsabilité budgétaire. Elle produit un rapport qui contient des recommandations auxquelles le gouvernement doit répondre. Par convention (connue sous le nom de *budget purdah*), le Chancelier garde le secret jusqu'au discours sur les modifications fiscales proposées. La convention fait l'objet de critiques à l'époque récente[3], d'autant plus que différentes fuites dans la presse l'ont mise à mal[4].

Lors du vote du projet de loi annuelle portant sur les recettes, le travail législatif est réparti entre la Commission de la Chambre entière, c'est-à-dire l'ensemble des membres de la Chambre des Communes réunis hors la présence du *speaker*, et la Commission des lois. En pratique, la Commission de la Chambre entière se penche sur les questions les plus importantes tandis que le détail est laissé à l'appréciation de la Commission des lois.

Plusieurs experts ont proposé de faciliter le travail d'expertise en divisant en deux la loi annuelle portant sur les recettes : une loi générale avec les principales modifications et une loi technique avec les modifications de détail. Cette proposition n'a, pour l'heure, pas été suivie[5].

3. J. RUTTER, Commentary: Budget secrecy has been in its death throes for a long time, UK in a Changing Europe, 26 octobre 2021. https://ukandeu.ac.uk/budget-secrecy/ (consulté le 28 mars 2024).
4. A. SEELY, *The Budget and the annual Finance Bill*, House of Commons Library, n° 813, 13 déc. 2023, p. 52-55.
5. *Ibid.*, p. 15 et 16.

À la dispersion du contrôle *ex ante* entre plusieurs commissions et au faible temps dont disposent les MPs pour étudier les propositions du gouvernement s'ajoute une information perfectible fournie par le gouvernement. La Commission sur la procédure en avait fait le constat en 2016, à l'instar de plusieurs experts[6]. Si des progrès ont été faits, le manque d'expertise interne demeure un problème, ce qui alimente les propositions de réforme.

B. Les pistes envisagées pour renforcer l'expertise financière du Parlement au cours de la procédure budgétaire

Dans son rapport de 2019, la Commission sur la procédure a fait des propositions ambitieuses pour renforcer les capacités d'expertise du Parlement au stade de la procédure. La Commission salue le travail effectué par les différentes commissions, mais elle met en doute « la capacité des commissions permanentes chargées de contrôler les ministères à exercer un contrôle complet et systématique des propositions gouvernementales »[7]. Dans son rapport, la Commission met en avant les exemples de la République d'Irlande, du Canada, de l'Écosse et aussi ceux d'autres pays de l'OCDE qui suivent le modèle du rapport financier, comme l'Allemagne et l'Italie, ou encore celui de la Suède qui propose une division équilibrée du travail entre les commissions. La Commission conclut en proposant la création d'une commission sur le budget dotée d'un Bureau parlementaire sur le budget. Si la proposition n'a pas été suivie, d'autres pistes ont pu être envisagées.

– La proposition de création d'une commission sur le budget dotée d'un Bureau parlementaire sur le budget

Cette proposition avait été faite par deux MPs, Sir Edward Leigh et Dr John Pugh, dans un rapport de 2012 portant sur la procédure financière suivie à la Chambre des Communes[8]. En 2019, la Commission sur la procédure se range à leur avis en considérant qu'une telle commission

6. Procedure Committee, Fifth Report of Session 2016–18, *Authorising Government expenditure: steps to more effective scrutiny,* HC 190, voir notamment les recommandations aux n° 98-100.
7. Procedure Committee, Tenth Report of Session 2017-19, *Should there be a Commons Budget Committee?,* HC 1492, n° 34, p. 13.
8. E. LEIGH, Dr J. PUGH, *Options to Improve Parliamentary Scrutiny of Government Expenditure, Report to the Chancellor,* 2011. http://data.parliament.uk/DepositedPapers/Files/DEP2012-1915/document2012-12-12-142104.pdf&ved=2ahUKEwjIuLikyaGFAxWT

accroîtrait la responsabilité du gouvernement en permettant aux parlementaires de mieux comprendre ses projets[9]. Consciente de la difficulté qu'il y a à distinguer l'appréciation des choix politiques de celle de leur caractère réalisable et réaliste, la Commission propose que le nouvel organe se contente d'un travail d'évaluation. La Commission sur le budget ferait ainsi *ex ante*, le même type de travail que la Commission des comptes publics fait *ex post*. Elle recommande que la Commission travaille directement avec les agents comptables principaux des différents ministères plutôt qu'avec les ministres eux-mêmes. Elle propose aussi qu'elle œuvre pour améliorer la transparence et l'accessibilité des informations financières fournies par le gouvernement. La Commission sur la procédure propose, en outre, que le nouvel organe décide des *estimates* qui seront débattus, en lieu et place du *Backbench Business Committee,* et qu'elle poursuive son travail pour chaque *estimate* tout au long de l'année budgétaire. Elle produirait également un rapport en amont de chaque *spending review*. Enfin, lors de la publication des comptes annuels, elle s'occuperait de vérifier que l'exécution des dépenses est conforme aux prévisions.

Consciente du besoin d'expertise d'un tel organe, la Commission sur la procédure propose de lui adjoindre un bureau parlementaire sur le budget sur les modèles irlandais et canadien.

La création d'une telle administration parlementaire, qui prolongerait le *Scruntiny Unit* existant, lui fournirait l'expertise financière dont elle a besoin, à l'instar de ce que fait le NAO pour la Commission des comptes publics. Il assisterait la Commission pour décider de ses priorités de travail, répondrait aux demandes spécifiques de ses membres et contribuerait à la formation des parlementaires qui sont membres de la Commission.

Le gouvernement a indiqué être défavorable à la proposition et n'a pas donné suite.

– Les autres pistes pour renforcer l'expertise des parlementaires

Sans aller jusqu'à la création d'institutions parlementaires nouvelles, une première piste serait de renforcer les moyens existants, en particulier ceux dont dispose le *Scrutiny Unit.* Une autre piste est celle de l'extension du

RaQEHdXgAowQFnoECBMQAQ&usg=AOvVaw1ZjyutOwfhhqDaC1B661Pm (consulté le 28 mars 2024).

9. Procedure Committee, Tenth Report of Session 2017-19, *Should there be a Commons Budget Committee?*, *op. cit.*, n° 64 et s., p. 21 et s.

mandat de la Commission des comptes publics et du NAO, en s'appuyant sur la réputation de leur action *ex post*. La proposition a été écartée en raison notamment des critiques formulées par plusieurs spécialistes, comme David Heald et Dr Wehner. Les arguments principaux sont le risque d'un alourdissement de leur travail et, surtout, le fait qu'il serait malvenu pour un auditeur de se mêler du travail législatif, puisque cela pourrait affecter la perception de son travail *ex post*[10].

Depuis 2010, les MPs disposent de l'assistance indirecte du Bureau pour la responsabilité budgétaire. Cet organisme public non ministériel doté d'une administration de 45 fonctionnaires environ (41 employés en 2021-2022) a des missions étendues en matière de prévisions, d'analyses économiques, budgétaires et sociales, d'analyses de soutenabilité, de stratégie, de communication et de procédés. Parmi les cinq missions que le Parlement a confiées à l'OBR dans la loi de 2010 qui l'a créé (*Budget Responsibility and National Audit Act 2011*), plusieurs sont utiles aux parlementaires lors de la procédure budgétaire. Outre le fait que le gouvernement doit s'appuyer sur ses prévisions économiques et budgétaires, l'OBR publie deux fois par an des rapports sur l'évolution des finances publiques du pays (*Economic and fiscal Outlook* et *Forecast evaluation report*) dans lesquels les annonces gouvernementales en matière de recettes sont analysées. Il publie chaque année un rapport sur les risques budgétaires dans lequel il analyse la soutenabilité des finances publiques (*Fiscal risks and sustainability reports*). Il publie aussi tous les deux ans un rapport sur les dépenses sociales (*Welfare trends report*). Ces rapports sont exploités par les MPs au cours de la procédure, même si celle-ci ne leur offre que peu de moyens pour peser sur les choix du gouvernement. Si ce dernier n'a pas beaucoup à craindre de la Chambre des Communes lors de la procédure, les choses sont différentes en cours d'exécution et lors de la publication des comptes publics.

II. – LA FORTE AUTONOMIE DU PARLEMENT DANS L'EXERCICE DE SES MISSIONS *EX POST*

La Commission des comptes publics et le NAO jouent un rôle crucial en matière de contrôle et d'audit (A). Le Parlement peut aussi compter sur l'assistance indirecte d'autres organismes publics et privés (B).

10. *Ibid.*, n° 104, p. 29 et 30.

A. L'apport de la Commission des comptes publics et du Bureau national d'audit (NAO)[11]

La Commission des comptes publics est une commission permanente depuis 1862. Vers 1866, la pratique s'établit de désigner son président (*chair*) parmi l'opposition. À partir de 1871, elle devient une convention parlementaire durable. Entre 2017 et 2024, la présidente était Meg Hillier, membre du parti travailliste. En vertu du *Standing order* n° 148, la Commission, qui ne peut comporter plus de 16 membres, a une mission de contrôle très général : celle de « contrôler les comptes qui présentent l'*appropriation* des sommes accordées par le Parlement en vue de couvrir les dépenses publiques, et les autres comptes présentés au Parlement lorsque la Commission en fait la demande ». L'essentiel de son travail intervient donc en aval du processus budgétaire. Comme l'appréciation des résultats financiers des administrations publiques nécessite un travail d'enquête sur l'ensemble de la gestion publique du gouvernement, la Commission a développé une interprétation extensive de son rôle qui lui permet de contrôler l'ensemble des finances publiques dans une démarche *ex post*, c'est-à-dire sans se mêler de la décision budgétaire elle-même.

Elle dispose de pouvoirs étendus et peut rendre des rapports à sa guise. Les personnes qu'elle entend sont protégées par le privilège parlementaire qui les empêche de faire l'objet de poursuites devant un juge (article 9 du *Bill of Rights*). Près de 90 % de ses recommandations sont suivies par le gouvernement[12].

Dans l'exercice de sa mission de contrôle, la Commission peut s'appuyer sur le NAO, notamment sur ses rapports *value for money*. Créée par une loi de 1993 (*National Audit Act*), cette administration intégrée au Parlement dispose de moyens conséquents pour mener des audits des comptes des organismes publics. Son budget, qui était de 91 millions de livres sterling en 2023-2024, est préparé par la Commission des comptes publics et ses comptes font l'objet d'un audit externe. Il est dirigé par le Contrôleur et Auditeur Général (actuellement James Murray) qui organise son travail et est responsable devant la Commission des comptes publics. Depuis une réforme de 2011, il est

11. Pour aller plus loin, voir A. GUIGUE, *Les finances publiques du Royaume-Uni*, Bruxelles, Bruylant, coll. Finances publiques, 1re éd., 2020, p. 292 et s.

12. National Audit Office, *Annual Reports and Accounts 2022-23*, Londres, NAO, 29 juin 2023, p. 8. Entre le 1er avril 2019 et le 31 mars 2022, 727 recommandations ont été totalement ou partiellement suivies d'effet, sur un total de 795, soit 91 %.

doté d'un conseil de direction composé de 13 personnes et dirigé par un président. Il emploie près de 1 000 employés permanents[13]. 70 % des dépenses du NAO sont consacrées à des dépenses de personnel.

La mission principale du NAO est de contrôler les dépenses publiques et de faire l'audit des comptes des ministères, des agences exécutives, d'organismes qui se situent dans le périmètre de l'Exécutif, d'entreprises dont le contrôle est requis par la loi ou sur une base volontaire, et les organismes de bienfaisance. Le total avoisine 400 comptes (406 pour 2022-2023), qui sont certifiés par le Contrôleur et Auditeur Général avant une présentation au Parlement. Le NAO effectue aussi des études portant sur l'économie et sur les dépenses publiques selon la règle des trois « e » : économie, efficience et efficacité (*value for money*). Si l'essentiel de son activité est lié à celle de la Commission des comptes publics, il produit aussi des rapports et des travaux à la demande des commissions permanentes en charge des ministères. En tout, il publie chaque année près de 60 rapports *value for money* (62 pour 2022-2023) qui se concluent par des recommandations. Il a aussi développé un travail d'analyse du fonctionnement des services publics, ainsi que des guides de bonne pratique.

Les parlementaires des deux chambres peuvent lui demander de produire des rapports particuliers et lui poser des questions de manière très libre sur les dépenses publiques et leur efficacité, ainsi que sur les comptes annuels. Le NAO a déterminé une stratégie sur cinq ans dans le but d'améliorer sa mission d'assistance au Parlement.

En marge de ses missions parlementaires, le NAO fait des missions d'audit pour des organisations internationales, travaille en collaboration avec les institutions supérieures de contrôle étrangères et assiste des institutions de contrôle de pays qui bénéficient de l'aide du Royaume-Uni. Le NAO a enfin produit un Code pratique de l'audit (*Code of Audit Practice*) qui a été approuvé par le Parlement et qui est respecté par les contrôleurs des autorités locales et des autorités de santé.

B. L'assistance indirecte d'autres organismes publics et privés

Le travail du Bureau pour la responsabilité budgétaire constitue aussi une aide indirecte du Parlement en matière de contrôle *ex post*. L'une de ses cinq missions est celle de l'évaluation de la performance

13. Dans les comptes 2022-2023 : 909 personnes sont employées à temps plein, 24 employées à titre temporaire. National Audit Office, *Annual Report and Accounts 2022-23*, Londres, NAO, HC 1515, 29 juin 2023, p. 125-16, tableau 24.

du gouvernement. Ainsi, dans ses rapports portant sur les prévisions économiques et budgétaires, il compare les résultats financiers du gouvernement aux objectifs qu'il avait annoncés. Les parlementaires peuvent alors s'appuyer sur ses conclusions pour demander des comptes au gouvernement. L'efficacité de la démarche est augmentée par l'indépendance dont bénéficie l'OBR, surtout à l'égard du Parlement.

Depuis 2020, l'OBR organise lui-même « des tables rondes régulières avec un ensemble de *thinktanks* qui ont une expertise macroéconomique dans le but de discuter des évolutions récentes en matière économique et budgétaires et des questions pertinentes pour ses propres prévisions et analyses ». Des organismes tels que l'*Institute for Fiscal Studies*, l'*Institute for Government*, le *National Institute for Economic and Social Research* et la *Resolution Foundation* ont régulièrement participé à ces discussions et partagé leurs idées[14].

Toutes ces institutions produisent des travaux utiles pour les parlementaires. Parmi les plus écoutés, l'*Institute for Government* commente systématiquement les annonces du gouvernement et informe le public d'éventuelles incohérences. Jill Rutter, ancienne fonctionnaire britannique, en est l'une des membres les plus actives et ses nombreuses publications sont très influentes à la Chambre des Communes.

Enfin, il est un organe interne au Parlement dont le rôle tout à fait original mérite d'être signalé. Il s'agit du Centre de documentation de la Chambre des Communes. Parmi les 150 personnes qu'il emploie, on retrouve des statisticiens, des documentalistes, des chargés de communications, mais aussi et surtout des experts. Leur travail offre un appui considérable aux parlementaires qui peuvent les solliciter pour se former ou pour leur poser toute question qui relève de leur champ de compétence, y compris des analyses portant sur les politiques publiques. Les innombrables rapports publiés dans un souci d'indépendance et d'impartialité sur le site du Centre de documentation comportent de nombreuses analyses budgétaires. L'accessibilité de leur travail dépasse le cadre parlementaire puisqu'ils ont aussi pour mission de répondre à toute demande d'information émanant du public.

14. Office for Budget Responsibility, https://obr.uk/about-the-obr/who-we-are/ (consulté le 28 mars 2024).

Chronique des finances de l'Union européenne

Les aspects budgétaires de l'adhésion de l'Ukraine

Nicolas-Jean BRÉHON

Conseiller honoraire au Sénat

RÉSUMÉ

L'annonce d'une adhésion possible de l'Ukraine à l'Union européenne (UE) est avant tout un acte politique qui marque le soutien européen au pays attaqué par la Russie. Cette adhésion serait pour l'UE, sur le plan budgétaire, un défi considérable tant par les financements impliqués que par les engagements financiers. L'expérience montre que toutes les adhésions ont entraîné des infléchissements dans ce domaine. Il en sera de même. L'adhésion de l'Ukraine posera la question des dépenses militaires européennes.

The news of Ukraine's possible accession to the European Union (EU) is first and foremost a political gesture of European support for a country under attack from Russia. In financial terms, accession would represent a considerable challenge for the EU, in view of both the funding involved and the financial commitments. Experience has shown that all accessions have led to changes in this area. This will be no different. Ukraine's accession will raise the question of European military spending.

L'annonce d'une adhésion possible – prochaine ? – de l'Ukraine à l'Union européenne (UE) est avant tout un acte politique qui marque le soutien européen au pays attaqué par la Russie. Si l'entrée dans « la famille européenne » est un avers prometteur, cette adhésion serait pour l'UE, sur le plan budgétaire, un défi considérable. Cette note a pour objet de lister les dépenses en jeu.

I. – LES DÉPENSES LIÉES À L'ADHÉSION DE L'UKRAINE, PAYS À FAIBLE NIVEAU DE VIE

A. Les leçons de l'expérience

1. L'écart de niveau de vie, facteur décisif de l'appui européen

Chaque élargissement s'accompagne d'inflexions et de transferts budgétaires en direction des nouveaux États membres (EM). Surtout lorsqu'il s'agit de pays dont le niveau de vie, mesurée par le PIB/habitant, est faible par rapport à la moyenne européenne. Or, à l'exception de 1995, les adhésions ont concerné des pays de moins en moins riches. En 1973, les adhérents (Royaume-Uni, Danemark, Irlande) avaient un niveau de vie moyen proche de celui des anciens membres. En 1981-1986 (Grèce, Espagne, Portugal), l'écart de niveau de vie était de 30 %. En 2004-2007, il atteignait 60 %. Cette fois, le niveau de vie des pays candidats[1] n'atteint que le tiers du niveau européen.

Les disparités de niveau de vie et les élargissements
PIB/habitant – montant et dispersion

		1973	1981-86	2004	2007	20??
Nombre EM	6	9	12	25	27	33
Moyenne UE en euros courants		3 231	11 366	27 220	24 550	37 610
Moyenne UE = 100		100	100	100	100	100
Nouveaux entrants		89	51	23	20	18

1. Au 1er septembre 2024, neuf États ont le statut de candidat à l'UE. La Turquie (1999), la Macédoine du nord (2005), le Monténégro (2010), la Serbie (2012), l'Albanie (2014), l'Ukraine (2022), la Moldavie (2022), la Bosnie-Herzégovine (2022), la Géorgie (2023). Le Kosovo a déposé sa candidature (2022) mais n'a pas le statut de candidat, statut accordé par le Conseil à l'unanimité.

	1973	1981-86	2004	2007	20??
État entrant/ candidat le plus pauvre (en euros courants)	59 (Irlande)	31 (Portugal)	19 (Lettonie 5 180 €)	16 (Bulgarie 4 240 €)	11 (Ukraine 4 176 €)
Moyenne UE en euros/SPA			24.759	25,100	35.459
Moyenne UE = 100	100	100	100	100	100
Nouveaux entrants	**104**	**70**	**40**	39	**32**
État entrant/ candidat le plus pauvre (en SPA)	61 (Irlande)	54 (Portugal)	40 (Lettonie 10 032)	39 (Bulgarie 9 970)	22 (Ukraine 8 000)

Source : Eurostat (sauf Ukraine : Banque mondiale) traitement auteur.

2. Des transferts massifs

a) Les aides de préadhésion. L'UE a préparé la grande vague d'adhésions de 2004 par des aides à la transition vers l'économie de marché[2] dès 1990 suivies à partir de 2000 d'aides de préadhésion *stricto sensu*, sorte d'apprentissage des futures aides européennes. L'ensemble a représenté 17 milliards d'euros en quinze ans. Cette procédure s'applique à nouveau aux candidats des Balkans, via un *Instrument de préadhésion III* (IPA III). Dès lors que la candidature de l'Ukraine est reconnue[3], elle aurait dû être éligible aux aides de préadhésion. L'IAP III n'a toutefois pas encore été modifié tant l'Ukraine est manifestement un cas particulier.

b) Les aides aux nouveaux membres. Dès 2004, les nouveaux États membres (NEM) ont bénéficié pleinement (fonds structurels) ou partiellement (PAC) des ressources du budget européen. Toutes politiques confondues et déduction faite des contributions nationales au budget

2. Le premier programme PHARE de 1990 était destiné à soutenir les pays d'Europe centrale et orientale (PECO) dans leur transition vers le marché (7,5 milliards d'euros). Il a été suivi des aides de préadhésion entre 2000 et 2004 (programmes Phare, Sapard et Ispa) à hauteur de 3,12 milliards par an. Au total, en quinze ans, les aides aux PECO ont été de l'ordre de 17 milliards d'euros.

3. L'Ukraine a présenté sa demande d'adhésion le 28 février 2022, soit quatre jours après l'invasion russe. Le statut de pays candidat lui a été accordé par le Conseil européen le 23 juin 2022.

européen, les transferts budgétaires nets aux dix nouveaux membres de 2004-2007 ont représenté en moyenne 24 milliards d'euros par an.

Transferts budgétaires nets en provenance du budget de l'UE
L'élargissement aux nouveaux États membres (NEM) de 2004-2007

NEM (sélection)	Total 2008/2017 milliards €	Moyenne annuelle milliards €	En % du PIB	Euro/hab. (moyenne annuelle)
Pologne	93 158	9,31	2,35 %	241
Hongrie	35 417	3,54	3,65 %	347
Tchéquie	27 016	2,7	1,83 %	265
Roumanie	30 918	3,09	2,1 %	137
Bulgarie	12 934	1,29	3,23 %	157
Ss total Pl, Bulg/Ro	137 010	13,7	2,56 %	179
Total NEM	242 151	24,2	2,6 %	208

Source : Commission rapports financiers, soldes nets définition correction britannique, traitement auteur.

3. L'expérience des adhésions comparables de 2024-2007 : Pologne, Roumanie, Bulgarie

L'UE peut tirer des leçons de l'adhésion de trois pays en particulier. Il s'agit de la Pologne, pays de référence naturelle par sa taille et sa population comparables à celles de l'Ukraine, et de la Bulgarie et la Roumanie qui ont des niveaux de vie voisins à celui de l'Ukraine. Les transferts européens vers ces trois pays se sont montés à 13,7 milliards d'euros par an, soit 2,56 % de leur PIB, en moyenne annuelle au cours des dix années qui ont suivi leur adhésion. Certes, les subventions européennes ne sont pas à elles seules un passeport pour la croissance et la santé d'une économie. L'accès à un marché intérieur à 28, les investissements des grandes entreprises de l'ouest qui délocalisent une part de leur activité, la fiscalité, etc. ont également leur rôle. Mais la dynamique de l'adhésion est indéniable : le niveau de vie des nouveaux EM a doublé en 20 ans. En Pologne, le PIB par habitant a presque triplé (de 10 000 à 28 000 euros) ce qui lui permet d'atteindre 82 % de la moyenne européenne. Un exemple regardé avec attention par l'Ukraine. Les deux pays avaient le même niveau de vie lors de la dislocation du bloc soviétique. En 2022, l'écart entre les deux pays est de 1 à 4.

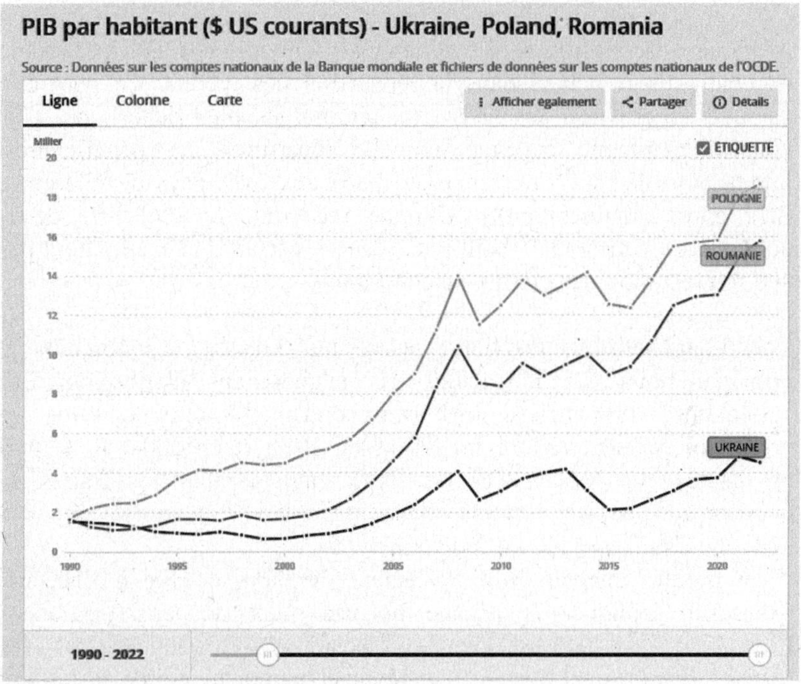

Source : Banque mondiale.

B. L'impact de l'élargissement sur les dépenses

Trois types de dépenses sont affectés par ce prochain élargissement :

1) La politique de cohésion. Jusqu'à la mise en place des plans de sauvetage (2010-2015) et de relance (2020) financés par des mécanismes de prêts et de garanties, la solidarité financière entre EM passait par les subventions du budget de l'UE. La politique de cohésion en était le principal levier budgétaire. Elle a été naturellement actionnée lors de l'élargissement de 2004. Plus de 1 000 milliards ont été engagés en 20 ans. Le principe est simple : plus un pays/une région est pauvre (sur le critère de la richesse par habitant) et plus il/elle est subventionné/e : les montants qui lui sont consacrés sont plus importants et les taux de cofinancement sont plus élevés. Chaque élargissement modifie la répartition des crédits entre EM. Les anciens bénéficiaires doivent partager avec les entrants, notamment la Pologne qui a capté à elle seule près de 20 % du total (220 milliards en 20 ans).

Il en sera de même avec une nouvelle vague d'adhésion. La politique de cohésion sera évidemment sollicitée. Ce qui impliquera un changement radical dans la répartition des crédits. Ce peut être par une suppression des aides aux régions les plus riches[4], ou, plus vraisemblablement, par une nouvelle répartition des bénéficiaires. Sur la base de l'aide moyenne attribuée aux trois pays de référence, (272 euros par habitant), l'Ukraine recevrait, au seul titre de la politique de cohésion 10 milliards d'euros par an. L'UE n'évitera pas une réaffectation des crédits de cohésion.

2) L'agriculture, deuxième poste sous pression, est toujours le principal point d'achoppement des négociations d'adhésion. Les agriculteurs des anciens EM appréhendent toujours l'arrivée de nouveaux concurrents. Ce fut le cas en 1986 et en 2004. Il en sera de même cette fois-ci. Pour se limiter aux aspects budgétaires, la question qui se pose est celle du montant des aides aux revenus des agriculteurs. Cette aide est à deux niveaux.

Le premier niveau est le paiement de base, calculé à l'hectare. Comment appliquer le régime de base aux nouveaux entrants ? L'expérience de 2004 est utile. Deux positions s'affrontaient alors : les entrants demandaient l'application pleine et entière du régime de la PAC, tandis que les anciens souhaitaient tenir compte des niveaux de prix. Le consensus s'est fait sur un départ à un niveau bas suivi d'une montée en puissance progressive pour arriver à un niveau acceptable en 2013. C'est ce qu'on appelle la convergence externe. Mais même avec une montée en puissance comme en 2004, le régime d'aide à la surface exploserait : l'Ukraine compte 42 millions d'hectares de surface agricole utile, autant que la France et l'Allemagne. À moins de prévoir un dispositif d'écrêtement au-delà d'une certaine surface (50, 100 hectares ?). Une proposition à laquelle l'Allemagne a toujours été hostile compte tenu de la taille des exploitations en ex-République Démocratique Allemande[5].

Le deuxième niveau est celui de l'écorégime qui correspond à l'orientation verte de la PAC. La valorisation des haies, des arbres isolés ou des bords de ruisseaux paraîtra difficile à appliquer à une exploitation ukrainienne comme la « ferme » Kernel – ses 515 000 hectares, sa flotte de 3 000 wagons, son terminal portuaire, ses silos de 2 millions de tonnes, ses semoirs à 24 rangs et ses satellites.

4. 413 millions de subventions pour la période 2021-2027 en Île-de-France par exemple.
5. Dans les Länder de l'Est, la structure agricole est héritée de l'ex-RDA, caractérisée par des grandes exploitations. À l'Est, la taille moyenne est de 246 ha (55 ha en France) source Minisitère de l'agriculture, les politiques agricoles à travers le monde, Allemagne 2008

Pour le dire simplement : ni le calcul à l'hectare, ni l'éco-régime ne sont applicables en l'état à l'agriculture ukrainienne. Une étude du Conseil aurait chiffré le coût de l'adhésion sur les bases actuelles de la PAC, à 96,5 milliards d'euros en 7 ans soit 19 milliards par an[6]. Même sur la base d'une réduction de 50 % des deux paiements, la PAC appliquée à l'Ukraine représenterait 9 à 10 milliards par an.

3) Troisième poste : **les dépenses diverses**

Dépenses de cohésion et dépenses agricoles représentent 90 % des dépenses aux nouveaux membres. D'autres postes sont également impactés par l'élargissement. Ce serait le cas, par exemple, de Frontex (agence des gardes-frontières de l'UE). Les dépenses de fonctionnement au sein des différentes institutions européennes sont également impactées. Il est d'usage que le personnel travaillant en leur sein respecte une relative proportionnalité entre EM. Pour les citoyens Ukrainiens, l'élection au Parlement européen (PE) et entrée dans la fonction publique européenne représenteraient un saut qualitatif considérable, compte tenu des écarts de rémunération (30 ou 40 fois plus élevée que le salaire moyen ukrainien). Pour se limiter au PE, la vague d'adhésion de 2004 s'était accompagnée du recrutement de 1 100 personnes.

Au total, les dépenses liées à l'adhésion de l'Ukraine, nouvel EM, peuvent être estimées à 20 milliards par an. Mais c'est sans considérer la situation de l'Ukraine, État en guerre.

II. – LES DÉPENSES DE L'UE VERS L'UKRAINE, PAYS CANDIDAT EN GUERRE

L'intégration de l'Ukraine suppose que la guerre soit terminée. Il n'est pas concevable de faire adhérer un pays en guerre ouverte avec un voisin. Une telle situation entraînerait *ipso facto* les EM dans la guerre. Indépendamment de toute considération stratégique, cet enchaînement résulte de la simple application des traités européens, en particulier de la clause de défense mutuelle[7]. Un article activé par la France après les attentats du Bataclan en novembre 2015. Sauf à vouloir expressément

6. Euractiv 6 octobre 2023.

7. Art. 42 point 7 du traité sur l'Union européenne : « *Au cas où un État membre serait l'objet d'une agression armée sur son territoire, les autres États membres lui doivent aide et assistance par tous les moyens en leur pouvoir, conformément à l'article 51 de la charte des Nations unies* ».

l'engagement militaire européen contre la Russie, l'adhésion de l'Ukraine suppose donc que les hostilités aient définitivement pris fin. Plusieurs postes sont alors impliqués.

A. Les dépenses civiles

1. Les dépenses humanitaires et liées aux réfugiés civils

– **Le soutien aux Ukrainiens**. Il y a d'abord des dépenses courantes dans les zones ou pays en guerre. Qu'il s'agisse des **aides humanitaires** aux populations civiles (nourriture, eau, voire aide en espèces. Cette aide aurait bénéficié à 9 millions d'Ukrainiens), les **aides aux réfugiés** et aux familles accueillant les réfugiés en Moldavie, ou les dépenses de **protection civile** (fourniture de groupes électrogènes, matériel médical…). Ces aides représentent 1,6 milliard d'euros sur le budget de l'UE en 2022-2023.

– **L'appui aux États membres qui accueillent des réfugiés ukrainiens**. Il s'agit cette fois d'une aide inhabituelle. 4 millions de réfugiés sont restés dans les EM[8]. L'UE a activé le dispositif de protection temporaire applicable en cas d'arrivée massive de personnes dans un EM[9]. Mais les États d'accueil sont également aidés. Soit par une aide spécifique comme en Moldavie, soit en mobilisant les fonds disponibles sur les crédits existants, qu'il s'agisse du fonds de cohésion, de l'ancien fonds d'aide aux plus démunis[10] ou en prélevant sur le plan de relance post covid REAC-EU[10]. L'ensemble représente 17 milliards d'euros (7 milliards des fonds de cohésion et 10 milliards du plan de relance[11]). Il ne s'agit pas de crédits supplémentaires mais plutôt de crédits existants fléchés sur les réfugiés ukrainiens.

8. « Guerre en Ukraine : un an d'accueil des réfugiés dans l'UE », Vie publique, 15 mars 2023. Le nombre de réfugiés pendant les guerres balkaniques n'avait été que de 750 000.
9. Le dispositif de protection temporaire a été créé lors des guerres balkaniques (directive 2001/55/CE). Il offre une protection immédiate et collective (il n'est pas nécessaire d'examiner les demandes individuelles) aux personnes déplacées. Les personnes entrent évidemment sans visa dans les EM. Elles bénéficient d'une possibilité d'accéder à l'emploi (sans attendre le délai de six mois applicables aux demandeurs d'asile), à un logement, et de moyens de subsistance. L'application à l'Ukraine résulte de la décision d'exécution n° 2022/382 du Conseil 4 mars 2022.
10. Le fonds est destiné à apporter une aide alimentaire et matérielle aux plus démunis. En France, les restos du cœur sont un des principaux bénéficiaires. En 2021, ce fonds a été intégré au fonds social européen FSE +.
11. Source : Conseil européen, conseil de l'UE, solidarité avec l'Ukraine (non daté) et « Les fonds européens aux réfugiés ukrainiens sont-ils suffisants ? », Euronews, 18 mai 2022.

2. L'assistance financière

L'Ukraine ne peut financer ses dépenses courantes sans aide extérieure. L'assistance macro financière (AMF) répond à cette urgence. L'AMF a été créée en 1990 lors des grands changements géopolitiques dans le but d'aider les pays qui connaissaient des difficultés de court terme. Jusqu'à la guerre, les AMF ont été un complément de la politique de voisinage et de préadhésion. Elles ont également été utilisées pendant la pandémie COVID. L'AMF prend principalement la forme de prêts sans affectation particulière, souvent adossés à une contribution du FMI, conditionnée à des engagements de réformes. Les prêts sont financés par des emprunts sur les marchés des capitaux et sont rétrocédés aux pays bénéficiaires à des conditions favorables.

Avant la guerre, l'Ukraine était déjà bénéficiaire de cinq programmes d'AMF à hauteur de 5 milliards d'euros destinés à la lutte contre la corruption et l'amélioration du climat des affaires[12]. L'aggravation des tensions avec la Russie avait incité l'UE à préparer une nouvelle AMF, toujours dans le cadre de la politique de voisinage. La guerre a évidemment changé le contexte. Cinq assistances macro financières à l'Ukraine ont été décidées depuis le début de l'offensive russe.

– **2022 : Les AMF classiques**. La première AMF a été adoptée le jour même de l'offensive russe. Les deuxième et troisième dites AMF exceptionnelles font mention de la guerre d'agression. Ce premier train d'AMF porte le soutien financier de l'UE à l'Ukraine à 7,2 milliards d'euros. Ce soutien a permis de payer les salaires et les pensions, d'assurer le fonctionnement des services publics essentiels (hôpitaux, écoles…) et de rétablir des infrastructures critiques détruites par la guerre.

– **2023** : **« L'instrument de soutien à l'Ukraine pour 2023 »** dite assistance macrofinancière + (AMF +). L'AMF + a été adoptée en décembre 2022. Le pays est désormais candidat à l'adhésion. L'AMF + est plus massive (18 milliards d'euros sur 35 ans). Les prêts sont dits « hautement concessionnels » avec un déport des remboursements après 2033.

– **2024 : la facilité pour l'Ukraine**. En 2024, l'UE adopte un nouveau plan d'aide, la facilité pour l'Ukraine. Le soutien est massif (50 milliards entre 2024 et 2027), mêle prêts à long terme (33 milliards à 35 ans) et subventions (17 milliards). Ce nouveau

12. EUR-Lex assistance macrofinancière à l'Ukraine, 27 février 2023.

soutien dépasse le cadre de l'aide ponctuelle pour faire face aux difficultés budgétaires et s'inscrit dans la perspective d'adhésion en prenant en compte, par exemple la transition écologique. Sur le plan budgétaire, cette « facilité » contient quelques innovations, notamment sur les garanties de prêts. Le cadre financier pluriannuel (CFP) et le règlement financier ont été adaptés en conséquence en février 2024[13].

Les différences entre ces assistances financières portent sur le mix subventions/prêts, le niveau des bonifications, le début et les durées de remboursements et le partage des garanties, entre UE et EM. Des divergences sont apparues sur ce point entre EM, la Hongrie acceptant le principe du prêt mais refusant de faire jouer la garantie des EM.

Assistance financière de l'UE à l'Ukraine
Tableau récapitulatif des engagements

Dénomination courante	Référence normative	Montant prévu (Mds €)	Montant versé (au 01/03/2024) (Mds €)	Durée	Clause part taux d'intérêt	Report du rbt
AMF avant 2022	Cinq AMF différentes	5 Mds	5 Mds	15 ans	non	non
AMF d'urgence	Dcs 2022/313, PE et Conseil du 24/02/2022	1,2 Md	1,2 Md	15 ans	non	non
AMF exceptionnelle	Dcs 2022/1201, PE et Conseil du 12/07/2022	1 Md	1 Md	25 ans	Bonif i et frais budget UE	non
AMF exceptionnelle	Dcs 2022/1628, PE et Conseil du 20/09/2022	5 Mds	5 Mds	25 ans	Bonif i et frais budget UE	non

13. Lors de la révision du cadre financier pluri annuel, en février 2024, les plafonds budgétaires totaux ont été rehaussés de 64,6 milliards d'euros. Cette hausse était rendue nécessaire par cette nouvelle « facilité pour l'Ukraine ». C'en était même « la raison d'être ». La vérité sur l'accord budgétaire, Euronews, 3 février 2024.

Dénomination courante	**Référence normative**	**Montant prévu (Mds €)**	**Montant versé (au 01/03/2024) (Mds €)**	**Durée**	**Clause part taux d'intérêt**	**Report du rbt**
Instrument d'assistance macro financière dit AMF +	Rglt 2022/2463, PE et Conseil du 14/12/2022	18 Mds	18 Mds	35 ans	Bonif i et frais budget UE et EM	2033
Facilité pour l'Ukraine	Rglt 2024/792, PE et Conseil du 29/02/2024	50 Mds (dont 33 Mds de prêts)	4,5 Mds	35 ans	Bonif i et frais budget UE et EM	2034

AMF : assistance macrofinancière ; Dcs : décision ; Rglt : règlement ; i : intérêt

B. Les dépenses militaires

1. La fourniture de matériels militaires et de munitions

– Le dispositif

La Facilité Européenne pour la Paix (FEP) répond à cette urgence et est l'instrument principal de l'aide militaire européenne. La FEP occupe une place singulière dans le système européen tant sur le plan politique que budgétaire. C'est l'avancée la plus marquante de l'UE dans le domaine militaire. Lorsqu'elle fut créée en 2021, la FEP était destinée à prévenir les conflits et renforcer la stabilité internationale au travers un pilier « opérations » et un pilier « assistance », elle-même scindée en deux volets. L'un, classique, concerne la formation de personnel. L'autre, nouveau, permet de renforcer les capacités militaires des États en fournissant des matériels non létaux et létaux. En vérité, la FEP était conçue comme un outil d'assistance militaire, mais mesurée et provisoire, pour aider les pays africains faisant face à des défis sécuritaires. Ce volet assistance fut activé en 2021 dans le cadre d'opérations limitées[14]. Sur le plan budgétaire, les dépenses relevant de la FEP ne sont pas financées par le budget mais directement par les États selon une clé de répartition particulière[15].

14. La FEP fut activée dès 2021. Au Mozambique pour fournir une aide en formation et en matériel (cf. FEP 19 novembre 2021). Puis au Mali, en Géorgie, en Moldavie et en Ukraine (cf. FEP 2 décembre 2021).

15. Art 41 §2 du TUE. Le financement est proportionnel à la part du pays dans le RNB de l'UE. La France finance 18 % du dispositif soit légèrement plus que sa part dans le budget

Le recours à la FEP s'imposa tout naturellement dès le début du conflit en Ukraine, quitte à déborder de sa vocation initiale. Avec de tout autres enjeux militaires et financiers. Dès le 28 février 2022, soit quatre jours après le début de l'invasion de l'Ukraine, l'UE débloquait 500 millions. La dotation prévue pour la période 2021-2027 (5,6 milliards d'euros) fut épuisée en un an. À trois reprises, le plafond fut rehaussé pour soutenir les forces ukrainiennes dans l'acquisition de matériels militaires, y compris létaux, pour atteindre 17 milliards d'euros, soit plus qu'un triplement de la dotation initiale[16]. Il ne s'agit que de l'aide européenne (hors aide militaire bilatérale). 11,1 milliards ont déjà été engagés entre 2022 et 2023. 2,5 milliards par an sont programmés à partir de 2024.

Comment s'est déroulée l'aide militaire ? Armes et munitions ne sont pas fournies par l'UE mais sont remboursées aux EM. L'aide militaire se définit au regard des besoins opérationnels. Il y a eu deux temps bien distincts. *« Au début de l'offensive russe, les Ukrainiens avaient besoin de matériels immédiatement utilisables par ses armées : en d'autres termes, de matériels soviétiques »*[17]. Plusieurs EM ont ainsi vidé leur stock hérité du pacte de Varsovie, joignant, opportunément, l'utile à la solidarité. Dans un second temps, l'aide militaire s'est élargie à d'autres EM et à d'autres matériels, plus récents. Après l'épuisement des stocks des pays de l'Est, ce sont des matériels militaires « occidentaux » qui sont fournis à l'Ukraine.

– Les difficultés d'application

Cet appui unanime n'a cependant pas été sans difficultés pratiques. Les remboursements sont évalués au sein de l'état major de l'UE et décidés à l'unanimité. Le remboursement est subordonné à l'adéquation des livraisons aux besoins prioritaires des forces armées ukrainiennes et à la réception des matériels (pour éviter une éventuelle revente sur les marchés parallèles…). La valorisation des matériels a été débattue. Le remboursement se fait sur la base du prix de remplacement. En 2022, les

de l'UE (17 %). Ce type de financement hors budget n'est pas nouveau. Ce fut longtemps celui du fonds européen de développement (le FED) consacré à l'aide européenne à l'Afrique avant de rejoindre le budget européen en 2021.

16. Le plafond initial de la FEP soit 5,69 milliards d'euros sur la période 2021-2027 a été rehaussé en 2023 et 2024 pour atteindre 17 milliards d'euros, avec un fonds dédié à l'assistance à l'Ukraine. Voir Conseil européen conseil de l'UE, facilité européenne pour la paix.

17. Lionel ROYER-PERREAUT et Christophe NAEGELEN, rapport sur le bilan du soutien militaire à l'Ukraine, rapport AN 1840, seizième législature, 8 novembre 2023.

premiers remboursements se faisaient à 85 % de la valeur. Le taux est tombé à 46 %. Cela n'a pas été sans tiraillements entre EM. Quelques EM (et quelques parlementaires[18]) s'étonnaient que le matériel datant de l'URSS soit facturé au prix du matériel neuf, de surplus non européen[19].

2. *La formation*

Dès 2022, le Conseil a engagé un programme de formation des troupes ukrainiennes. Il s'agit de la mission d'assistance militaire de l'UE (EUMAM)[20]. L'EUMAM Ukraine vise à assurer des formations individuelles et collectives spécialisées (médecine de guerre, déminage, transmissions…) et la coordination des actions des EM. Le soutien financier est de 362 millions d'euros financés par le budget de la FEP. Les centres de formation sont établis principalement en Pologne et en Allemagne. Les EM peuvent aussi dispenser des formations à l'utilisation de leur matériel[21].

3. *L'entrée dans la guerre longue : la production des munitions et des matériels*

L'histoire militaire enseigne que le sort d'une guerre repose sur trois éléments : les munitions, la logistique[22], la force morale. L'approvisionnement en munitions s'est fait en trois temps. Il y a eu d'abord les prélèvements sur les stocks des EM, financés par la FEP. Ensuite, est venue la commande conjointe de munitions, égalcment financée par la FEP. Le troisième temps, une fois les stocks épuisés, est celui de la production industrielle. La demande ukrainienne s'ajoutant à celles des pays européens inquiets pour leur sécurité, la production exige

18. Voir notamment question écrite N° 05142 de Marie-Noëlle LIENEMANN, 16e législature, 9 février 2023.
19. La question s'est notamment posée dans le cas de la Pologne. En l'espèce, le remplacement de matériels a porté sur les avions de combat (le Mig 29 remplacé par des F 35 américains), des chars (les T 72 des années 1970 remplacés par les Abrams américains et les Black Panther sud-coréens) ou des obusiers eux aussi coréens.
20. Décision (PESC) 2022/1968 du Conseil du 17 octobre 2022 relative à une mission d'assistance militaire de l'Union européenne en soutien à l'Ukraine.
21. La France vise la formation de 6 000 soldats. 2 000 dans les unités de métropole 4 000 via les centres de formation en Pologne. 200 militaires français participent à cette formation en Pologne.
22. En six mois de guerre, 1 million de tonnes d'armement a été livré à l'Ukraine. Rapport AN, *op. cit.*

un investissement collectif massif. C'est cette idée qui est à la base de l'ASAP (Act to Support Ammunition Production) qui vise à soutenir la montée en puissance des capacités européennes de production de munitions et de missiles[23]. Ce « plan munitions » vise à atteindre une production d'un million d'obus en 2024, deux millions en 2025. L'ASAP n'est plus un fonds extra budgétaire activé au coup par coup à l'unanimité mais un chapitre du budget européen avec une subvention pré établie (500 millions). Il doit être engagé en deux ans entre 2023 et 2025.

Ce fonds consacré aux munitions a été suivi très peu de temps après par un nouvel instrument visant à renforcer l'industrie européenne de la défense (EDIRPA)[24], fonds de 310 millions (sur la période 2024/2025) consacré cette fois aux commandes conjointes à l'industrie européenne de défense.

C. Récapitulatif : l'UE, premier financeur de l'Ukraine

1. Le classement du Kiel Institute

Le montant des aides est imprécis. Il y a tant de sources différentes, de dispositifs qui se cumulent, s'enchevêtrent, avec les aides de l'UE et les aides bilatérales, les subventions et les prêts, avec un écart entre ce qui est annoncé, ce qui est engagé, ce qui est payé. En dépit de ces difficultés, le montant des aides est régulièrement évalué par le Kiel institut (institute for the world economy de Kiel, en Allemagne). En février 2024, soit après deux ans de guerre, l'assistance à l'Ukraine, tous modes confondus, est évaluée à 252 milliards d'euros. L'UE représenterait 85 milliards soit le tiers ce cette aide. L'Europe (UE + EM) représenterait 144 milliards soit 57 %.

L'assistance à l'Ukraine
(février 2024 selon le classement du Kiel institut)

Origine	Aide totale (milliards d'euros)	Répartition (%)	Dont aide militaire (milliards d'euros)
Union européenne	85	33,7 %	5,6
États membres	59,1	23,4 %	44
(Dont Allemagne)	*(22,1)*		*(17,7)*

23. Règlement (UE) n° 2023/1525 du PE et du Conseil du 20 juillet 2023.
24. Règlement (UE) n° 2023/2418 du PE et du Conseil du 18 octobre 2023 relatif à la mise en place d'un instrument visant à renforcer l'industrie européenne de la défense au moyen d'acquisitions conjointes (EDIRPA).

Origine	Aide totale (milliards d'euros)	Répartition (%)	Dont aide militaire (milliards d'euros)
USA	67,7	26,9 %	42,2
Royaume Uni	15,7	6,2 %	9,1
Autres	24,9	9,9 %	6,5
Total	252,4	100 %	103

Source : Kiel institut, Ukraine support tracker, 16 février 2024, traitement auteur.

Ce classement doit être accueilli avec réserves. Le montant de l'aide militaire qui transite par l'UE est manifestement sous-évalué. La dotation de 5,6 milliards correspond à la seule enveloppe initiale du FEP alors que la dépense fin 2023 était déjà de plus du double. Dans ce classement, la France n'occupe qu'un rang très modeste au sein des donateurs. Une situation qui appelle quelques commentaires. D'une part, les premières donations des EM des pays de l'Est de l'Europe et de l'ancienne RDA se sont faites sur un matériel datant de l'URSS, comptabilisé très avantageusement au prix du matériel de remplacement. D'autre part, la France a une large part dans financement collectif des aides européennes[25]. Ces critiques sur la faiblesse supposée de l'aide française paraissent inopportunes. Les circonstances impliquent la solidarité et la réserve. Néanmoins, certains pays ont su tirer parti de cette situation inédite. La fourniture de matériels soviétiques et leur remplacement par du matériel moderne fut assurément une bonne opération pour l'armée polonaise, pratiquement renouvelée à moindre coût puisque financée à 42 % par les autres États membres (46 % – après une année à 85 % – du coût du matériel de remplacement dont 4 % à la charge de la Pologne, la part du pays dans le RNB total). Lorsque la Pologne achète un milliard d'armement, 75 millions sont financés par la France.

2. Essai d'évaluation

Compte tenu du contexte, la perspective d'adhésion de l'Ukraine n'a évidemment aucun précédent comparable. Indépendamment de la polémique autour du classement du Kiel Institute, il apparaît que jamais un État candidat n'aura bénéficié d'un tel déploiement budgétaire de la part de l'UE.

25. Rapport AN 1840, *op. cit.*, page 15.

En deux ans, c'est-à-dire depuis le début de la guerre, l'Ukraine aura reçu 31 milliards d'euros au titre des différentes formules d'assistance financière civile et 11,1 milliards d'euros au titre de l'aide militaire européenne. 45 milliards devraient être appelés pour les dépenses civiles pendant les quatre prochaines années, et 5,8 milliards supplémentaires sont programmés sur les exercices 2024/2025 pour les dépenses militaires. Si le rythme des dépenses militaires se poursuivait à l'identique, ce sont ainsi 100 milliards d'euros qui seraient consacrés à l'Ukraine. Indépendamment des coûts de reconstruction.

III. – PERSPECTIVES BUDGÉTAIRES

A. Les dépenses induites par l'Ukraine d'après-guerre

1. La trainée budgétaire

a) Que restera-t-il des dépenses de temps de guerre ? Quelles sont les dépenses européennes pérennes après la guerre et combien de temps dureront-elles ? Nul ne le sait. L'attitude des États Unis sera évidemment déterminante. Dans cette liste de dépenses engagées pendant la guerre, beaucoup sont appelées à rester. Seules quelques dépenses devraient être allégées ou supprimées : les aides humanitaires ou de protection civile, le financement des armes, les aides à la formation… Compte tenu de ses enjeux, l'assistance financière est évidemment fondamentale. Elle est normalement provisoire… Mais la présidente de la Commission a promis que l'UE soutiendrait l'Ukraine « aussi longtemps qu'il le faudra »[26].

b) Le paiement des engagements antérieurs. En droit budgétaire, il y a une différence entre les engagements (l'autorisation de dépense) et les paiements, les décaissements effectifs, qui peuvent s'étaler sur plusieurs années voire plusieurs dizaines d'années. Ce décalage génère ce qu'on appelle « *les restes à liquider* », sorte d'héritage budgétaire pour les budgets futurs. Les RAL se montent à 478 milliards en 2023. Cet écart va être encore amplifié avec les aides annoncées pour l'Ukraine.

26. Déclaration de Ursula VON DER LEYEN au président Volodymyr ZELENSKY à Kiev le 15 septembre 2022.

2. La reconstruction du pays

La solidarité européenne dans ce domaine est une exigence autant qu'une évidence. Cette solidarité joue déjà lorsqu'il s'agit d'inondations ou de tremblements de terre. Surtout s'il s'agit d'un État membre. Le chiffrage de la reconstruction est évidemment imprécis. Dès le début du conflit, le président Zelensky avait évoqué « *une tâche commune pour le monde démocratique* » et estimé la reconstruction à 750 milliards de dollars[27]. Un an plus tard ses conseillers évoquaient 1000 milliards. En février 2024, l'évaluation des dommages et des besoins par la communauté internationale sous l'égide de la Banque mondiale est de 486 milliards de dollars[28] (453 milliards d'euros). Il s'agit de financer la reconstruction des infrastructures, les logements, les transports, l'énergie (barrages, centrales), l'agriculture. Il est impossible de savoir ce que l'UE prendra en charge. L'UE n'est pas et ne sera pas seule dans cette mission. La clef réside évidemment dans le soutien américain. L'Otan a également annoncé un plan d'aide de 100 milliards de dollars sur cinq ans…

L'idée du recours est à « plan Marshall »[29] s'est banalisée. En réalité, c'est déjà le cas. En février 2024, l'aide civile à l'Ukraine était évaluée par le Kiel Institute à 150 milliards d'euros soit pratiquement le montant actualisé du plan américain de 1948 qui concernait seize pays.

B. Les inflexions budgétaires prévisibles

1. L'inévitable progression des dépenses militaires

L'Europe progresse par les crises. Cet axiome n'a jamais été aussi vérifié tant chacun sent confusément que quelque chose est en train de changer. L'UE vivra-t-elle son « moment Démosthène »[30], c'est-à-dire le sursaut

27. La Tribune du 4 juillet 2022.

28. *Third Rapid dammage and needs assessements* RDNA3. Banque mondiale, 14 février 2024. La cellule d'étude réunit la Banque mondiale, l'Ukraine, la Commission européenne et les Nations unies. Ce coût est périodiquement réévalué. RDNA 3 est la troisième évaluation. La précédente évaluation de 2022 était de 383 milliards d'euros (411 milliards de dollars).

29. Le « Programme de rétablissement européen » est un programme américain accordé aux États d'Europe pour la reconstruction. L'aide est estimée à 17 milliards de dollars en quatre ans (1947-1951) soit 170 milliards de dollars d'aujourd'hui. Les dons représentaient 85 % et les prêts 15 %.

30. P. HAROCHE et R. KEMPIN, « *En Ukraine, l'Europe vit son moment Démosthène* », Le Monde, 13 décembre 2023. Démosthène fut un célèbre orateur, élève de Platon, qui, au IVe siècle av. J.-C., appela les Grecs à s'unir contre Philippe II, roi de Macédoine. Dans

collectif face à l'adversaire. Il y a quelques signes en ce sens. Sur le plan politique, les signaux sont encore variables. Certains sont encourageants. L'agression russe exige de se positionner. Le revirement du Danemark en est un bon exemple[31]. D'un autre côté, les tiraillements entre EM sont prévisibles. Quelle doit être la compétence respective de l'UE et des EM ? Le basculement vers cette dimension militaire ne passe-t-il pas par un nouveau traité, ce que beaucoup d'États appréhendent compte tenu des expériences ?

Sur le plan budgétaire, la progression des dépenses militaires apparaît aujourd'hui comme une nécessité et une évidence. Elle est en cours. L'effort, d'abord concentré sur l'acquisition de matériels, s'est orienté vers la production de munitions. Le soutien à l'industrie d'armement reste encore marginal. Ce soutien relève essentiellement du fonds européen de défense. Il est destiné à financer la recherche et le développement de programmes militaires transnationaux (au moins trois EM) afin de renforcer la base industrielle et technologique de défense européenne. Il est vraisemblable que ce poste doté aujourd'hui de 7,9 milliards d'euros sur la période 2021/2027, sera augmenté. En janvier 2024, le commissaire européen Thierry Breton a suggéré la mise en place d'un fonds dédié à l'industrie de défense doté de 100 milliards d'euros. Le désengagement américain serait évidemment un accélérateur dans cette évolution.

La question militaire sera au coeur de la prochaine négociation budgétaire. Mais au delà des montants, avancer dans ce domaine suppose de lever quelques préalables. Faut-il commencer par l'industrie d'armement alors que les EM restent libres de leurs commandes de matériels militaires, y compris non européens ? Même dans l'affirmative, comment faire émerger une industrie européenne de défense ? Faut-il transférer les choix d'armement et de production à la Commission au risque du saupoudrage, ou faut-il privilégier les industries nationales leader, au risque de ne pas parvenir à surmonter les freins aux coopérations[32].

L'adhésion de l'Ukraine va obliger l'UE à se positionner sur ces questions.

ses *philippiques*, ses exhortations belliqueuses, Démosthène prônait une action offensive contre le Macédonien, alors que les Grecs étaient hésitants.

31. En 2007, le Danemark a demandé à s'exclure de la politique de sécurité et de défense commune – PSDC – prévue par le traité de Lisbonne en bénéficiant d'une option de retrait. En juillet 2022, les Danois ont accepté par référendum de rejoindre la PSDC. Le Danemark est même devenu l'un des plus gros donateurs d'armement à l'Ukraine. En février 2024, il a fait don de « l'intégralité de son artillerie » à l'Ukraine, notamment ses canons Caesar et ses 524 000 obus, Euractiv, 19 février 2024.

32. « L'Europe de la défense avance sur le plan militaire, mais de façon désordonnée », N.-J. BREHON, Le Monde, 15 mai 2024.

2. Les difficultés prévisibles : le moment des arbitrages budgétaires

a) **L'arbitrage avec les dépenses existantes.** Cette augmentation des dépenses militaires pourra difficilement se faire à budget constant. L'augmentation du budget comme le réexamen des dépenses en cours paraît inévitable. Certains postes paraissent assez fragiles. Ils ont été évoqués en première partie. Le budget de la PAC sera évidemment sous pression. En 2004, l'extension de la PAC aux NEM s'est faite à enveloppe quasi constante. La dotation prévue pour 15 a été partagée à 25. Ce fut un moyen discret mais efficace de ramener la PAC à 31 % du budget européen. Si l'UE procédait de la même manière après le futur élargissement, l'ambition britannique de ramener la PAC à 20 % du budget serait atteinte.

b) **L'arbitrage entre priorités annoncées.** La guerre en Ukraine ne fait pas renoncer l'UE à ses autres objectifs, à commencer par la lutte contre le changement climatique, et ne renonce pas à être un acteur mondial à la veille de la guerre d'Ukraine, l'UE présente sa stratégie « Global Gateway » afin de renforcer les systèmes de santé, d'éducation et de recherche à l'échelle mondiale et annonçait 150 milliards d'investissements en Afrique[33]. Pour le moment, l'UE garde tout et finance tout. Viendra sans doute le moment où il faudra choisir. Attention à ne pas confondre souhaitable et possible.

3. Des règles budgétaires de moins en moins contraignantes

L'Ukraine ouvre une nouvelle page de l'histoire budgétaire de l'UE. Pendant 20 ans, le cadre financier pluriannuel (CFP) a été l'outil majeur de régulation budgétaire. Le CFP encadrait les différents postes budgétaires dans des plafonds mais donnait une perspective budgétaire. L'Ukraine est une nouvelle étape dans cette dérégulation : le CFP a été rehaussé massivement en février 2024, l'action budgétaire se fait hors du budget de l'UE, directement par les EM (la FEP), l'UE intervient principalement par la voie de prêts, et plus encore par la voie de garanties de prêts financées hors plafonds. La règle du respect des plafonds, jadis tabou absolu dans la pratique budgétaire européenne, devient accessoire. Le CFP a cessé d'être le cadre rigoureux qu'il fut pendant longtemps.

33. Conseil européen, conseil de l'UE, l'Afrique et l'Europe, une vision commune pour 2030.

4. L'effet d'entraînement. L'Ukraine… et les Balkans

Il ne paraît pas possible d'envisager l'adhésion de l'Ukraine sans envisager de facto celle des autres pays candidats. Neuf sont candidats. Le « *magnétisme de l'Union* » fonctionne aujourd'hui tout autant qu'hier. Sinon plus. Surtout dans les circonstances présentes. Les négociations d'adhésion sont ouvertes avec six États : l'Albanie, la Macédoine du Nord, le Monténégro, la Serbie, la Moldavie et l'Ukraine[34]. L'UE a accordé à l'Ukraine le statut de candidat quatre mois après son dépôt de candidature alors que le délai entre les deux (dépôt/ statut de candidat) est d'ordinaire de plusieurs années. Les négociations d'adhésion ont été ouvertes en décembre 2023, soit seulement 22 mois après le dépôt de candidature. Un privilège justifié par les circonstances mais qui ne peut se poursuivre à l'infini. Ainsi, l'adhésion de l'Ukraine ouvre la voie à une nouvelle grande vague d'adhésion, un nouveau « big bang » qui ferait passer l'UE de 27 à 33 membres. Les difficultés évoquées au cours de cette étude doivent être dupliquées pour chacun des autres candidats.

C. Le financement des dépenses : qui paiera ?

1. Les réparations

La piste des réparations a été évoquée dès le début du conflit par les Ukrainiens. « *La Russie doit payer. Il y a des avoirs russes gelés d'une valeur de 300 à 500 milliards de dollars (…) Nous devrions développer un mécanisme de confiscation des avoirs russes* », proposait le Premier ministre dès 2022[35]. Cette idée a fait florès et se trouve notamment dans le corpus de la facilité pour l'Ukraine. « *La Russie doit payer pour ses dommages (…) Des recettes potentielles pourraient être générées au titre des actes juridiques pertinents, en ce qui concerne l'utilisation des recettes exceptionnelles détenues par des entités privées et provenant d'avoirs immobilisés de la Banque centrale de Russie* »[36]. L'UE s'engage dans cette voie[37]. Avec une première étape par prélèvement des intérêts et des profits portés par les avoirs russes. L'estimation porte sur entre 2,5 et 3 milliards par an.

34. Pour la Bosnie-Herzégovine et la Géorgie, officiellement candidats, les négociations d'adhésion n'ont pas encore débuté.
35. D. CHMYHAL, Premier ministre d'Ukraine, La Tribune 22 octobre 2022.
36. Règlement (UE) 2024/792 du PE et du Conseil du 29 février 2024 établissant la facilité pour l'Ukraine, considérants 47 et 49.
37. Boursier.com 22 mars 2024.

L'hypothèse de la confiscation devrait être considérée avec prudence, compte tenu des difficultés prévisibles, juridiques et pratiques : le type de biens concernés (biens, comptes bancaires ?), l'identification des propriétaires (si les propriétaires des yachts et les villas peuvent être facilement identifiés, ce sera plus difficile pour les dizaines de milliers de comptes bancaires à Chypre), les personnes ayant la double nationalité russe et chypriote, les investissements russes dans l'UE… Par ailleurs, il serait bon de tirer les leçons de l'histoire. « *La Russie doit payer* » annonce l'UE – La Russie, pas les autorités russes –. Soit. Il se trouve que la France a l'expérience de ce type de sanction. Entre 1914 et 1918, l'idée de « *l'Allemagne paiera* » allait elle aussi de soi et s'imposa d'ailleurs à la fin de la guerre (article 235 du Traité de Versailles). On connaît la suite. La facture demandée par la France fut le germe de la guerre suivante.

2. *Le financement budgétaire des aides européennes*

Le partage entre aide européenne et aide nationale présente un caractère factice. Les ressources propres du budget de l'UE ne sont en réalité, pour l'essentiel, que des contributions nationales déguisées. La part dans le financement étant largement proportionnelle au poids du RNB du pays dans le RNB total, cette répartition est très concentrée sur quelques pays.

Part des principaux contributeurs dans le financement du budget (2023)

Allemagne	France	Italie	Espagne	Pays-Bas	Pologne	Belgique	Suède	Irlande	Autriche
22,6 %	17,6 %	12,6 %	9,1 %	6,3 %	4,9 %	4,4 %	2,6 %	2,4 %	2,1 %

Source : PLF 2024 doc. annexe dit « Jaune », relations financières avec l'UE.

Cette répartition devrait évoluer légèrement dans les prochaines années avec la montée en puissance de quelques pays de l'Est, notamment la Pologne[38]. À l'inverse, la part de la France devrait légèrement baisser, autour de 16,5 %. Indépendamment de ces ajustements, il faut garder en mémoire que toutes les initiatives budgétaires, dans quelque domaine que ce soit, sont financées à 40 % par l'Allemagne et la France.

Les dépenses de la facilité européenne pour la paix sont financées sur une clef de répartition spéciale, proportionnelle à la part du pays dans le total. Le profil des contributions est très proche de la

38. Entre 2020 et 2023, la part de la Pologne dans le financement du budget est passée de 4,3 % à 4,9 %.

répartition dans le budget, à 1 % près (la part de la France est de 18 % dans la FEP). Compte tenu de la montée en puissance des engagements financiers envers l'Ukraine, il est quasi certain que les contributions des EM au budget de l'UE vont augmenter. Après la pause ponctuelle et opportune de 2024 (année des élections européennes), le mouvement haussier va reprendre. La contribution française au budget de l'UE devrait ainsi passer de 21,6 à 25,3 milliards d'euros en 2025.

3. Les prêts et les garanties de prêts

L'intervention européenne se fait ans de plus en plus par la voie des prêts. En 15 ans, l'UE est passée d'un acteur budgétaire mineur à un acteur financier majeur. La Commission européenne emprunte sur les marchés internationaux des capitaux au nom de l'UE et verse les fonds aux EM et aux pays tiers dans le cadre de divers programmes d'emprunts. Deux questions se posent.

La première concerne le montant des prêts, massifs depuis 15 ans : 250 milliards à l'occasion des plans de sauvetage, 800 milliards pour NextGenerationEU, le plan de relance post covid, 100 milliards pour le programme SURE, plan anti chômage. Les prêts à l'Ukraine sont aujourd'hui évalués à 80 milliards d'euros... Jusqu'à présent, les obligations européennes ont toutes été placées sans difficulté, les obligations ont été très largement sur souscrites, montrant ainsi la pleine confiance des marchés financiers dans la signature européenne et les projets soutenus.

Mais le remboursement sera le moment décisif. Dans la plupart des cas, les prêts de long terme sont assortis d'un différé d'amortissement de plusieurs années (de 10, 15 ou 30 ans) qui fait que bien peu de personnes se préoccupent de ce sujet. À cette échéance, la question sera traitée par d'autres...

La deuxième question concerne les garanties. Ces dernières sont activées lorsque le pays tiers ne procède pas au remboursement prévu dans le contrat de prêt. Les expositions financières envers l'Ukraine comportent des risques élevés[39]. Dans la plupart des montages d'assistance financière, il est admis que 70 % des prêts sont garantis avec un partage de responsabilité – plutôt factice comme on vient de le rappeler – entre budget de l'UE et EM. Cette question est débattue à l'occasion de l'octroi des prêts, certains États étant favorables aux

39. « Les prêts à l'Ukraine sont extrêmement risqués », A. FAYOLLE, vice président de la Banque européenne d'investissement, audition par la Commission des affaires européennes du Sénat, 25 janvier 2024.

prêts mais pas aux garanties des EM. Les dispositifs des assistances financières comportent des dispositions de plus en plus complexes à ce sujet[40].

Il est peu vraisemblable que l'Ukraine parvienne à rembourser l'intégralité de ces prêts européens, mondiaux (80, 100 milliards ?) contractés pendant la guerre. Le jeu et le jour des garanties viendront. Ce sujet sera crucial autour des années 2033-2034, date prévue pour le début des remboursements. Une période qui coïncide avec celle d'une possible adhésion…

En évoquant le risque d'escalade militaire avec l'envoi possible de troupes au sol, le président de la République a souhaité porter un langage de la vérité. Dans le même esprit de transparence, il ne serait pas déraisonnable que ce volet budgétaire soit lui aussi évoqué.

40. Voir notamment art. 31 du règlement 2024/792 du PE et du Conseil du 29 février 2024 établissant la facilité pour l'Ukraine avec plusieurs niveaux de garanties.

Chronique de gouvernance financière publique

Sous la responsabilité de

Michel BOUVIER
Professeur émérite de l'Université Paris 1 Panthéon-Sorbonne
Président de FONDAFIP
Directeur de la Revue Française de Finances Publiques

La Commission supérieure des comptes de Monaco : une Institution supérieure de contrôle atypique

Rudy CHOUVEL

Docteur en droit public

RÉSUMÉ

L'Institution supérieure de contrôle monégasque, dénommée Commission supérieure des comptes, présente des singularités affirmées au premier rang desquelles sa composition, ses membres étant tous magistrats ou anciens magistrats de la Cour des comptes française, mais aussi des compétences inhabituelles pour une ISC, ces particularismes résultant de la taille de cet État qui ne peut ni ne veut se doter de multiples instances de contrôle et a considéré que l'ISC pouvait effectuer plusieurs missions souvent très différentes.

The Higher Audit Institution (HAI) of Monaco, or Board of Auditors, is a unique body, first and foremost due to its composition, as its members are all magistrates or former magistrates of the French Court of Auditors. It also has unusual powers for an HAI due to the size of the country, which cannot or does not want to have multiple regulatory bodies and decided that an HAI could take on several roles, often very different from one another.

Tous les États de l'Union européenne, et plus généralement tous les États européens, disposent d'une institution supérieure de contrôle

(ISC) des finances publiques et la Principauté de Monaco n'échappe pas à cette règle, même si l'ISC dont elle s'est dotée présente des particularités marquées, étroitement liées à la taille de cet État de deux cents hectares (dont quarante gagnés sur la mer) qui compte environ trente-cinq mille habitants. Membre de l'ONU depuis 1993 et du Conseil de l'Europe depuis 2004, Monaco a créé en 1969 une Commission supérieure des comptes, qui représente l'une des 195 adhérentes de l'Organisation internationale des institutions supérieures de contrôle (INTOSAI) et des 51 de sa branche européenne, EUROSAI[1] ; elle est en outre membre de l'Association des institutions supérieures de contrôle ayant en commun l'usage du français (AISCCUF), qui en compte une quarantaine.

On classe habituellement les ISC dans l'une ou l'autre des trois catégories doctrinalement répertoriées et la Commission supérieure des comptes ne peut l'être que par élimination : le premier modèle est juridictionnel, minoritaire en Europe, qui se caractérise par des organes collégiaux indépendants à la fois du gouvernement et du Parlement, par un contrôle sur les opérations financières publiques et la juridiction sur les agents d'exécution[2] ; ce « modèle français », qui est celui qui a longtemps exercé la plus grande influence en Europe[3], se retrouve par exemple en Grèce, en Italie, en Belgique, en Espagne ou au Portugal. D'autres ISC appartiennent au « modèle allemand », constitué de cours des comptes dont le titre traduit l'organisation mais non la fonction et qui contrôlent, mais ne jugent pas : des auteurs rangent dans cette catégorie les cours suédoise, néerlandaise, luxembourgeoise, tchèque ou slovaque, par exemple[4]. Enfin, le « modèle anglo-saxon » qui correspond à un bureau d'audit dirigé par un contrôleur général a exercé une influence décisive sur les États marqués par une ancienne présence britannique (Irlande, Malte, Chypre), sur ceux du nord de l'Europe (États baltes, Finlande, Danemark) ou de l'Europe centrale (Croatie, Bulgarie, Pologne, Hongrie), par exemple[5]. L'ISC du

1. Le caractère européen de cette organisation régionale ne correspond pas réellement à une aire géographique ou culturelle puisqu'elle inclut les ISC du Kazakhstan, de l'Azerbaïdjan, de la Turquie, de la Biélorussie, de la Russie ou d'Israël.
2. J. MAGNET, « Classification des institutions supérieures de contrôle financier », RFFP, n° 36, 1991, p. 12. La Cour des comptes française rajoute à ces critères la présence d'un ministère public et le statut de magistrat de ses membres : Rapport public 2014, Tome III, La Documentation française, 2014, p. 35.
3. S. FLIZOT, « La responsabilité des gestionnaires publics en Europe », AJDA, 2005, p. 708.
4. *Ibid.*, L. SAIDJ, « Le modèle des Cour des comptes : traits communs et diversité », RFFP, n° 101, 2008, p. 45.
5. *Ibid.*, p. 46.

Royaume-Uni, qui a consacré une très intéressante et très complète étude – aujourd'hui datée – à ses homologues des pays de l'Union européenne, recense une quatrième catégorie d'ISC, le « modèle distinct », qui ne relève d'aucun des autres modèles, et dans lequel elle range l'Autriche et la Slovénie[6]. La Cour des comptes européenne considère pour sa part que la distinction doit être aujourd'hui opérée à l'aune d'un seul critère, le pouvoir juridictionnel dont est, ou non, dotée l'ISC mais reconnaît qu'il est secondairement possible de distinguer les ISC monocratiques, qui sont dirigées par une seule personne, de celles conduites par un organe collégial[7]. Ces classements, notamment la typologie « historique », mériteraient sans doute des reclassements tant les évolutions statutaires des ISC ont été nombreuses durant les deux dernières décennies, et, comme le souligne Danièle Lamarque, si ces distinctions recouvrent une grande diversité des situations, aucun modèle n'est homogène[8] et emprunte sur certains aspects à d'autres : c'est précisément cette variété qu'essaie d'embrasser la définition donnée par INTOSAI, pour laquelle une ISC est « une institution publique d'un État qui, quelles que soient sa dénomination, sa composition ou son organisation, exerce en vertu de la loi ou d'un autre acte formel de l'État le contrôle supérieur des finances publiques de cet État, et ce, de façon indépendante, ainsi qu'avec ou sans compétence juridictionnelle »[9]. Au regard de ces différentes taxinomies, on peut considérer que la Commission supérieure des comptes monégasque ne relève d'aucun des modèles précédemment cités, alors même qu'EUROSAI la répertorie dans la catégorie anglo-saxonne « board model » dont elle est sans doute la moins éloignée au sens où elle n'est en rien une Cour des comptes dotée ou non de prérogatives juridictionnelles, mais elle est collégiale et n'est pas dirigée par un contrôleur général : elle semble donc ressortir du « modèle distinct » du NAO, qui correspondrait en France à une rubrique « Autres » et qui constituerait à elle seule, en raison de sa singularité, une catégorie d'ISC, particularisme qui s'exprime tout d'abord dans sa composition mais aussi dans ses modalités de fonctionnement et dans l'exercice de ses compétences.

6. National Audit Office, *State audit in European Union*, London, 2005, p. 4.
7. Cour des comptes européenne, *Les institutions supérieures de contrôle de l'Union européenne et de ses États membres*, Vue d'ensemble, 2023, p. 5.
8. D. LAMARQUE, *Contrôle et évaluation de la gestion publique*, Préf. D. Migaud, Bruylant, Bruxelles, 2016, p. 233.
9. INTOSAI, Statuts, novembre 2007, article 2.

I. – LA NOMINATION DES CONTRÔLEURS

La CSC monégasque est sans doute le seul exemple d'ISC composée exclusivement de contrôleurs choisis dans le vivier des membres d'une ISC d'un État voisin, mais cette solution présente de multiples avantages pratiques pour la Principauté : elle dispose ainsi immédiatement de contrôleurs expérimentés qu'elle n'a pas à former dans une école dont elle aurait un usage limité compte tenu des besoins eux-mêmes limités d'un État présentant ces caractéristiques géographiques et démographiques. Il en va d'ailleurs de même pour un certain nombre d'institutions pour lesquelles la Principauté fait appel à des fonctionnaires français (commissaires de police, magistrats...) pour assurer des fonctions spécialisées : le Tribunal suprême, par exemple, actuellement présidé par le professeur de droit public Stéphane Braconnier, président de l'Université Paris II Panthéon-Assas, est traditionnellement composé d'enseignants-chercheurs (professeurs ou maîtres de conférences) en droit public et de membres du Conseil d'État.

S'agissant de la composition de la Commission supérieure des comptes (CSC), le choix du Prince s'est originellement porté sur des magistrats honoraires, voire en activité, de la Cour des comptes française : l'ordonnance souveraine du 29 février 1968 avait en effet prévu (article 2) que la commission serait composée de six membres, désignés en raison de leurs compétences en matière de finances publiques ; nommés pour cinq ans par ordonnance souveraine, le Président et le Vice-président de la CSC étaient désignés par le Prince parmi les membres titulaires[10].

L'ordonnance souveraine du 2 juillet 2008 a abrogé celle de 1968 mais son article 2 a repris *ne variatur* les dispositions précédentes. Un État souverain choisit donc, à titre personnel, d'anciens membres ou, avec l'accord de la Cour des comptes, des membres en activité de celle-ci, afin d'assurer le fonctionnement de sa propre ISC : cette situation insolite, outre l'intérêt opérationnel qu'elle présente, permet de régler concomitamment le problème de l'indépendance des contrôleurs.

10. Actuellement, la présidence de la CSC est assurée par C. Descheemaecker (président de chambre honoraire) et la vice-présidence par G. Terrien (président de chambre honoraire) ; les quatre autres membres sont P. Hernu, S. Esparre, R. Schmidt et O. Ortiz (conseillers-maîtres honoraires).

II. – L'INDÉPENDANCE DES CONTRÔLEURS

Les organisations internationales de contrôleurs publics accordent une importance cardinale à l'indépendance des contrôleurs, qui constitue un principe fondateur de l'INTOSAI, inlassablement rappelé dans les déclarations adoptées lors de ses congrès, notamment celles de Lima (9e congrès des 17-26 octobre 1977) et de Mexico (19e congrès des 5-10 novembre 2007). Les normes professionnelles et directives de bonnes pratiques diffusées internationalement (ISSAI) produites par INTOSAI placent l'indépendance des ISC au rang des principes fondamentaux dits de « niveau 1 » (ISSAI 1), les éléments constitutifs de celle-ci faisant l'objet de principes dits de « niveau 2 » (ISSAI 10). Une résolution adoptée par l'assemblée générale de l'ONU en décembre 2014 souligne que les ISC ne peuvent exercer leurs attributions avec objectivité et efficacité qu'à la condition d'être indépendantes des entités qu'elles contrôlent et protégées de toute influence extérieure et, se référant explicitement aux déclarations de Lima et de Mexico, appelle les États à appliquer les principes définis dans ces déclarations[11].

L'ISSAI 10 préconise l'existence d'un cadre juridique approprié pour garantir l'existence et l'indépendance d'une ISC, mais ne se prononce pas sur la nature exacte et souhaitable du texte ; 80 % des États de l'Union européenne consacrent l'indépendance de leur ISC par une norme de rang constitutionnel (60 %) ou législatif (20 %)[12].

La doctrine est partagée sur ce point et si L. Philip estime que le premier élément d'indépendance réside dans le statut constitutionnel de l'ISC, considérant même comme indispensable que son existence soit garantie par la Constitution[13], J. Magnet convient que cette inscription présente l'avantage de ne pouvoir supprimer l'institution sans une révision constitutionnelle, mais note que l'on peut en revanche supprimer tout le reste (nomination, statut des membres, attributions)[14]. R. Hertzog constate également que nombre d'ISC sont prévues par la Constitution,

11. Résolution A/69/288 du 19 décembre 2014, Promouvoir et favoriser l'efficience, le respect du principe de responsabilité, l'efficacité et la transparence dans les administrations publiques en renforçant les institutions supérieures de contrôle des finances publiques.
12. R. CHOUVEL, *Le contrôle externe des comptes et de la gestion des collectivités locales dans l'Union européenne*, Préf. E. Douat, LGDJ, Bibliothèque Finances publiques et fiscalité, Tome 74, 2021, p. 136.
13. L. PHILIP, « Panorama du contrôle des finances publiques dans le monde », RFFP, n° 101, 2008, p. 25.
14. J. MAGNET, « Les institutions supérieures de contrôle des finances publiques et le pouvoir législatif : aperçu de droit comparé », RFFP, n° 59, 1997, p. 107.

mais souligne qu'il ne faut pas considérer « qu'il n'est de protection digne de ce nom que celle provenant de la Constitution, qui devrait être exhaustive sur l'ISC. Derrière l'analyse des textes, il faut aussi voir la réalité des contextes politiques et des rapports de force »[15]. De même, J-R. Alventosa estime préférable, mais insuffisant, que le statut de l'ISC soit inscrit dans la Constitution, une loi ou une tradition de longue date dans la mesure où c'est l'absence de tout lien de subordination qui paraît cruciale[16]. Comme le soulignait L. Saïdj, l'indépendance trouve une expression différente selon la nature même de l'ISC mais elle n'est pas l'apanage des ISC à pouvoir juridictionnel ou inversement[17].

La Constitution monégasque du 17 décembre 1962 consacre l'existence de l'ISC en disposant (article 42) que le contrôle de la gestion financière est assuré par une Commission supérieure des comptes ; c'est l'ordonnance souveraine du 29 février 1968 fixant ses compétences, sa composition et ses conditions de fonctionnement, puis celle du 2 juillet 2008 qui précisent les conditions de mise en œuvre de cet article constitutionnel.

Cette mention correspond ainsi à la recommandation formulée par l'ISSAI 10 et s'inscrit dans le mouvement général que l'on trouve en Europe[18]. Cet aspect institutionnel de l'indépendance de l'ISC étant traité par la Constitution, la dimension personnelle de cette qualité est pour sa part abordée au terme d'un raisonnement syllogistique ; la consécration de l'indépendance peut être assurée directement et explicitement ou indirectement à travers celle conférée à ses membres qui disposent originellement, ou par assimilation, du statut de magistrat[19] : les magistrats de la Cour des comptes sont statutairement indépendants, c'est parmi eux que sont choisis les membres de la Commission supérieure des comptes, donc les membres de cette commission sont indépendants. À l'image de la femme de César, les membres des ISC doivent être insoupçonnables et les distances qui doivent être statutairement établies avec les milieux politiques et

15. R. HERZOG, « Réflexions sur l'indépendance des organes publics », RFAP, n° 90, avril-juin 1999, p. 230.
16. J.-R. ALVENTOSA, « L'indépendance dans tous ses états », Rev. inter. de vérif. des comptes publics, vol. 41, n° 4, octobre 2004, p. 11.
17. L. SAÏDJ, *Le modèle des Cour des comptes : traits communs et diversité*, préc, p. 48.
18. R. CHOUVEL, « Les institutions supérieures de contrôle des finances publiques des États membres de l'Union européenne : une indépendance institutionnelle garantie ? », Rev. europ. de droit public, vol. 28, n° 4, Hiver 2016, pp. 1281-1309.
19. R. CHOUVEL, « L'indépendance personnelle des membres des institutions supérieures de contrôle des finances publiques dans les États de l'Union européenne : le statut de la liberté ? », Rev. europ. de droit public, vol. 29, n° 3, automne 2017, pp. 839-876.

professionnels contribuent à prévenir tout possible conflit d'intérêts et toute atteinte à la probité, confortant l'indépendance que l'on est en droit d'attendre d'un contrôleur externe. En France, l'indépendance de la Cour des comptes, et des magistrats qui en sont membres, est consacrée par la jurisprudence constitutionnelle : en juillet 2001, le Conseil a en effet déduit de l'article 64 de la Constitution, en ce qui concerne l'autorité judiciaire, et des principes fondamentaux reconnus par les lois de la République, pour ce qui concerne la juridiction administrative, que l'indépendance des juridictions est garantie, ainsi que le caractère spécifique de leurs fonctions (consid. 105). En vertu du Code des juridictions financières, la Cour des comptes est une juridiction administrative et la Constitution garantit donc son indépendance par rapport au pouvoir législatif et au pouvoir exécutif (consid. 106)[20]. Cette indépendance irréfragablement présumée des magistrats français de la Cour des comptes, et par voie de conséquence des membres de la CSC monégasque, présente le double intérêt de n'avoir pas à prévoir à légiférer à l'excès sur ce sujet et de donner des gages aux organisations internationales ; on peut en effet constater tout d'abord que l'arsenal législatif relatif au statut personnel des membres de la commission ne souffre pas d'hypertrophie puisque seuls les articles 2 et 3 de l'ordonnance souveraine du 2 juillet 2008 évoquent le sujet, le premier pour indiquer que les membres prêtent serment devant le Prince de remplir avec zèle, impartialité et en toute indépendance la mission qui leur est confiée, le second pour établir une incompatibilité avec la qualité de fonctionnaire ou agent en activité de l'État, de la commune ou d'un établissement public[21]. Dans la perspective de son adhésion au Conseil de l'Europe, un rapport d'évaluation sur Monaco a été adopté lors de la 39e réunion plénière des 6-8 octobre 2008 : le rapport de situation a été présenté et le GRECO (groupe d'États contre la corruption) a chargé le Luxembourg et la Suisse de désigner des rapporteurs pour la procédure de conformité. Parmi les recommandations figuraient les garanties d'indépendance adéquates dont devaient être dotés les membres de la CSC (recomm. XIX) : le GRECO a estimé que cette recommandation était traitée de manière satisfaisante en relevant qu'en dépit de l'absence de garanties spécifiques, l'indépendance statutaire était réelle car le choix externalisé des membres offre des garanties

20. Décision n° 2001-448 DC du 25 juillet 2001, « Loi organique relative aux lois de finances », RFDC, n° 51, 2002, p. 152, note E. OLIVIA.

21. La CSC bénéficie par ailleurs d'une dotation de 318 000 euros pour assurer son fonctionnement courant : loi du 22 décembre 2023 portant fixation du budget général primitif de l'exercice 2024 (Section 2 - Assemblée et corps constitués - Chapitre 04 : CSC).

supplémentaires d'objectivité, ceux-ci étant d'anciens magistrats de la Cour des comptes française qui sont de ce fait expérimentés et qui apportent un regard extérieur à la Principauté[22]. On mesure mieux à la lecture de ce rapport l'avantage, parmi d'autres, présenté par l'intégration de magistrats français au sein de la CSC, même si le GRECO émet quelques réserves sur les compétences et la nature des contrôles diligentés par la plus française des ISC étrangères.

III. – LES MODALITÉS DE CONTRÔLE

Si la Constitution prévoit laconiquement que la CSC est chargée du contrôle de la gestion financière, c'est l'ordonnance souveraine du 29 février 1968, puis celle du 2 juillet 2008 qui vont donner à cette mission générale un contenu qui va évoluer avec le temps puisque le contrôle, qui portait initialement sur les finances de l'État, va être étendu par la loi du 27 décembre 1971 sur les établissements publics à ceux-ci, puis par la loi du 24 juillet 1974 sur l'organisation communale à la gestion financière de la commune, puis par l'ordonnance souveraine du 12 décembre 2002 au contrôle des subventions versées par l'État aux organismes bénéficiaires, sur demande du Prince ou de sa propre initiative. L'ordonnance souveraine du 2 juillet 2008 précise, enfin, que ce contrôle peut également porter (article 1) sur les organismes assurant en tout ou partie la gestion d'un régime légalement obligatoire de retraite, d'assurances sociales ou de prestations familiales, sur toute personne morale de droit public ou sur les sociétés de droit privé non cotées en bourse dont l'État détient plus de la moitié du capital. Hormis pour les établissements publics pour lesquels la loi de 1971 prévoit expressément que le contrôle exercé par la CSC ne peut porter que sur la « gestion comptable », les autres contrôles concernent la « gestion financière » (État, organismes bénéficiaires d'un concours de celui-ci, régimes sociaux, personnes morales de droit public, sociétés privées non cotées, commune). Tendanciellement, les contrôles exercés par la CSC sont des contrôles de régularité et de conformité comptables s'inscrivant dans la procédure de règlement des budgets : s'agissant de la commune, la loi de 1974 modifiée dispose (article 66) que le contrôle de la gestion financière est assuré par la CSC qui est saisie à cet effet

22. Conseil de l'Europe, Groupe d'États contre la corruption, Premier et deuxième cycles d'évaluation conjoints, Rapport de conformité sur Monaco (rapp. Luxembourg et Suisse), 48e réunion plénière, 27 septembre–1er octobre 2010, p. 21. Voir B. GASTAUD, « La Principauté de Monaco et le GRECO », Rev. droit monégasque, n° 10, 2010, pp. 79-90.

par le ministre d'État des projets de règlement du budget et d'arrêt du compte de gestion ; pour l'État, l'ordonnance souveraine de 2008 prévoit (article 6) que pour assurer le contrôle des comptes et de la gestion budgétaire et financière de l'État, la CSC est saisie du projet de compte annuel des opérations budgétaires et examine les opérations de l'année écoulée sur lesquelles elle produit un rapport adressé au Prince et au Conseil national ; le même texte prévoit (article 7) qu'elle est saisie des comptes de la commune et des établissements publics sur lesquels elle présente des rapports.

À l'image des deux tiers des États de l'Union européenne[23], la Principauté privilégie l'audit de régularité comptable, ce type de contrôle consistant à vérifier la légalité, la régularité et la justification des opérations ainsi que l'exactitude des opérations comptables. Il fait l'objet de normes internationalisées et formalisées par INTOSAI dans plusieurs ISSAI mais les principes fondamentaux sont définis à l'ISSAI 200 qui précise le cadre de ce contrôle : celui-ci se définit comme une mission d'assurance raisonnable permettant de déterminer si les comptes ne comportent pas d'anomalies significatives résultant d'erreurs ou de fraude et vise à vérifier leur fiabilité, l'exactitude de la comptabilisation des opérations et des imputations comptables et la fidélité de l'image qu'ils donnent de la situation financière.

L'audit de performance pour sa part est apparu plus tardivement et concerne la gestion et non la comptabilité : il est l'héritier du *New Public Management* et de ses méthodes importées du secteur privé, qui privilégient notamment l'efficacité, l'évaluation, la maîtrise des dépenses et l'optimisation de l'organisation. Comme le souligne en effet M-C. Esclassan, la nouvelle gestion publique a induit le passage du contrôle de la régularité à celui de l'efficacité de la gestion et un rapprochement avec la nature des contrôles en vigueur dans le secteur privé[24]. Formalisé dans l'ISSAI 300, il est plus long et plus complexe à réaliser, plus interdisciplinaire et demandant de ce fait des capacités en effectifs plus importants. Il consiste à examiner si des systèmes, des opérations, des programmes, des activités ou des organisations du secteur public fonctionnent conformément au principe du « triple E » et si des améliorations sont possibles : le principe d'économie tout d'abord, qui consiste à obtenir le meilleur résultat au moindre coût par la maîtrise de celui-ci ; le principe d'efficacité ensuite, qui vise à établir une

23. R. CHOUVEL, *Le contrôle externe des comptes et de la gestion des collectivités locales dans l'Union européenne*, *op. cit.*, p. 300.

24. M-C. ESCLASSAN, « Un phénomène international d'ampleur : l'adaptation des contrôles financiers à la nouvelle gestion publique », RFFP, n° 101, 2008, p. 30.

correspondance entre les résultats constatés et les objectifs poursuivis ; l'efficience, enfin, qui représente un rapport de proportionnalité entre les résultats et les moyens mis en œuvre pour les obtenir. L'audit triple E comporte une dimension qualitative plus marquée que pour l'audit financier mais aussi évaluative puisqu'il conduit à faire appel au jugement, à l'appréciation et à l'interprétation de celui qui le réalise.

Si le Conseil de l'Europe, par le truchement du GRECO, s'est félicité des évolutions institutionnelles intervenues dans la Principauté[25] notamment pour la CSC avec l'ordonnance souveraine de 2008[26], il formule un regret, soulignant que « des mesures encore plus ambitieuses auraient pu être prises en introduisant des formes d'audit de performance – efficience, rentabilité, qualité – qui vont au-delà du simple contrôle de régularité et qui peuvent permettre de détecter sur le moyen terme des incohérences répétées résultant par exemple de la corruption dans les marchés publics »[27]. Compte tenu toutefois de sa complexité, la CSC ne dispose pas d'une masse critique suffisante pour mener à bien ce type d'audit, même si elle peut recourir à l'assistance d'experts (ordonnance souveraine de 2008, article 4) pour ses enquêtes, mais il lui faudrait s'attacher les services permanents d'un cabinet spécialisé compte tenu de l'importance des structures à auditer, ce qui est difficilement envisageable. Par exemple, outre sa mission principale de contrôle de régularité comptable, la CSC a achevé, au terme d'une procédure toujours contradictoire, des contrôles portant en 2021 sur les subventions accordées par l'État dans le domaine culturel et sur le Centre scientifique de Monaco[28], en 2022 sur les aides au logement, le stade Louis II et le nouveau Musée national de Monaco[29], et en 2023 sur le Centre hospitalier Princesse Grace et sur l'Office de protection sociale[30]. Les rapports relatifs à ces contrôles thématiques figurent, assortis des réponses des responsables des structures auditées, dans le rapport annuel de la CSC, aux côtés du rapport sur la gestion budgétaire et financière de l'État et du rapport sur les comptes et la gestion de la commune, les observations sur le rapport public annuel formulées

25. G. GRINDA, « Le processus d'adhésion de Monaco au Conseil de l'Europe : incidences sur l'ordre juridique de la Principauté », Rev. de droit monégasque, n° 7, 2007, p. 25-58.
26. J. CHARRIER, « L'ordonnance souveraine du 2 juillet 2008 relative à la Commission supérieure des comptes », Rev. de droit monégasque, n° 9, 2009, pp. 39-50.
27. Conseil de l'Europe, Groupe d'États contre la corruption, Premier et deuxième cycles d'évaluation conjoints, Rapport de conformité sur Monaco, préc., p. 22.
28. Commission supérieure des comptes, Rapport public annuel 2021, décembre 2021, pp. 52-65.
29. Commission supérieure des comptes, Rapport public annuel 2022, décembre 2022, pp. 53-78.
30. Commission supérieure des comptes, Rapport public annuel 2023, décembre 2023, pp. 59-65. En 2024, ce sont l'ASM Football club (centre de formation) et la politique publique de transition énergétique qui font l'objet d'un contrôle de la CSC.

par le gouvernement princier figurant en fin de rapport. Pour réaliser ces contrôles, la CSC peut se faire communiquer tous documents administratifs et comptables et peut demander à tous personnels ou agents des services ou organismes contrôlés des explications écrites ou orales (ordonnance du 2 juillet 2008, article 9). La plupart des rapports produits par la CSC sont rendus publics, qu'il s'agisse des rapports obligatoires (règlement du budget de l'État, rapports sur les comptes et la gestion de la commune et des établissements publics), ou des rapports particuliers concernant, par exemple, les grandes opérations d'équipements publics (stade Louis II, Grimaldi Forum, Nouvel hôpital Princesse Grace, notamment), dont le rapport annuel donne par ailleurs une synthèse. S'agissant des rapports établis par la Commission, de sa propre initiative ou à la demande du Prince, sur des organismes subventionnés par l'État (Automobile Club, Orchestre philharmonique… au total deux cents organismes environ) ou sur les sociétés non cotées en bourse mais majoritairement détenues par l'État, la situation est plus incertaine : s'agissant des sociétés cotées en bourse, comme la Société des Bains de Mer (créée au XIXe siècle, détenue à 64 % par l'État et qui gère de nombreux actifs dans l'hôtellerie et les loisirs : casinos, opéra…), la CSC ne peut assurer leur contrôle alors qu'elle est compétente pour contrôler celles qui ne sont pas cotées mais les rapports les concernant sont ou non rendus publics selon qu'on les considère comme des organismes bénéficiaires de concours financiers de l'État (publicité du rapport) ou comme des entreprises privées (non publicité du rapport), étant observé que c'est la CSC qui décide à quel titre le contrôle est réalisé : son président de l'époque, J. Charrier, estimait que cette pratique ne devrait pas changer et indiquait « qu'il y a certains éléments que l'on ne peut pas publier. Pour l'Automobile Club de Monaco, par exemple, on a communiqué la quasi-totalité du rapport au Conseil national. Mais j'ai dit non pour d'autres éléments. Car dans ce rapport, j'avais notamment examiné le contrat qui liait l'Automobile Club avec Ecclestone. Et il y avait une clause de confidentialité. Si les analyses que j'avais pratiquées sur ce contrat avaient été ébruitées, çà aurait amené des difficultés invraisemblables et de vrais risques de contentieux »[31].

Quant aux études ou missions d'information que le Prince ou son gouvernement peut confier à la CSC (ordonnance souveraine de 2008, article 1), comme l'émoustillante étude rédigée par P. Hespel en 2006 sur la mise en œuvre à Monaco de la LOLF, elles sont remises directement à leur demandeur qui assure, ou non, leur publicité.

31. S. BONARRIGO, « Les cartons jaunes de la "Cour des comptes" monégasque », Monaco Hebdo, 13 avril 2011.

La Commission supérieure des comptes, outre ses compétences de contrôle financier, a été dotée récemment de prérogatives additionnelles très particulières relevant plus du registre politique que du domaine comptable et gestionnaire.

IV. – LES COMPÉTENCES ANNEXES

La loi du 2 juillet 2012 modifiée relative au financement des campagnes électorales a institué pour chaque élection nationale ou communale un organisme consultatif indépendant, la Commission de vérification des comptes de campagne, chargé de vérifier les comptes de campagne que doivent établir les candidats ou les listes. Cette commission est présidée par le président de la CSC qui désigne en outre deux membres de cette dernière sur les six appelés à siéger au sein de la commission de vérification, dont le secrétariat est assuré par le secrétariat général de la CSC. Désignés pour cinq ans, les membres actuels de la commission ont été nommés par l'ordonnance souveraine du 6 novembre 2019 et ont exercé leur office en 2023 lors des élections au Conseil national, en février, et lors des élections du Conseil communal, en mars. La commission de vérification adresse des recommandations aux candidats à propos de la désignation des mandataires financiers des candidats ou des listes et des conseils sur l'établissement, la présentation et la production des comptes de campagne : elle souligne qu'elle attache la plus grande importance à ce rôle pédagogique[32] et note que cet accompagnement a permis que les comptes soient produits dans les délais prévus par la loi, au terme d'une procédure contradictoire avec les mandataires financiers : les plafonds des dépenses de campagne, comme celui des recettes, ont été respectés lors des élections de 2023 et elle a conclu que rien ne s'opposait au remboursement des dépenses de campagne par le gouvernement princier[33] mais recommande une évolution législative pour remédier aux lacunes et imprécisions que recèle la législation en vigueur[34].

Ce dispositif ressemble, par certains aspects, à celui qui est en vigueur en France, où la Commission nationale des comptes de campagne et des financements politiques assure une fonction analogue et où, parmi

32. Commission supérieure de contrôle, Rapport public annuel 2023, préc., p. 7.
33. Ses rapports ainsi que les comptes de campagne ont été publiés au Journal de Monaco, 21 juillet 2023 et 29 septembre 2023.
34. Commission supérieure de contrôle, Rapport public annuel 2023, préc., p. 9.

les neuf membres de cette autorité administrative indépendante, trois sont issus de la Cour des comptes.

La seconde compétence annexe représente une réponse aux demandes du GRECO portant sur la prévention de la corruption dans les États : elle n'est toutefois pas collectivement dévolue à la CSC mais uniquement à son président à qui l'ordonnance souveraine du 15 juin 2023 fixant les principes et règles éthiques, déontologiques et de conformité des membres du gouvernement princier confie une tâche spécifique, qui est en France confiée également à une autorité administrative indépendante, la Haute autorité pour la transparence de la vie publique, à qui sont soumises les déclarations de situation patrimoniale et les déclarations d'intérêt souscrites par les ministres et les parlementaires, notamment. À Monaco, le ministre d'État et les conseillers de gouvernement doivent établir ces mêmes déclarations dans les deux mois suivant leur prise de fonctions puis lors de la cessation de celles-ci, ou, en cas de changement substantiel de situation, pendant l'exercice de ces fonctions. Les déclarations de patrimoine sont remises au président de la CSC qui en vérifie la régularité formelle, les déclarations d'intérêt étant pour leur part remises au ministre d'État. L'article 8 de l'ordonnance souveraine précise les éléments patrimoniaux qui doivent faire l'objet de la déclaration (immeubles, véhicules, navires…) mais contrairement à la France, ces déclarations ne sont pas publiques ; aucun retard n'a été constaté dans la remise des déclarations ni aucune lacune décelée lors de leur contrôle par le président de la CSC[35].

*

* *

Française, par sa composition, allemande par ses fonctions et britannique par son organisation, pour plaisante que soit cette formule, elle n'en est pas moins en toute rigueur académiquement inexacte, même si la CSC présente des traits empruntés à ces trois modèles. Le syncrétisme qui la caractérise se traduit également, par exemple, dans sa fonction d'ISC vis-à-vis de l'État monégasque et d'Institution régionale de contrôle (IRC) vis-à-vis de la commune, ce qui est peu fréquent en Europe puisque dans sept États seulement, l'ISC joue ces deux rôles[36] : la taille de la Principauté n'est ici pas étrangère à cette bivalence. « Conseiller plus que censeur », comme la qualifiait son

35. *Ibid.*, p. 10.

36. R. CHOUVEL, *Le contrôle externe des comptes et de la gestion des collectivités locales dans l'Union européenne*, *op. cit.*, pp. 104 et s. (Bulgarie, Grèce, Croatie, Portugal, Roumanie, Slovaquie et Slovénie).

président[37], la Commission supérieure des comptes monégasque occupe une place originale au sein des Institutions supérieures de contrôle et échappe aux catégorisations habituelles : à l'image de la chauve-souris de la fable de La Fontaine, sa physionomie et ses fonctions, notamment, font obstacle à tout classement et en cela, c'est bien l'atypisme qui la caractérise.

37. J. CHARRIER, « La Commission supérieure des comptes de Monaco », Eurosai, n° 13, 2007, p. 68.

Le roulement de la dette publique

Jean-Bernard MATTRET
Conseiller de Chambre régionale des comptes honoraire

À Albert Vignoles, mon meilleur ami

RÉSUMÉ

Pour un État, le roulement de la dette publique consiste à rembourser le principal des emprunts au moyen de nouveaux emprunts. En France, le processus est constant, au moins entre 2006 et 2023. La permanence du phénomène explique la détérioration quasi continue de la position nette négative (différence entre passifs et actifs), indicateur de la richesse d'une entité publique ou privée. En définitive, le roulement de la dette publique repose sur la confiance des prêteurs.

For a state, the refinancing of public debt consists of repaying the principal of the loans by means of new borrowings. In France, the process is constant, at least between 2006 and 2023. The permanence of the phenomenon explains the almost continuous deterioration of the net negative position (difference between liabilities and assets), an indicator of the wealth of a public or private entity. Ultimately, the refinancing of public debt relies on the confidence of lenders.

On dit souvent que l'État ne rembourse jamais ses dettes, car l'endettement ne cesse de progresser. En réalité, l'État rembourse toujours ses dettes, en faisant rouler la dette. **Rouler la dette consiste**

à rembourser les emprunts arrivés à échéance grâce à de nouveaux emprunts[1]. C'est une situation exorbitante du droit commun, comme le montre l'encadré qui figure[2] ci-après :

Une forme d'endettement spécifique

Contrairement aux particuliers, les organismes publics, lorsqu'ils s'endettent, ne remboursent à chaque échéance **que les intérêts, car ils émettent des obligations**.

S'il émet une OAT à 10 ans, l'État remboursera les intérêts (par exemple 0,5 % du montant de l'obligation émise) chaque année ou chaque semestre pendant 10 ans, mais remboursera le capital en une seule fois, à l'échéance. Pour cela il se réendettera. En période d'intérêts très faibles, il semble facile de s'endetter, puisque cela ne coûte rien et parfois même rapporte (intérêts négatifs). Mais à l'échéance il faudra se réendetter pour le même montant et si les taux d'intérêt ont monté fortement, cela pourra devenir difficile pour l'État et son budget de faire face à la **charge de la dette** (coût des emprunts).

Source : La finance pour tous.

Il convient de revenir sur le mécanisme du « roulement » avant de rappeler le lien qui existe avec la variation de la situation nette.

1°) Le mécanisme

Le remboursement en capital des emprunts est considéré comme une opération de trésorerie. L'article 2 du projet de loi de règlement pour 2023[3] conduit à une approche en exécution de la relation entre les

1. L'avenir des dettes publiques – Le rapport sénatorial déposé le 10 novembre 2021 peut être téléchargé à l'adresse : https://www.senat.fr/rap/r21-139/r21-1396.html#:~:text=Selon%20les%20derniers%20chiffres%20de,milliards%20d'euros%20en%202022
2. L'encadré est tiré de la dette publique publiée par La finance pour tous, à l'adresse : https://www.lafinancepourtous.com/decryptages/politiques-economiques/economie-francaise/comptes-publics/la-dette-publique/
3. Le texte adopté par l'Assemblée nationale le 27 juillet 2022 figure à l'adresse : https://www.assemblee-nationale.fr/dyn/16/textes/l16t0006_texte-adopte-seance
Pour la première fois sous la Ve République, le projet de loi de règlement a été définitivement rejeté. À ce sujet, voir l'article d'Aurélien Baudu et de Xavier Cabannes publié le 6 août 2022 par *Le Point*, à l'adresse : https://www.lepoint.fr/debats/budget-pourquoi-le-rejet-de-la-loi-d-arret-est-un-evenement-06-08-2022-2485578_2.php

déficits et la dette de l'État : « *Le montant définitif des ressources et des charges de trésorerie ayant concouru à la réalisation de l'équilibre financier de l'année 2023 est arrêté aux sommes présentées dans le tableau de financement ci-après* » :

	Exécution 2023 *(en milliards €)*
Besoin de financement	
Amortissement de la dette à moyen et long termes	149,6
dont remboursement du nominal à valeur faciale	*144,5*
dont suppléments d'indexation versés à l'échéance (titres indexés)	*5,1*
Amortissement SNCF Réseau	2,1
Amortissement des autres dettes	0,9
Déficit à financer	173,0
Autres besoins de trésorerie	−11,0
Total du besoin de financement	**314,6**
Ressources de financement	
Émission de dette à moyen et long termes, nettes des rachats	270,0
Ressources affectées à la Caisse de la dette publique et consacrées au désendettement	6,6
Variation nette de l'encours des titres d'État à court terme	20,8
Variation des dépôts des correspondants	−11,5
Variation des disponibilités du Trésor à la Banque de France et des placements de trésorerie de l'État	47,6
Autres ressources de trésorerie	−18,8
Total des ressources de financement	**314,6**

Les remboursements de capital sont compensés par la souscription de nouveaux emprunts. C'est l'illustration de la cavalerie budgétaire : des emprunts nouveaux remboursent les emprunts anciens. C'est de la cavalerie budgétaire, comme le rappelait Philippe Marini en ces termes[4] : « *Que l'on cesse enfin de faire de la cavalerie en empruntant de nouveau pour rembourser des emprunts qui financent des dépenses de fonctionnement* ».

4. Cité par P. FABRA in chronique du 6 février 2001, mise à jour le 6 août 2019, intitulée « Veut-on, oui ou non, mettre fin à la cavalerie budgétaire ? », à l'adresse : https://www.lesechos.fr/2001/02/veut-on-oui-ou-non-mettre-fin-a-la-cavalerie-budgetaire-1052594

Le tableau qui figure ci-après illustre la cavalerie budgétaire sur les années 2006 à 2023 :

Remboursement en capital des emprunts d'État par de nouveaux emprunts (en milliards d'euros)

Années	Emprunts remboursés	Emprunts nouveaux
2006	89,90	86,15
2007	79,6	118,51
2008	112,8	191,7
2009	125	259
2010	110	192
2011	120	201
2012	123	200
2013	136	205
2014	134	212
2015	150	221
2016	153	216
2017	115,2	185
2018	116,6	195
2019	130,2	200
2020	136,1	309,5
2021	118,3	260
2022	145,7	260
2023	156,5	270

Source : Compte général de l'État – Tableau des flux de trésorerie et lois de règlement.

Cette méthode implique en réalité d'accepter à tout moment les conditions dictées par les marchés financiers, car elle ne fonctionne que tant que des investisseurs souhaitent placer leurs avoirs en titres de dette publique.

Paul Fabra réfute la notion de déficit structurel (hors fluctuations de l'activité économique[5]) en ces termes[6] : « *Je me souviens de la stupeur, sinon de l'incrédulité qui avait été la première réaction du public lorsqu'à l'occasion d'une table ronde, Jacques de Larosière avait tranché un débat sur la balance des paiements américaine : «* ***Pour être en déficit, il faut un prêteur*** *». Cette simple constatation est de*

5. Cour des comptes, Rapport public annuel 2019, p. 28, à l'adresse : https://www.ccomptes.fr/system/files/2019-02/01-situation-ensemble-finances-publiques-Tome-1.pdf
6. P. FABRA, *Le capitalisme sans capital*, Paris, Les Échos, Eyrolles, 2009, p. 40.

nature à disqualifier comme contraire à la réalité vécue la notion de déficit structurel. »

Si l'État peut financer un déficit, 146,6 Md€ au moyen d'emprunts et rembourser l'annuité en capital de ses emprunts, 155,3 Md€, grâce à de nouveaux emprunts comme le laisse apparaître l'article d'équilibre financier de la loi de finances pour 2024, il n'en va pas de même pour les collectivités locales dont les prévisions relatives aux recettes et aux dépenses doivent s'équilibrer rigoureusement. En effet, l'article L. 1612-4 du Code général des collectivités territoriales interdit de rembourser l'annuité en capital des emprunts par de nouveaux emprunts[7]. Il réserve ce remboursement au prélèvement sur la section de fonctionnement, aux dotations aux amortissements et provisions ainsi qu'aux ressources propres de la section d'investissement. Sous forme d'arrêtés interministériels, les récentes mises à jour des instructions budgétaires et comptables M57 et M4 au 1er janvier 2024 durcissent et complexifient, *praeter legem*, le dispositif en ajoutant des précisions qui dénaturent la loi de 1996.

2°) La relation entre le roulement de la dette et la situation nette

Les notions de déficit primaire, structurel et stabilisant ne sauraient masquer la relation entre la dette et les déficits. Paul Fabra l'exprimait en ces termes[8] : « *Cependant, inflation monétaire ou pas, le déficit qu'il importe d'abord de connaître, c'est celui qui est, au centime près, égal à l'addition des emprunts que le Trésor a dû contracter, y compris s'il le faut auprès du système bancaire – monétisation de la dette (inflation) – pour équilibrer ses comptes.* »

L'affirmation est à peu près exacte, à la nuance près, notamment, **des emprunts non remboursés** qui accentuent les dettes financières

7. Le troisième alinéa de l'article L1612-4 du CGCT dispose :
« *Le budget de la collectivité territoriale est en équilibre réel lorsque la section de fonctionnement et la section d'investissement sont respectivement votées en équilibre, les recettes et les dépenses ayant été évaluées de façon sincère, et lorsque le prélèvement sur les recettes de la section de fonctionnement au profit de la section d'investissement, ajouté aux recettes propres de cette section, à l'exclusion du produit des emprunts, et éventuellement aux dotations des comptes d'amortissements et de provisions, fournit des ressources suffisantes pour couvrir le remboursement en capital des annuités d'emprunt à échoir au cours de l'exercice* ». (source : https://www.legifrance.gouv.fr/codes/article_lc/LEGIARTI000006389562)

8. P. FABRA, « Le marché tel qu'il est enseigné », Le Monde, 12 juin 1990.

et **des écarts de réévaluation** qui, en revanche, améliorent la situation nette[9], comme le montre le compte général de l'État 2023[10].

BILAN

	Note	31/12/2023 Brut	31/12/2023 Amortissements Dépréciations	31/12/2023 Net	31/12/2022 Retraité Net*	Variation
ACTIF IMMOBILISÉ						
Immobilisations incorporelles	6	67 063	27 666	39 398	36 092	3 305
Immobilisations corporelles	7	679 173	86 034	593 139	583 569	9 570
Immobilisations financières	8	452 551	30 578	421 973	409 915	12 058
Total actif immobilisé		1 198 788	144 277	1 054 510	1 029 577	24 933
ACTIF CIRCULANT (hors trésorerie)						
Stocks	9	38 684	10 811	27 873	29 054	–1 181
Créances	10	155 330	41 986	113 344	113 926	–582
Redevables		*119 734*	*40 834*	*78 900*	*76 659*	*2 240*
Clients		*9 463*	*931*	*8 533*	*4 932*	*3 600*
Autres créances		*26 133*	*221*	*25 912*	*32 335*	*–6 423*
Charges constatées d'avance	10	63 042	0	63 042	27 634	35 408
Total actif circulant (hors trésorerie)		257 057	52 798	204 259	170 615	33 644
TRÉSORERIE	15					
Fonds bancaires et fonds en caisse		15 514		15 514	80 170	–64 657
Valeurs escomptées, en cours d'encaissement et de décaissement		–2 668		–2 668	–3 525	857

9. La situation nette de l'État correspond à la différence entre l'actif et le passif de son bilan.
10. Le compte général de l'État 2023 peut être consulté à l'adresse : https://www.budget.gouv.fr/reperes/comptes_etat/articles/comptes-de-letat-2023

	Note	31/12/2023 Brut	Amortissements Dépréciations	Net	31/12/2022 Retraité Net*	Variation
Autres composantes de trésorerie		21 950		21 950	4 901	17 049
Valeurs mobilières de placement		79	0	79	42	37
Total trésorerie		34 874	0	34 874	81 588	–46 714
COMPTES DE RÉGULA-RISATION	16	824		824	895	–71
TOTAL ACTIF (I)		1 491 543	197 075	1 294 468	1 282 675	11 793
DETTES FINANCIÈRES	11					
Titres négociables				2 445 098	2 292 874	152 224
Titres non négociables				0	0	0
Dettes financières et autres emprunts				31 738	34 954	–3 216
Total dettes financières				2 476 836	2 327 827	149 009
DETTES NON FINANCIÈRES (hors trésorerie)	12					
Dettes de fonctionnement				10 218	8 279	1 939
Dettes d'intervention				10 961	11 588	–627
Produits constatés d'avance				106 825	120 230	–11 404
Autres dettes non financières				153 185	156 645	–3 460
Total dettes non financières				283 189	296 741	–13 552
PROVISIONS POUR RISQUES ET CHARGES	13					
Provisions pour risques				35 489	41 669	–6 180

	Note	31/12/2023 Brut	Amortissements Dépréciations	Net	31/12/2022 Retraité Net*	Variation
Provisions pour charges				149 360	134 741	14 619
Total provisions pour risques et charges				184 849	176 410	8 439
AUTRES PASSIFS (hors trésorerie)	14			38 058	38 036	23
TRÉSORERIE	15					
Correspondants du Trésor et personnes habilitées				164 566	176 069	– 11 503
Autres				0	0	0
Total trésorerie				164 566	176 069	– 11 503
COMPTES DE RÉGULARISATION	16			22 068	25 545	– 3 477
TOTAL PASSIF (hors situation nette) (II)				3 169 568	3 040 629	128 939
Report des exercices antérieurs				– 1 916 435	– 1 916 510	75
Solde des opérations d'exercices antérieurs en attente d'activation				– 302 116	– 142 088	– 160 027
Écarts de réévaluation et d'intégration				468 381	458 609	9 772
Solde des opérations de l'exercice				– 124 930	– 157 965	33 035
SITUATION NETTE (III = I – II)	17			– 1 875 100	– 1 757 954	– 117 146

* *Voir la note 2 sur l'information comparative retraitée.*

La situation nette de l'État français est en diminution de 117 146 M€ (passant de - 1 757 954 M€ au 31 décembre 2022 à - 1 875 100 M€

au 31 décembre 2023). La situation nette présente sur une colonne *ad hoc* les soldes des exercices 2021 et 2022 qui n'ont pu être affectés en report des exercices antérieurs en raison du rejet par le Parlement du projet de loi relative aux résultats de la gestion et portant approbation des comptes de l'année (anciennement dénommé projet de loi de règlement). Cette colonne est intitulée « Solde des opérations d'exercices antérieurs en attente d'affectation ».

	Notes	Report des exercices antérieurs	Solde des opérations d'exercices antérieurs en attente d'affectation	Écarts de réévaluation et d'intégration	Solde des opérations de l'exercice	Total
Situation au 31/12/2022 retraité		– 1 916 510	– 142 088	458 609	– 157 965	– 1 757 954
Impact des retraitements 2023 sur le solde 2022				2 063	– 2 063	0
Imputation du solde de l'exercice 2022			– 160 027		160 027	0
Solde de l'exercice 2023					– 124 930	– 124 930
Total impacts sur le solde des opérations de l'exercice et d'exercices antérieurs		0	– 160 027	2 063	33 035	– 124 930
Réévaluations des constructions	**7.1**			**495**		**495**
Réévaluations des infrastructures routières				–90		–90
Réévaluations du parc immobilier				285		285
Réévaluations des établissements pénitentiaires				300		300

	Notes	Report des exercices antérieurs	Solde des opérations d'exercices antérieurs en attente d'affectation	Écarts de réévaluation et d'intégration	Solde des opérations de l'exercice	Total
Réévaluations des actifs remis en concession	**7.5**			**490**		**490**
dont réévaluations des concessions autoroutières				*452*		*452*
dont réévaluations des concessions hydrauliques				*44*		*44*
dont réévaluations des concessions ferroviaires				*–17*		*–17*
Autres opérations sur écarts de réévaluation				**–373**		**–373**
dont réévaluations sur sorties d'immobilisations				*–311*		*–311*
dont réévaluations du spectre hertzien				*– 55*		*– 55*
Total réévaluations				613		613
Contrepartie des actifs remis en concession				2 475		2 475
dont mise en concession du parc de logements du Ministère des Armées				*1 258*		*1 258*
Contrepartie des immobilisations financières sans détention de titres				–1		–1

	Notes	**Report des exercices antérieurs**	**Solde des opérations d'exercices antérieurs en attente d'affectation**	**Écarts de réévaluation et d'intégration**	**Solde des opérations de l'exercice**	**Total**
Autres contreparties d'immobilisations				**–1 203**		**–1 203**
Total contrepartie d'actifs				1 271		1 271
Contrepartie de l'intégration des entités relevant du périmètre de l'État				–239		–239
Écarts actuariels	**13.2**			**–285**		**–285**
dont écarts au titre des provisions pour transferts				*–127*		*–127*
Écarts d'équivalence	**8.1**			**6 349**		**6 349**
Autres		**75**		**0**	**0**	**75**
Situation au 31/12/2023		–1 916 435	–302 116	468 381	–124 930	–1 875 100

Insistons sur l'intérêt qui s'attache à la situation nette. Ainsi, qui investirait dans une entreprise qui présenterait une perte 2 trillions (mille milliards) de dollars et une situation nette négative de 44 trillions (mille milliards) de dollars[11] ? L'entreprise est les États-Unis d'Amérique.

11. Voir ci-après la couverture de Bloomberg Businessweek Feb-28 Mar-06-2011.

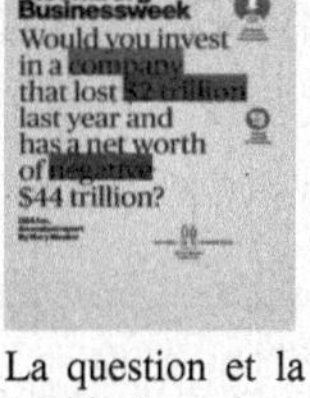

La question et la réponse sont provocatrices car on ne saurait imaginer que la nation américaine soit en état de faillite, *i.e.* de cessation de paiements. Au demeurant, la situation nette négative de 44 trillions, rapportée par l'hebdomadaire américain est discutable car

In fine, la question renvoie au risque de défaut ou de faillite pour une entreprise qui révèlerait une situation nette[12] négative.

Conclusion : la confiance des prêteurs et des agences de notation

En bref, le « roulement » de la dette publique repose sur la confiance des prêteurs. Jusqu'à présent, l'Agence France Trésor ne rencontre aucune difficulté pour placer les titres de la dette de l'État[13].

Certes, Standard and Poor's a dégradé la notation de la dette publique de l'État français le 31 mai 2024 de AA à AA-[14], mais, les autres agences de notation Fitch et Moody's viennent de confirmer la notation excellente de la dette publique française. Comme le rappelle Pierre-Antoine Delhommais « *d'un point de vue financier, la décision de Moody's et de Fitch, aussi étonnante puisse-t-elle paraître, se justifie. En dépit de l'envolée de la dette et de la dérive des déficits, la solvabilité de l'État, c'est-à-dire sa capacité à rembourser ses emprunts, n'est pas aujourd'hui remise en cause. La France reste une excellente « signature » sur les marchés financiers, les investisseurs du monde entier continuent de raffoler et d'acheter massivement des obligations assimilables du Trésor (OAT). Il est vrai qu'ils considèrent moins celles-ci comme des titres de dette de la France que comme des titres de la dette de la zone euro, dont la solidité est garantie par une Allemagne qui, malgré ses difficultés économiques, conserve des finances publiques en excellent état*[15] ».

elle intègre les anticipations de dépenses médicales et de retraite. À la fin de l'année fiscale 2022-2023, la situation nette négative des États-Unis atteignait - 37,479 trillions (source : https://www.fiscal.treasury.gov/files/reports-statements/financial-report/2023/executive-summary-2023.pdf).

12. L'actif net est une notion comptable, obtenue en soustrayant de l'ensemble des actifs de l'entreprise l'ensemble de ses dettes actuelles ou potentielles. L'actif net est synonyme de capitaux propres comptables. Source : https://www.lesechos.fr/finance-marches/vernimmen/actif-net-257280.
13. Voir par exemple, en date du 20 mai 2024, l'adjudication des OAT et des BTF est très inférieure au volume demandé à l'adresse : https://www.aft.gouv.fr
14. Voir l'article de Renaud Honoré à l'adresse : https://www.lesechos.fr/economie-france/budget-fiscalite/dette-la-france-sanctionnee-par-standard-poors-2098469.
15. P.-A. DELHOMMAIS, « L'étonnante clémence de Moody's et Fitch », in Le Point n° 2700 du 2 mai 2024, pp. 13 et 14.

Chronique fiscale

Sous la responsabilité de

Michel BOUVIER

Professeur émérite de l'Université Paris 1 Panthéon-Sorbonne
Président de FONDAFIP
Directeur de la Revue Française de Finances Publiques

Assurance et Fiscalité

Philippe TRAINAR

Professeur au Conservatoire des Arts et Métiers

Les primes d'assurance, les cotisations sociales et la CSG sont-elles des substituts ou des compléments ? Toutes les trois font peu ou prou référence au risque, toutes les trois financent la couverture de risques, toutes les trois semblent plus ou moins se faire concurrence. Et, pourtant, ces trois revenus sont de nature différente. Je voudrais ici clarifier ces différences sur la base d'une analyse plus approfondie de leur nature économique respective et des comportements économiques qu'elles présupposent, et en tirer quelques conséquences institutionnelles.

I. – UNE LOGIQUE POLITIQUE FUSIONNELLE

Un premier constat s'impose tout d'abord. Les systèmes publics comportent tous, à un degré ou un autre, une dimension redistributive. Il est clair que l'aide sociale est à 100 % de la redistribution et que la famille est aussi très largement de la redistribution, à hauteur d'environ 90 %. Moins connu, est le fait que les dispositifs publics d'assurance, comme l'assurance chômage et l'assurance maladie de la sécurité sociale, ne sont pas qu'assurantiels mais aussi très largement redistributifs, à hauteur de 60 % pour l'assurance chômage et de 50 % pour l'assurance maladie. Cette dimension redistributive de l'assurance publique résulte principalement, mais pas exclusivement, de la combinaison de cotisations proportionnelles aux revenus servant à financer des prestations forfaitaires (la maladie) ou moins que proportionnelles aux revenus (assurance chômage). Trois types de logique fusionnelle sont souvent avancés pour expliquer ce mélange des genres.

L'assurance considérée comme sous-ensemble de la redistribution. C'est une logique que l'on retrouve assez communément dans les discours publics sur la base de l'idée que l'assurance comme la redistribution transfert du « revenu », au sens large du terme, des personnes qui ne sont pas affectées par la mauvaise fortune vers les personnes victimes d'une mauvaise fortune. Une logique unique ou, à tout le moins similaire, de mutualisation serait aux fondements de l'assurance et de la redistribution. Dans cette perspective, les primes, les cotisations sociales et les impôts ne constitueraient que des modalités différentes de financer la mutualisation des risques, sélectionnées en fonction de la nature du risque couvert, assurance pour les risques prévisibles, redistribution pour les risques imprévisibles. À la limite, l'assurance pourrait se résorber dans la redistribution, un point de vue souvent défendu au ministère des affaires sociales qui voit dans la sécurité sociale et ses multiples dispositifs de redistribution, une forme d'assomption de l'assurance, ou la redistribution dans l'assurance, un point de vue défendu par le prix Nobel Robert Shiller (cf. « The New Financial Order » publié par Princeton University Press en 2003).

L'assurance considérée comme un complément au service de la redistribution. Cette logique se situe dans le prolongement de la précédente, quand l'assurance se résorbe dans la redistribution. Elle est omniprésente dans le discours des pouvoirs publics français car elle correspond assez bien à la construction sociale française où les systèmes publics de couverture de la maladie, des accidents du travail, des retraites, des catastrophes naturelles et même du chômage jouent un rôle recteur dans la couverture de ces risques mais où ils sont complétés, sous une forme ou sous une autre, par des mécanismes d'assurance classique, gérés par le secteur privé. L'un des avantages politique de la formule est qu'elle permet de « vendre » à la classe moyenne une redistribution dont elle ne voudrait probablement pas si elle n'était pas masquée par un voile assurantiel qui lui confère toutes les apparences d'un échange équilibré quand cet échange est systématiquement biaisé en faveur des moins fortunés et aux dépens des plus fortunés. Dans cette perspective, il faut plutôt combiner les trois ressources, les cotisations sociales et les impôts sont donc combinés au gré de la dialectique politique, les impôts faisant un peu figure de « passagers clandestins », **mais néanmoins** nécessaires, de l'assurance.

Les économies d'échelle d'un service aux victimes de la mauvaise fortune. Les partisans de la logique fusionnelle avancent souvent un argument technologique en faveur de leur point de vue, argument que l'on retrouve régulièrement dans la logique économique des fusions et agglomérations de grandes entités. La gestion commune de la redistribution et de la sécurité sociale permettrait d'engranger d'importants gains d'efficacité en termes d'information sur les personnes concernées, de gestion des primes, impôts affectés, cotisations et prestations, d'interface entre celles-ci et d'organisation. Ces gains d'efficacité seraient d'autant plus garantis, que les informations nécessaires à la gestion de ces deux segments sont en grande partie similaires. Économies de données, de personnels, d'infrastructures informatiques seraient au rendez-vous, le tout dans un environnement public, par définition respectueux de la confidentialité des données personnelles. Naturellement, on peut opposer à cette argumentation « monopolistique » que les monopoles sont plus difficiles et donc plus coûteux à gérer en raison de leur complexité organisationnelle, qu'ils sont de ce fait souvent globalement moins efficaces que des entités de plus petite taille et qu'ils sont plus aisés à capturer par les intérêts catégoriels du personnel ou des bénéficiaires de prestations.

II. – DES LOGIQUES ÉCONOMIQUES CEPENDANT OPPOSÉES

Si la logique politique est favorable à la confusion de l'assurance et de la redistribution, la logique économique y est, elle, totalement opposée. En effet, l'assurance et la redistribution correspondent à des logiques économiques non seulement différentes mais aussi opposées. Cette opposition n'est pas anodine car elle sape les fondements mêmes de la logique politique fusionnelle, la rendant inopérante et parfaitement inefficace, avec pour conséquence qu'elle modifie fondamentalement les relations entre assurance et fiscalité. Les logiques économiques de l'assurance et de la redistribution, et donc de la fiscalité s'opposent sur cinq points principaux.

Une logique impérative de prévoyance dans l'assurance. Dans l'assurance, pour bénéficier d'une prestation ou d'une indemnité, il ne faut surtout pas que le risque ou le sinistre couvert soit déjà réalisé au moment où l'on souscrit le contrat et paie la prime. C'est là une règle d'or. En son absence, seuls les agents économiques ayant subi un sinistre s'assureraient contre ce sinistre et paieraient la prime nécessaire. C'est ce que l'on appelle l'anti-sélection, qui conduit à faire disparaître la dimension « mutualisation » qui est au fondement de l'assurance, c'est-à-dire la situation où ce sont les nombreuses personnes n'ayant pas souffert du sinistre qui paie pour celles qui ont été affectées. En l'occurrence, ce sont ceux qui ont subi le sinistre qui paient pour eux-mêmes. En d'autres termes, en l'absence de mutualisation, les sinistrés paieront l'intégralité du coût de leur sinistre sous forme de prime, ce qui veut dire qu'ils n'auront aucun intérêt à s'assurer puisque cela leur économisera les coûts de gestion de l'assurance et leur évitera les tracasseries de la relation à l'assurance (déclaration, etc.) sauf à ce que l'assureur accepte de tomber en faillite. Cet impératif de prévoyance est en revanche absent, par construction, de la redistribution. Pour bénéficier de la redistribution, il suffit en effet d'une mauvaise fortune, et la mauvaise fortune peut elle-même être imputable soit à des risques non couverts par l'assurance soit à risques couverts par l'assurance mais par rapport auxquels je n'ai pas pris soin de me couvrir, par rapport auxquels j'ai été imprévoyant par erreur, et l'erreur est humaine, par calcul, en spéculant sur l'aide de l'État, ou par inadvertance, j'ai tout simplement oublié de m'assurer. De ce point de vue, la redistribution joue le rôle d'une sorte de super-assurance sociale, de voiture-balai en l'absence d'assurance.

Une logique impérative de prévention en assurance. Pour financer les dépenses de couverture d'assurance, les assurés sont priés de payer une prime. Cette prime est calculée en fonction du coût moyen du risque couvert, c'est là le bénéfice de la mutualisation, en fonction aussi de la probabilité d'une déviation exceptionnelle de ce coût par rapport à la moyenne (sachant que les banques sont réticentes à prêter aux assureurs en difficulté) et en fonction d'une marge destinée à couvrir les coûts de gestion. Elle suppose de la part de l'assuré un comportement normal de prévention des risques, conforme à la moyenne des assurés, comportement qui est à la base du calcul de la prime d'assurance. Inversement, en matière de redistribution, le bénéficiaire n'a pas plus à faire la preuve de son effort de prévention que de son effort de prévoyance. Les cotisations sociales assurent ainsi un droit à indemnisation sans conditions autres que le paiement régulier de ces cotisations, que ce soit pour la maladie, le chômage ou les catastrophes naturelles. Quant aux impôts, ils déconnectent totalement les droits à prestation des individus, de leur comportement de précaution ou de prévention.

Une logique de tarification différenciée en assurance. Ce sont la fréquence (probabilité) et l'intensité (coût) d'un risque, qui déterminent le montant moyen du risque couvert et donc le montant des primes qui financeront les prestations d'assurance. Mais, ces données ne sont pas invariables. Elles varient notamment en fonction tant de l'exposition naturelle de l'assuré au risque concerné que de l'effort de prévention individuelle réalisé par cet assuré pour maîtriser voire réduire cette exposition. Or, les assurés ne sont pas homogènes à cet égard, certains étant plus exposés que d'autres (s'ils ont construit leur maison en zone inondable, par exemple) ou étant moins précautionneux que d'autres (s'ils ne veillent pas à mener une vie saine, par exemple). Ceux qui sont moins exposés ou plus précautionneux ne sont en général pas disposés à payer plus pour couvrir ceux-ci. C'est toute la leçon de la fable de La Fontaine, *La cigale et la fourmi*. Le niveau des primes va donc tout naturellement être inversement proportionnel à l'exposition de l'assuré au risque et à son effort pour maîtriser et réduire cette exposition. Cette proportionnalité est vertueuse car elle incite les assurés à la précaution et à la prévention. Elle est aussi saine car elle réduit le risque d'antisélection qui conduit à la faillite de l'assureur (cf. Joseph Stiglitz : « Risk, Incentives and Insurance: The Pure Theory of Moral Hazard », The Geneva Papers on Risk and Insurance, Vol. 8, No. 26, 1983). À l'inverse, la redistribution est fondée sur l'indépendance de son financement par rapport à l'exposition des bénéficiaires potentiels aux risques couverts, sous la forme soit d'une contribution identique des assurés quelle que soit leur exposition au risque soit d'une différenciation inversée des assurés, les plus exposés au risque payant moins que les moins exposés. L'élément recteur de la prime n'est plus l'exposition au risque mais le besoin économique de l'assuré, les seules conditionnalités étant en général liées à des paramètres indépendants du risque ou à des interdits comportementaux qui n'ont rien ni d'incrémental, ni de négociable. La prime devient un prélèvement obligatoire.

Une logique de non-proportionnalité des primes par rapport à la fortune. Sauf lorsque les indemnités ont vocation à être proportionnelles à la fortune (prestations de remplacement du revenu, indemnités de pertes d'exploitation…), les primes d'assurance sont proportionnées au risque mais surtout pas au revenu ou à la fortune, sachant que les primes proportionnelles au revenu ou à la fortune incitent aux « comportements de passagers clandestins », i.e. à l'aléa moral et à l'antisélection, ruineux pour l'assureur et inefficient pour l'assuré. La déconnexion de la prime par rapport au risque conduit tout naturellement à des financements sous forme de contributions proportionnelles au revenu (cotisations sociales) ou à la fortune, voire progressives (CSG, IR), quel que soit le mode de calcul des indemnités (proportionnel ou non au revenu ou à la fortune), car le revenu et la fortune sont perçus comme résumant assez bien l'essentiel des aléas de la vie, sur lesquels la personne concernée n'a que peu ou pas d'influence. Le gros du financement de la redistribution en France transite par cette proportionnalité voire progressivité. Il ne s'agit plus là de primes d'assurance, qu'il serait impossible de lever sur cette base (sur un marché, aucun client fortuné n'accepterait de souscrire contractuellement à une assurance auto dont la prime serait proportionnelle au revenu, ce qui aboutirait à la disparition de toute assurance financée sur cette base), mais de prélèvements obligatoires, imposés unilatéralement par l'État sous forme de cotisations sociales, impôts ou taxes.

Une logique d'assurance déconnectée de l'activité. Sauf cas particulier, l'assurance n'exige pas d'avoir une activité économique pour être couvert. Il suffit de payer sa cotisation. Inversement, le paiement d'une cotisation n'est pas suffisant pour justifier le bénéfice de la redistribution. En France, par exemple, les seules contributions assises sur les revenus du capital (CSG) ne donnent pas droit aux prestations maladie et retraite de la sécurité sociale. Seules les cotisations assises sur les revenus d'activité ou sur les revenus de substitution, que sont les indemnités chômage ou invalidité, les prestations retraite, etc., y donnent droit. Le bénéfice de l'assurance chômage est lui-même encadré par un principe de recherche d'emploi. Ces conditionnalités n'ont absolument aucun sens en assurance. Elles en ont en revanche beaucoup pour la redistribution où elles sont l'un des seuls moyens, si ce n'est le seul, de limiter les comportements de « passagers clandestins ».

III. – COMPLÉMENTARITÉ OU SUBSTITUABILITÉ : CONSÉQUENCES ORGANISATIONNELLES

La question maintenant importante est celle du « comment gérer » ces deux mécanismes qui répondent à des logiques économiques si différentes. Peut-on les gérer en même temps, dans le cadre d'institutions bicéphales, comme c'est aujourd'hui le cas en France avec la sécurité sociale ? Ou faut-il les gérer séparément afin de mieux dessiner et gérer les prestations en fonction leurs financements ? En amont de cette interrogation, se pose la question de savoir si ces prestations qui sont différentes par nature, sont en pratique, dans leur gestion au quotidien, complémentaires ou substituables et si elles peuvent être gérées dans le cadre des mêmes institutions, avec à l'esprit l'intention de bénéficier d'économies d'échelle, ou si leurs logiques économiques et sociales différentes imposent de les gérer dans le cadre d'institutions dédiées différentes, si elles sont substituables. En pratique, la substituabilité de ces prestations, qui ne peut aboutir qu'à une cannibalisation de l'une des logiques par l'autre, milite en faveur d'une gestion par des institutions différentes, potentiellement complémentaires.

Les logiques économiques différentes de l'assurance et de la redistribution, au niveau tant des prestations concernées que de leur financement, aboutissent nécessairement à **un monitoring radicalement différent du comportement des agents concernés**. Dans le cadre de l'assurance, il est important de préserver les principes de responsabilité qui sont à son fondement. Le principe de prévoyance tout d'abord qui veut que le bénéfice de l'assurance soit conditionné à une démarche préalable active de l'assuré visant à demander une protection, à préciser clairement la nature du risque couvert, le comportement de prévention de l'assuré pour la part du risque couvert qui dépend de son comportement (il n'existe pas de risque qui ne dépende à un degré ou un autre du comportement de l'assuré), à payer la prime proportionnée à la réalité synthétique du risque qui en résulte, et à contrôler enfin l'effectivité du risque ainsi que du comportement de prévention au moment du paiement du bénéfice de la prestation d'assurance. Dans le cadre de la redistribution, le principe de responsabilité disparaît totalement au profit de celui de capacité, i.e. capacité à subvenir à ses propres besoins. Si on est capable de subvenir à ses propres besoins, l'obligation de contribution au financement de la redistribution sous la forme d'un prélèvement obligatoire, non-négociable, s'impose. Dans le cas inverse, cette obligation ne s'impose plus nécessairement et la personne a droit au contraire à une prestation sociale. Les institutions qui gèrent la redistribution doivent donc se focaliser sur la gestion et le contrôle des ressources et de l'activité de l'ensemble des citoyens, qui ont vocation à être des « contribuables ». Tout oppose ces deux gestions, jusque dans le moindre détail. L'assurance va ainsi se focaliser sur l'acquisition, la gestion et la protection des données personnelles comportementales qu'elle ne pourra *a priori* utiliser qu'avec l'accord explicite des intéressés tandis que la redistribution se concentrera sur la gestion des données personnelles financières, revenus et patrimoines, sans avoir toujours besoin de veiller rigoureusement au principe de protection de ces données, notamment lorsqu'il faut lutter contre la fraude fiscale et sociale, dans le cadre de ses pouvoirs généraux de « police ».

Accord général sur le caractère théoriquement complémentaire de ces logiques. En effet, il ne fait de doute pour personne, que ces logiques n'ont pas, en principe, vocation à s'additionner chez la même personne (si je bénéficie de l'une, je n'ai pas de raison particulière de bénéficier nécessairement de l'autre) et qu'elles n'ont pas plus vocation à se substituer (si je bénéficie de l'une, celle-ci n'a pas vocation à supprimer pour moi le bénéfice de l'autre) mais qu'elles ont vocation à se compléter, au sens où elles sont indépendantes l'une de l'autre et peuvent se cumuler chez les uns ou s'exclure chez les autres. Nous sommes donc en présence de logiques certes opposées mais complémentaires, car fondées sur des critères différents et avec des objectifs différents. En conséquence de quoi, il faut les combiner sans les intégrer. On démontre ainsi qu'à l'optimum économique la redistribution doit compléter l'assurance sans se substituer à elle (cf. J.-C. Rochet : « Incentives, Redistribution and Social Insurance », The Geneva Papers on Risk and Insurance Theory, Vol. 16, n° 2, 1991 et Boadway, Monteiro, Marchand & Pestieau : « Social Insurance and Redistribution with Moral Hazard and Adverse Selection », The Scandinavian Journal of Economics, 2006) tout en évitant la cannibalisation de l'une par l'autre.

Principe de la gestion séparée des deux. La bonne gestion de la complémentarité économique et sociale de l'assurance et de la redistribution impose une gestion séparée des deux car la gestion intégrée met ceux-ci en position de substituts politiques ou économiques en ce sens que la redistribution a tendance à cannibaliser l'assurance dans le cadre d'une gestion publique tandis que l'assurance a tendance à cannibaliser la redistribution dans le cadre d'une gestion de marché. La tendance à la cannibalisation de l'assurance par la redistribution concerne les institutions publiques qui gèrent à la fois de la redistribution et de l'assurance. Cette tendance est essentiellement politique. Elle tient à la démagogie naturelle des responsables politico-administratifs qui, lorsqu'ils en ont la possibilité, sont prompts à attribuer « gratuitement », au nom de la redistribution, des droits à prestation nouveaux de façon à les substituer à des prestations d'assurance onéreuses. La maladie, la retraite, le chômage, les catastrophes naturelles… regorgent de ce type d'extensions. Nous avons montré dans d'autres articles que c'est ainsi que la redistribution avait progressivement grignoté les assurances sociales pour atteindre aujourd'hui une part de 60 % en assurance maladie et de 50 % en assurance chômage. Quant à la tendance à la cannibalisation de la redistribution par l'assurance, elle concerne les compagnies d'assurances qui gèrent à la fois de l'assurance et de la redistribution. Cette tendance est essentiellement économique. Elle tient tant à la régulation de l'assurance qu'à la concurrence entre les assureurs. Confrontés au risque d'anti-sélection et d'aléa moral qui est maximum quand les assurés peuvent arbitrer entre assurance et redistribution, et à la menace de faillite et de retrait de l'agrément par le superviseur qui en résulte, les assureurs vont en effet réagir en réduisant autant que possible la part de la redistribution et en cannibalisant la redistribution par l'assurance. En conséquence de quoi, de façon à éviter la cannibalisation de l'une par l'autre, le principe de gestion organisationnelle séparée de la redistribution et de l'assurance s'impose.

La sécurité sociale, la retraite complémentaire, l'assurance chômage, les contrats solidaires en santé et le régime des catastrophes naturelles illustrent en France **les dérives dysfonctionnelles de la gestion combinée de la redistribution et de l'assurance** : prévention croupion en santé, chômage et Catastrophes Naturelles, généralisation des comportements de « free riding » qui incitent à une dérive autoritariste fondée sur la multiplication des interdits, et à une dérive financière avec hausse récurrente des cotisations sociales puis de la CSG, déficit persistant des régimes de retraite des fonctionnaires, montée de la dette sociale… Ces dérives contribuent à la perte de maîtrise des finances publiques et sociales dans notre pays. On ne peut en effet à la fois vendre, auprès des classes moyennes et supérieures, les mérites d'un mécanisme assurantiel et augmenter les prélèvements au titre de ce mécanisme assurantiel pour couvrir les coûts croissants de la redistribution en faveur des moins fortunés sans contrepartie pour les classes moyenne et supérieure. Forcément, le financement de cette dérive a vocation à devenir de plus en plus difficile politiquement, imposant aux pouvoirs publics de se tourner vers le déficit et la dette publique.

*

* *

Assurance et fiscalité ne font pas bon ménage, ni économiquement, ni socialement, ni politiquement. Leur gestion intégrée, qui a permis de brouiller leurs frontières et de faciliter la satisfaction des revendications sociales, devient de plus en plus difficile dans la mesure où elle apporte une contribution substantielle à la perte de maîtrise de nos finances publiques. Il est grand temps, au sein de la sphère publique – sécurité sociale –, de séparer strictement la gestion de l'assurance et de son financement, de la gestion de la redistribution et de son financement afin de mettre un terme à la multiplication coûteuse des dysfonctionnements inhérents à la combinaison des deux.

Chronique de gouvernance financière publique comparée

Sous la responsabilité de :

Jérôme GERMAIN

Maître de conférences HDR en droit public
Faculté de droit de Metz IRENEE Nancy (UR 7303)
Université de Lorraine
jerome.germain@univ-lorraine.fr

Alexandre GUIGUE

Professeur en droit public
Université Savoie Mont Blanc
Centre de recherche en droit Antoine Favre
Alexandre.Guigue@univ-smb.fr

Sylvie SCHMITT

Maître de conférences HDR
CDPC Jean-Claude Escarras, Université de Toulon
UMR-CNRS DICE 7318
sylvie.schmitt1@orange.fr

Étude comparative du régime juridique de l'emprunt de l'État et l'emprunt de la commune au Cameroun

Nicanore Uriel EBANGA

Docteur en Droit public
Université de Ngaoundéré – Cameroun

RÉSUMÉ

Cette réflexion porte sur les différences fondamentales qui caractérisent le régime juridique de deux catégories d'emprunts publics bien distincts. Autant à l'émission qu'à l'extinction, ce régime s'avère tout simplement plus strict pour la commune que pour l'État.

This reflection is on the fundamental differences which characterize the legal regime of two public debts. Wether be on emission or on extinction, this regime turns out to be just simply stricter for the municipality than for the State.

INTRODUCTION

Bien qu'il existe déjà un nombre relativement important de travaux sur l'emprunt de l'État[1]et sur l'emprunt de la commune[2], il n'y en a pas encore qui proposent spécifiquement une étude comparative de leur régime juridique. Certes, des éléments de comparaison apparaissent occasionnellement dans les travaux des uns et des autres, mais une comparaison méthodique continue de faire défaut. Or, c'est en comparant avec méthode que l'on pourrait apporter une réponse objective à ceux qui ne comprennent pas toujours pourquoi le régime juridique de l'emprunt est plus strict au niveau communal qu'au niveau étatique. Pour un Pays en développement (PED) comme le Cameroun où l'État central ne bénéficie pas encore pour lui-même des conditions financières excellentes sur les marchés du crédit, l'approche comparative permet précisément d'apprécier les raisons pour lesquelles il continue de faire peser de très lourdes contraintes sur l'emprunt communal, alors qu'un pays développé comme la France a déjà procédé à une libéralisation dans ce domaine[3].

Dans la théorie des finances publiques, on range généralement l'emprunt de l'État et l'emprunt de la commune parmi les emprunts publics, sans forcément chercher à distinguer les problèmes juridiques qu'ils soulèvent selon que le recours est effectué par un État ou par une commune. C'est vraisemblablement le résultat d'un alignement béat des juristes financiers sur les conceptions de leurs homologues économistes qui ont été les premiers à s'approprier des questions d'endettement, en animant notamment la controverse autour du recours à l'emprunt

1. J.-C. DUCROS, *L'emprunt de l'État*, Paris, l'Harmattan, 2008, 473 p. ; L. ICHER, *L'obligation de paiement de la dette publique française*, Pesse universitaire de Toulouse I Capitole - LGDJ, Coll. Thèse IFR/Droit public, 2018, 843 p. ; F. COLLY, *Les emprunts publics de l'État*, Thèse de Doctorat d'État en Droit, Université Paris I Panthéon-Sorbonne, 1982, 718 p. ; F. BONNEVILLE, *Le système de la dette publique : pour une approche organique d'un phénomène social*, Thèse de Doctorat en Droit public, Université de Paris Panthéon-Sorbonne, 2017, 757 p. ; N. U. EBANGA, *L'emprunt de l'État en droit public financier camerounais*, Thèse de Doctorat/Ph.D. en Droit public, Université de Ngaoundéré, 2021, 562 p. ;
2. P. SALEN, *L'emprunt des collectivités territoriales : un paradoxe du droit public financier*, Thèse de Doctorat en Droit public, Université de Paris I Panthéon-Sorbonne, 2014 ; A. HASTING-MARCHADIER, *Le régime juridique des contrats d'emprunt des collectivités locales*, Thèse de Doctorat en Droit public, Université de Nantes, 1995 ; F. COLLY, « Emprunts des collectivités locales », *in* L. PHILIP, *Dictionnaire encyclopédique des finances publiques*, Paris, Economica, 1991, pp. 721-732. ; N. U. EBANGA, « L'emprunt communal en droit public financier camerounais », *Revue Juridique de la Sorbonne – Sorbonne Law Review*, (à paraître).
3. V. *ibid.*

public[4]. Ici, les juristes financiers ont manifestement manqué de personnalité et se sont souvent contentés de reprendre à leur compte les différentes théories économiques, alors même qu'ils auraient aussi pu nuancer les positions des uns et des autres en développant leurs arguments en fonction de la personne publique emprunteuse. Comme leurs collègues économistes, ils n'ont pas souvent perçu la nécessité de distinguer entre le recours à l'emprunt par l'État et le recours à l'emprunt par une commune. Ils se sont ainsi rangés dans une sorte de facilité en les appréhendant globalement comme des emprunts publics sans chercher à les comparer.

Pour le législateur camerounais, il n'est pas question d'y voir tout simplement deux formes d'emprunts publics. Ayant inclus l'emprunt parmi les ressources financières des Collectivités territoriales décentralisées[5], il a ainsi pu admettre le recours au crédit par les communes. Dès lors, il reconnaît que l'État central n'est pas la seule personne publique à pouvoir emprunter dans un État décentralisé. Toutefois, il a estimé que les conditions juridiques du recours à l'emprunt ne devaient pas être les mêmes pour les deux personnes publiques concernées. Au Cameroun, elles accèdent effectivement à l'emprunt dans des conditions juridiques très différentes. Cet accès se fait dans des conditions financières particulièrement plus strictes pour les Collectivités territoriales. Pour ce qui est de l'État central, même s'il recourt désormais aux marchés des capitaux où les États empruntent normalement, ce mode de financement est encore relativement récent pour lui et les taux d'intérêt servis restent de loin supérieurs à ceux qu'il obtient en émettant des emprunts concessionnels auxquels il ne peut véritablement pas encore renoncer, malgré leurs conditionnalités souvent dénoncées à tort ou à raison. Pour ce qui est des Collectivités territoriales, elles ne jouissent que d'un pouvoir fiscal résiduel qui ne leur permettrait pas de garantir efficacement le remboursement de leurs emprunts. Pour celles qui souhaitent néanmoins recourir aux marchés financiers, il peut arriver que les agences de notation prennent en compte la note de l'État central pour déterminer la leur. Il va de soi qu'il sera difficile voire impossible pour ces dernières d'être mieux notées que l'État central qui ne bénéficie pas déjà de la note la plus excellente. De ce point de vue, il est tout à fait compréhensible que le législateur camerounais ait choisi de soumettre l'emprunt communal à un régime juridique plus strict que

4. Sur la controverse autour du recours à l'emprunt public, v. J.-C. DUCROS, *L'emprunt de l'État*, *op. cit.*, pp. 35-60.

5. V. les articles 390 et 398 de la loi n° 2019/024 du 24 décembre 2019 portant Code général des collectivités territoriales décentralisées. Ci-après CGCTD de 2019.

l'emprunt étatique. Dans le premier, il affiche clairement sa fermeté en encadrant strictement l'émission et l'extinction[6]. Dans le second, il a en revanche eu la main tremblante puisque seule l'émission est strictement encadrée pendant que l'extinction ne l'est que faiblement[7]. Bien que les conditions d'émission de l'emprunt de ces deux personnes publiques semblent alors être encadrées avec force, celle-ci ne s'exerce pas avec la même intensité sur leur régime juridique respectif. Il existe ici une différence de degré (I). Quant à leurs conditions d'extinction, la différence apparaît très clairement puisque l'une est faiblement encadrée tandis que l'autre est fortement encadrée. Il existe ici une différence de nature (II).

I. – UNE DIFFÉRENCE DE DEGRÉ DANS LEUR RÉGIME D'ÉMISSION

En règle générale, le recours à l'emprunt public est soumis à l'approbation des assemblées représentatives. Pour l'État, il s'agit des assemblées parlementaires[8]. Pour une commune, il s'agit de son assemblée délibérante[9]. Mais si l'autorisation parlementaire suffit pour que le gouvernement puisse emprunter, l'autorisation de l'organe délibérant demeure insuffisante pour le chef de l'exécutif communal qui doit encore obtenir l'approbation de l'autorité de tutelle. Le préfet qui exerce les pouvoirs de tutelle sur la commune peut donc interdire au maire d'emprunter. De son côté, le gouvernement central ne subit aucune forme de tutelle qui aurait une portée analogue. Il est certes appelé à composer avec la politique d'endettement soutenable des Institutions de Bretton Woods (IBW) ainsi qu'avec la politique de discipline budgétaire de la CEMAC, mais ces instances ne peuvent juridiquement pas encore lui interdire d'emprunter. Au demeurant, leurs objectifs respectifs consistent seulement à limiter son recours à l'emprunt. L'émission de l'emprunt de l'État est donc soumise à un régime restrictif (A) tandis que l'émission de l'emprunt de la commune est soumise à un régime prohibitif (B).

6. N. U. EBANGA, *L'emprunt communal en droit public financier camerounais*, *op. cit.*
7. N. U. EBANGA, *L'emprunt de l'État en droit public financier camerounais*, *op. cit.*, pp. 67-525.
8. V. l'article 2 de la loi n° 2018/012 du 11 juillet 2018 portant régime financier de l'État et des autres entités publiques. Ci-après RFEEP de 2018.
9. V. l'article 399 du CGCTD de 2019.

A. Un régime restrictif pour l'émission de l'emprunt de l'État

Au Cameroun, l'émission de l'emprunt de l'État est doublement limitée par la politique d'endettement soutenable des IBW (1) et par la politique de discipline budgétaire de la CEMAC (2).

1. Une limitation du recours à l'emprunt de l'État par la politique d'endettement soutenable des IBW

Depuis la crise de la dette du tiers-monde qui a éclaté au Mexique en 1982, le Fonds monétaire international (FMI) et la Banque mondiale (BM) mettent désormais en œuvre une politique d'endettement soutenable qui limite le recours à l'emprunt des PED comme le Cameroun. Elle consiste à fixer un plafond au-delà duquel la dette du pays est considérée comme insoutenable. Ce plafond est déterminé à l'aide d'un instrument inventé par ces deux IBW. Il s'agit de l'Analyse de la viabilité de la dette des Pays à faibles revenus (AVD-PFR). Il s'appuie essentiellement sur le *Country policy institutionnal assessment* (Cpia) qui est l'indice de bonne gouvernance de la BM. Selon que le Cpia indique un niveau de gouvernance faible, modéré ou fort, la dette d'un pays est respectivement considérée comme insoutenable dès qu'elle dépasse le seuil de 30 %, de 40 % et de 50 % du PIB. Lorsque le plafond correspondant est dépassé, le pays considéré ne peut en principe plus emprunter auprès des IBW. Compte tenu du fait que ces deux Institutions financières internationales (LFI) possèdent de *« véritables avantages comparatifs décisifs, sur toute institution privée ou bilatérale »* dans le monitoring des économies en développement[10], les autres créanciers multilatéraux et bilatéraux ont tendance à les suivre et à ne plus prêter aux pays qui affichent un plafond d'endettement insoutenable. En fait, comme l'ont fait justement observer certains auteurs à propos de l'AVD-PFR, *« les bailleurs doivent arrêter de prêter et les emprunteurs d'emprunter lorsque les seuils de viabilité sont franchis »*[11]. Ainsi conçue, cette politique d'endettement soutenable mise en œuvre par les IBW vise seulement à limiter et non à interdire le recours à l'emprunt de certains PED comme le Cameroun. D'ailleurs,

10. P. JACQUET et J.-M. SEVERINO, « Prêter, donner : comment aider ? », Revue financière, juin 2004, p. 15.
11. H. DJOUFFELKIT-COTTENET et M. RAFFINOT, « La viabilité de la dette des pays à faire revenu dans une perspective de réendettement post-allègements de dette », Document de travail de l'Agence française de développement, 2008, p. 13.

elle n'a qu'une faible portée pratique puisque ces Ifi ne cessent pas systématiquement leurs activités de prêts lorsque la dette d'un pays vient à dépasser le niveau de soutenabilité correspondant. Du reste, elle est surtout une limite pour l'accès aux emprunts émis par l'État auprès des IBW elles-mêmes. C'est là une différence avec la politique de discipline budgétaire de la CEMAC qui entend limiter les emprunts de l'État auprès de tous ses potentiels créanciers.

2. *Une limitation du recours à l'emprunt de l'État par la politique de discipline budgétaire de la CEMAC*

La politique de discipline budgétaire de la CEMAC repose essentiellement sur un ensemble de trois critères de convergence qui limitent le recours à l'emprunt de l'État. Deux sont contenus dans le Pacte de convergence de la CEMAC (PCC) adopté en 1994, tel que précisé par une Directive CEMAC de 2001 et révisée en 2016[12]. Il s'agit du critère relatif à l'équilibre budgétaire qui impose aux États membres d'observer un équilibre de solde de référence[13] et du critère relatif à la dette publique qui leur impose d'observer un niveau d'endettement inférieur à 70 % du PIB[14] ainsi qu'un rythme d'endettement qui ne doit pas conduire à atteindre ce seuil (70 %) avant 2042[15]. Le dernier critère qui est relatif au déficit budgétaire se trouve quant à lui dans la Convention de 1996 régissant l'Union économique de l'Afrique centrale (UEAC), telle que révisée en 2008. Son article 55 prévoit simplement que *« (...) les États membres s'interdisent tout déficit excessif »*.

La politique de discipline budgétaire de la CEMAC repose donc sur ces trois règles qui *« viennent limiter fortement le recours à l'emprunt »*[16] de chaque État membre. L'interdiction du recours à l'emprunt n'est donc pas son objectif. D'ailleurs, les sanctions qu'elle prévoit à l'égard des États contrevenants ne peuvent avoir pour effet que de gêner leurs émissions sans véritablement les empêcher. D. AVOM parle alors *« (...) des effets de réputation plutôt que de*

12. V. la Directive n° 08/16-UéAc-093-Cm-30 modifiant et complétant la Directive n° 01/01-UéAc-094-Cm-06 du 3 août 2001 fixant les critères et les indicateurs macroéconomiques de la surveillance multilatérale. Ci-dessous Directive CEMAC de 2016.
13. V. l'article 1er de la même Directive.
14. V. l'article 4 de la même Directive.
15. V. l'article 7 de la même Directive.
16. C. LAURENT, *L'encadrement normatif des politiques budgétaires de la Ve République*, Thèse de Doctorat en Droit public, Université de Reims Champagne-Ardenne, 2017, p. 174.

véritables sanctions »[17]. Pour le recours à l'emprunt par les communes camerounaises qui peuvent aussi être concernées par cette politique communautaire, les règles établies par le législateur peuvent entraîner sa prohibition.

B. Un régime prohibitif pour l'émission de l'emprunt de la commune

Ce régime prohibitif ne tient pas seulement à l'intervention de l'autorité de tutelle qui doit préalablement approuver la délibération afférente et peut donc éventuellement interdire à une commune d'emprunter (1). Il tient aussi à une affectation des emprunts de cette Collectivité territoriale par la loi (2).

1. L'approbation préalable de la délibération afférente par l'autorité de tutelle

Aux termes de l'article 399 du CGCTD de 2019, l'autorisation de l'émission de l'emprunt communal donnée par le conseil municipal sous forme de délibération doit être soumise à l'approbation préalable du préfet qui exerce les pouvoirs de tutelle de l'État sur la commune. Mais en plus de la délibération afférente qui doit être préalablement approuvée par l'autorité de tutelle, il y a aussi les contrats et éventuellement les garanties d'emprunt[18]. Tous ces actes d'emprunt se trouvent en effet soumis au régime d'approbation préalable du représentant de l'État. Comme l'a écrit R. Chapus, il s'agit d'*« (...) un pouvoir dont l'exercice correspond largement à un contrôle d'opportunité des actes soumis à approbation »*[19]. Un tel contrôle d'opportunité qui peut conduire le représentant de l'État à s'opposer à l'emprunt de la commune n'est pas formellement envisageable sur les actes d'emprunts de l'État central. Si l'autorisation parlementaire de l'émission de l'emprunt étatique peut éventuellement faire l'objet d'un contrôle de constitutionnalité par le Conseil constitutionnel dont la saisine demeure, d'ailleurs, facultative pour ce qui concerne l'examen des lois

17. V. E. LAFFITEAU et S. J. EDI, « Les pays de la CEMAC convergent-ils ? », STATECO, n° 108, 2014, p. 37..
18. V. l'article 76 (1) du CGCTD de 2019.
19. R. CHAPUS, *Droit administratif général*, Tome I, Paris, Montchrestien, 15e édition, 2001, p. 424.

financières[20], il ne s'agit en aucun cas d'un contrôle analogue au contrôle d'opportunité. Quant aux contrats d'emprunts et garanties d'emprunts de l'État, ils ne font tout simplement l'objet d'aucun contrôle au niveau du juge constitutionnel ou du juge administratif.

Pour le cas d'un emprunt extérieur, le préfet peut même légalement refuser d'approuver la délibération afférente si la collectivité territoriale n'a pas obtenu la garantie de l'État central puisque celle-ci est spécifiquement exigée par la loi pour ce type d'emprunt[21]. Bien plus, il pourrait également le faire en vertu d'un avis négatif du Comité national de la dette publique (CNDP), qui doit donner un avis obligatoire sur tout projet d'emprunts publics intérieurs et extérieurs[22]. Même s'il ne s'agit pas d'un avis conforme, on ne peut pas naïvement occulter qu'un préfet puisse s'appuyer sur cet avis pour s'opposer au projet d'emprunt d'une commune. Pour le cas particulier des communes qui veulent emprunter à la Bourse des valeurs mobilières de l'Afrique centrale (BVMAC) qui est actuellement l'unique marché financier sous-régional, le défaut de visa qu'elle doit apposer sur le document d'information, formellement exigé pour tous les émetteurs[23], peut aussi être un motif fondant le refus du préfet d'approuver la délibération afférente. Cette autorité de tutelle peut encore refuser de donner son approbation si elle estime que le produit des emprunts envisagés par la collectivité territoriale ne correspond pas à l'affectation spéciale prévue par la loi.

2. Une affectation du produit de l'emprunt communal par la loi

Une commune n'a pas la possibilité d'affecter librement le produit de son emprunt aux dépenses de son choix, puisqu'elle est légalement tenue d'accorder la priorité à une catégorie particulière. Alors que l'État central reste légalement libre d'affecter ses emprunts aux dépenses de son choix, les communes camerounaises ne jouissent pas de cette liberté financière. La loi les oblige, en effet, à accorder

20. M. NGUELE ABADA, « L'indépendance des juridictions constitutionnelles dans le constitutionnalisme des États francophones post-guerre froide : l'exemple du Conseil constitutionnel camerounais », Revue de la Fondation Raponda-Walker pour la science et la culture, n° 4, 2010, p. 60.
21. V. l'article 399 du CGCTD de 2019.
22. V. l'article 9 du Règlement n° 12/07-UéAc-196-Cm-15 du 19 mars 2007 portant cadre de référence de la politique d'endettement public et de gestion de la dette publique dans les États membres de la CEMAC.
23. V. l'article 31 du Règlement n° 06/03-CémAc-UmAc portant organisation, fonctionnement et surveillance du marché financier de l'Afrique centrale modifié par le Règlement n° 1/08 CémAc-UmAc du 9 juin 2008.

la priorité aux dépenses d'investissement[24]. Mais on peut regretter ici que la notion de priorité ainsi introduite n'ait pas fait l'objet d'une évaluation objective par la loi. Cette lacune qui n'exclue pas alors le financement des dépenses de fonctionnement communal au moyen de l'emprunt laisse une bonne marge d'appréciation discrétionnaire à l'autorité de tutelle dans l'application du principe d'affectation prioritaire. Pour des considérations d'opportunité, le représentant de l'État peut ainsi s'opposer au recours à l'emprunt s'il estime que le produit ne sera pas suffisamment affecté aux dépenses d'investissement communal.

Au vu de ce qui précède, l'émission de l'emprunt de l'État est soumise à un régime restrictif tandis que l'émission de l'emprunt de la commune est soumise à un régime prohibitif. En fait, l'encadrement juridique ne tend qu'à restreindre le recours à l'emprunt chez l'un, et à le prohiber chez l'autre. Sachant qu'il n'y a qu'un seul pas à franchir entre la restriction et la prohibition, il devient alors très clair qu'il n'existe ici qu'une différence de degré. Pour ce qui concerne l'extinction de ces deux catégories d'emprunts publics, le législateur a choisi d'établir deux régimes juridiques diamétralement opposés. Ici, il existe plutôt une différence de nature.

II. – UNE DIFFÉRENCE DE NATURE DANS LEUR RÉGIME D'EXTINCTION

La nature du régime juridique de l'extinction de l'emprunt est radicalement différente selon qu'il s'agit de l'État ou de la commune. Cette différence de nature tient au fait que l'un n'est pas légalement obligé de rembourser alors que l'autre est légalement obligée de le faire. Dès lors, l'État peut se permettre d'être imprudent et irresponsable dans ses opérations d'extinction de l'emprunt pendant que la commune se doit absolument d'être prudente et responsable. Du coup, l'État a la faculté d'éteindre ses emprunts de façon normale ou de façon anormale. Le régime d'extinction est alors dit permissif (A). De son côté, la commune ne peut que s'en tenir à une extinction normale de ses emprunts, c'est-à-dire d'effectuer le remboursement *« (…) conformément aux stipulations du contrat (…) »*[25]. Le régime d'extinction est alors dit impératif (B).

24. V. l'article 399 du CGCTD de 2019.
25. J.-C. DUCROS, *L'emprunt de l'État*, *op. cit.*, p. 215.

A. Un régime permissif pour l'extinction de l'emprunt de l'État

Le régime permissif de l'extinction de l'emprunt de l'État laisse la faculté à ce souverain de l'éteindre normalement en remboursant sa dette ou de l'éteindre anormalement en répudiant sa dette. Dans le cadre de l'extinction normale, ce régime permissif se manifeste par le caractère facultatif des crédits budgétaires affectés au service de la dette (1). Dans le cadre de l'extinction anormale, il se manifeste par la faculté laissée à l'État de faire un défaut de paiement sur sa dette (2).

1. Le caractère facultatif des crédits budgétaires affectés au service de la dette de l'État

À ce stade de l'analyse, il convient sans attendre de préciser que, bien que le service de la dette de l'État soit formellement constitué de deux opérations bien distinctes dans le RFEEP de 2018[26], il continue plus ou moins d'être appréhendé dans la pratique institutionnelle camerounaise comme une seule opération. Textuellement, il est composé de l'amortissement du capital emprunté – opération de trésorerie[27] – et du paiement des intérêts – opération budgétaire[28]. En vertu de cette séparation formelle, seule la seconde devrait normalement être totalement prise en charge par le budget de l'État. La première quant à elle devrait normalement être totalement prise en charge par la Caisse autonome d'amortissement (CAA) qui est un établissement public, créé en 1985. Mais cette séparation formelle a une portée pratique quasi-nulle au Cameroun. En fait, l'on continue de retrouver dans les lois de finances des crédits affectés expressément au *« service de la dette »*, alors même que la CAA[29] est investie de la mission *« (...) d'évaluer et d'assurer le service de la dette »*[30], lequel se compose d'opérations en amortissement du capital et d'opérations en paiement des intérêts. Sous ce rapport, il apparaît que l'amortissement du capital et le paiement des intérêts forment indistinctement le *« service de la dette »* auquel les lois de finances du Cameroun continuent à affecter des crédits budgétaires.

26. V. les articles 51 et 28 (a) Titre I du RFEEP de 2018.
27. V. l'article 51 de la même loi.
28. V. l'article 28 (a) Titre I de la même loi.
29. Décret n° 2019/033 du 24 janvier 2019 portant réorganisation de la Caisse autonome d'amortissement.
30. Article 3 (1) du même décret.

Comme tous les crédits budgétaires de l'État, ceux affectés au service de sa dette ont un caractère facultatif qui fait que le gouvernement n'a pas de compétence liée en la matière[31]. Les crédits budgétaires ne sont en effet qu'*« (...) une faculté de dépenser »*[32] et non une obligation de dépenser. Dès lors, l'affectation des crédits budgétaires au service de la dette ne confère pas un caractère obligatoire au remboursement des emprunts de l'État. Autrement dit, elle n'oblige l'État ni à amortir le capital arrivé à échéance, ni à payer les intérêts correspondants. Contrairement aux Collectivités territoriales, l'État central ne connaît pas le régime des dépenses obligatoires qui oblige non seulement à inscrire certaines dépenses dans le budget mais aussi à les couvrir. Le souverain n'est donc tenu ni par une inscription obligatoire des crédits liés au service de la dette, ni par une couverture obligatoire des dépenses y afférentes. Au demeurant, ainsi que l'ont fait remarquer certains auteurs, *« si* [ces] *dépenses sont obligatoires pour l'État, c'est en vertu (...) de contrats (...) mais ce n'est pas la loi de finances qui leur confère ce caractère obligatoire »*[33].

En somme, l'inscription budgétaire des dépenses relatives au service de la dette n'oblige formellement l'État ni à effectuer le remboursement du capital emprunté, ni à effectuer le paiement des intérêts promis. Il est ainsi laissé à ce souverain le droit de suspendre voire d'annuler le service de sa dette, de façon unilatérale ou de façon négociée, dans un cadre bilatéral ou dans un cadre multilatéral. En clair, il a la faculté de faire défaut sur sa dette.

2. Une faculté du défaut de paiement laissée à l'État

Comme dans la plupart des pays, le défaut souverain entendu comme l'incapacité ou le refus de l'État de rembourser, n'est pas formellement interdit par un texte de portée générale et impersonnelle. S'il est vrai que la France l'avait rendu « *inconstitutionnel* »[34] dans ses Chartes constitutionnelles de 1814 (article 70) et de 1840 (article 71) ainsi que dans la Constitution de la IIe République de 1848 (article 14), il n'en est plus rien aujourd'hui. C. Lequesne-Roth a donc raison de soutenir avec

31. B. BIDIAS, *Les finances publiques du Cameroun*, Yaoundé, Éditions BB Sarl, 2e édition, 1982, pp. 262-263.
32. *Ibid.*, p. 262.
33. P.-M. GAUDEMET et J. MOLINIER, *Finances publiques Budget/Trésor*, Paris, Éditions Montchrestien, Tome I, 7e édition, 1996, pp. 309-310.
34. C. LAURENT, *L'encadrement normatif des politiques budgétaires de la Ve République*, *op. cit.*, p. 31.

force que « *(…) l'État est juridiquement en mesure de faire légalement défaut et unilatéralement défaut* »[35]. Il en est de même au Cameroun où le défaut souverain n'a même jamais été rendu inconstitutionnel ou illégal. Cette position du droit positif camerounais reste cependant conforme à la doctrine publiciste majoritaire qui continue à soutenir qu'un État ne peut jamais faire faillite. Parce que ce souverain est considéré « *(…) comme un être éternel* »[36], il dispose d'un temps infini pour rembourser ses dettes et « *(…) on ne peut* [donc] *pas mettre fin à son existence, simplement parce qu'il est insolvable* »[37]. Seulement, on constate que le surendettement plonge souvent les pays dans une situation de faillite de fait. Mais l'inexistence d'une procédure formelle permettant un règlement juridictionnel de cette situation difficile pour les finances publiques conduit souvent les pays surendettés à rechercher un règlement politique. D'où des opérations d'annulation des dettes comme l'initiative Pays pauvres très endettés (PPTE), l'Initiative d'allègement de la dette multilatérale (IADM), ou encore les Contrats de désendettement et de développement (C2D) que la France a eu à conclure avec plusieurs de ses débiteurs souverains d'Afrique, en vue de l'annulation de ses créances d'APD.

Contrairement à l'État central où l'extinction du service des emprunts est soumise à un régime permissif, elle est plutôt soumise à un régime impératif chez les communes.

B. Un régime impératif pour l'extinction de l'emprunt de la commune

La commune est formellement obligée de rembourser ses emprunts puisque le service de la dette est pour elle une dépense obligatoire[38]. Dans ce service de la dette communale, il n'y a pas lieu de distinguer entre l'amortissement du capital – opération de trésorerie – et paiement des intérêts – opération budgétaire. Pour les Collectivités territoriales, ces deux composantes constituent indistinctement une opération budgétaire. Ainsi, les crédits budgétaires affectés au service de la dette de la commune ont un caractère obligatoire (1). Cette collectivité locale est

35. C. LEQUESNE-ROTH, « En France, l'État est juridiquement en mesure de faire légalement défaut et unilatéralement défaut », Gestion et Finances Publiques, n° 4, Paris, Lavoisier, 2020, p. 51.
36. P. LEROY-BEAULIEU, *Traité de la science des finances, Tome II : Le budget et le crédit public*, Paris, Guillaumin, 7e édition, 1906, p. 223.
37. D. CARREAU, « Dettes d'États », *in* Répertoire de droit international, Paris, Dalloz, 2009, p. 2.
38. V. l'article 409 (1) du CGCTD de 2019.

donc obligée de rembourser et il lui est implicitement refusé la faculté de se déclarer en défaut de paiement (2).

1. Le caractère obligatoire des crédits budgétaires affectés au service de la dette de la commune

L'article 401 (1) du CGCTD de 2019 fait des crédits budgétaires affectés au service de la dette communale des dépenses obligatoires puisqu'elle constitue en effet une dette exigible. Comme l'écrit S. Damarey, *« pour être exigible, une dette doit être à la fois certaine, c'est-à-dire que son origine juridique ne fait aucun doute, et liquide, c'est-à-dire que son montant peut être exactement calculé »*[39]. Le service de la dette communale remplit correctement ces conditions juridiques puisque le contrat d'émission lui confère son caractère certain et l'arrivée de l'échéance stipulée lui confère son caractère liquide. Dès lors, il s'agit incontestablement d'une dépense obligatoire qui doit impérativement être inscrite dans le budget communal. C'est le régime que la loi a imposé pour cette catégorie de dépenses[40]. Le maire qui est chargé de préparer le budget[41] est alors tenu d'inscrire des crédits budgétaires pour le compte du service de l'emprunt communal. S'il ne le fait pas de plein droit, le préfet qui est investi d'un pouvoir d'approbation préalable du budget peut le faire d'office[42]. Il ne reste plus qu'à relever que ces crédits budgétaires affectés au service de la dette de la commune ne doivent pas seulement faire l'objet d'une inscription obligatoire dans son budget, ils doivent aussi faire l'objet d'une couverture obligatoire. Autrement, l'inscription obligatoire formellement exigée par la loi ne servirait pratiquement à rien. La commune se trouve ainsi obligée de rembourser ses emprunts. Quelles que soient les circonstances qu'elle traverse, elle est alors impérativement tenue de poursuivre l'exécution du remboursement et ne peut même pas se déclarer en défaut de paiement.

2. Une faculté du défaut de paiement refusée à la commune

Au Cameroun, il n'est pas reconnu aux communes la faculté de se déclarer en faillite afin de se mettre sous la protection de la loi.

39. S. DAMAREY, *Finances publiques, Finances de l'État, Finances locales, Finances sociales, Finances européennes*, Paris, Éditions Gualino, 2007, 2e édition, p. 112.
40. V. l'article 403 du CGCTD de 2019.
41. V. l'article 416 du même code.
42. V. l'article 427 du même code.

Le droit de l'Organisation pour l'harmonisation en Afrique du droit des affaires (OHADA) qui organise les procédures collectives d'apurement du passif ne réserve cette faculté qu'aux sociétés commerciales[43]. Dès lors, il n'existe aucune procédure formelle permettant aux collectivités territoriales insolvables de sortir de cette situation difficile pour les finances communales. Contrairement à l'État central, une commune n'a pas la compétence de sa compétence et ne peut donc pas s'affranchir souverainement de ses dettes sans que la loi ne l'y autorise. Dans les faits, plusieurs collectivités territoriales camerounaises ne parviennent pas toujours à rembourser leurs emprunts. D'ailleurs, en 2020, le Fonds spécial d'équipement et d'intervention intercommunale (Féicom) qui demeure pratiquement leur unique créancier a, par exemple, annoncé sans plus de détails qu'il annulerait 10 % de la dette de certaines communes. En fait, bien que le recours à l'endettement des communes soit soumis à des règles très strictes, l'insolvabilité communale devient progressivement une réalité sur laquelle le législateur ne peut obstinément continuer à fermer les yeux. C'est la question de l'ouverture du droit à la faillite des communes qui est ainsi posée.

CONCLUSION

Comme dans la littérature économique classiquement illustrée par la théorie ricardienne de l'équivalence, les juristes financiers se sont trop souvent contentés de comparer l'emprunt à l'impôt[44]. Il est pourtant possible de nourrir utilement le débat juridique en comparant les emprunts publics entre eux, selon qu'ils sont émis par un organisme supranational – international ou communautaire – par un État – unitaire, fédéral ou fédéré – par une collectivité territoriale – commune ou région – par un établissement public – administratif ou industriel et commercial – ou encore par une entreprise publique ou parapublique, etc. Pour le Cameroun qui est un État unitaire décentralisé, l'emprunt de l'État et l'emprunt de la commune sont certes deux emprunts publics, mais le régime juridique du second est plus strict, au stade de l'émission comme au stade de l'extinction. On se demande bien s'il existe un pays qui procèderait différemment ?

43. V. article 1 (1) de l'Acte Uniforme OHADA portant organisation des procédures collectives d'apurement du passif adopté le 10 septembre 2015 à Grand-Bassam.

44. V. G. VEDEL, « Impôt et emprunt », Revue d'économie politique, Vol. 57, n° 2, Paris, Dalloz, 1947, pp. 216-272. ; P.-M. GAUDEMET, *Finances publiques : impôt, emprunt*, Paris, Éditions Montchrestien, 3e édition, 1981, 522 p.

L'administration fiscale et la lutte contre la corruption en Grèce

Evangelia BALTA

Professeur adjoint à l'Université Panteion (Athènes)

et Maria PRINIOTAKI

Chercheuse postdoctorale à l'Université Panteion,
Chargée de cours à l'Université ouverte de Grèce

RÉSUMÉ

En Grèce, la lutte contre la corruption a constitué l'un des objectifs premiers de la restructuration du pays dans le contexte de la crise économique, et cela dès 2010. Nous constatons dans le présent article que, malgré d'importantes interventions législatives et organisationnelles, malgré la pression morale de l'opinion publique et les rapports négatifs sur l'état de droit dans le pays, la Grèce présente encore un niveau de corruption et de fraude fiscale plus élevé que les autres États membres de l'Union européenne. Parmi les réformes les plus récentes figure la création d'une administration fiscale indépendante, initiative qui va certes dans le bon sens, mais qui ne suffit pas à juguler les multiples incidences négatives de la corruption sur l'économie du pays. Nous suggérons donc une série de mesures complémentaires destinées à lutter plus efficacement contre la fraude fiscale et la corruption dans un avenir proche.

In Greece, combatting corruption was one of the main restructuring objectives of the country in the context of the economic crisis from 2010 onwards. We recognize in this article that in spite of significant legislative and organizational action, in spite of pressure from public opinion and negative reports relating to the rule of law in the country, Greece still shows a higher level of corruption and tax evasion than the other EU member states. The most recent reforms include the establishment of an independent fiscal administration, which is a step in the right direction but is not enough to stamp out the multiple adverse effects of corruption on the country's economy. To address this concern, a set of measures to fight tax evasion and corruption more effectively in the near future is proposed.

INTRODUCTION

Il apparaît dans le récent rapport 2023 de *Transparency International* que l'indice de perception de la corruption de la Grèce est de 49/100 (en baisse de trois points par rapport à 2022), le pays reculant également dans le classement international. Plus précisément, la Grèce se place au 24e rang dans l'Union européenne et occupe le 59e rang mondial (Transparency International, 2023). L'examen comparatif de l'indice de perception de la corruption en Grèce, tel qu'il se présente dans les rapports publiés entre 2018 et 2022, soit sur les cinq dernières années, révèle également une dégradation significative (E.C., Rule of Law, 2023). Sachant toutefois que la corruption et le gaspillage des deniers publics servent de justification morale au phénomène de la fraude fiscale, l'on s'accorde à penser qu'il existe une relation de cause à effet entre corruption et fraude fiscale (Moutos & Tsitsikas, 2010. Litina & Palivos, 2015), ce qui non seulement mine la relation de confiance indispensable entre les agents de l'État et les administrés, mais finit par constituer une menace directe et immédiate pour les institutions démocratiques et les droits de l'Homme (Warren, 2004. Wickberg, 2013). Cette relation de causalité avérée entre corruption et fraude fiscale rend donc nécessaire l'étude du rôle de l'administration fiscale dans la lutte contre la corruption.

Quelles sont les réformes majeures qui sont intervenues dans l'administration fiscale grecque ? Quelle a été leur efficacité jusqu'ici dans la lutte contre la fraude fiscale et, partant, contre la corruption ? La stratégie adoptée jusqu'ici est-elle suffisante ? Qu'en pensent les citoyens grecs ? Il convient d'emblée de souligner que, depuis la période des programmes d'ajustement économique (c'est-à-dire depuis 2010), la Grèce s'efforce de lutter contre la corruption, même si, apparemment, les efforts déployés se heurtent encore à des difficultés et des lenteurs, à la raideur et à l'inertie de l'administration (E.C., Rule of Law, 2023). C'est donc sûrement mais lentement que la lutte contre le phénomène progresse, comme nous le verrons plus loin, tant au niveau institutionnel qu'organisationnel, alors que la réalité exige des réflexes plus rapides et davantage d'agilité. L'examen rapide des principales réformes administratives opérées depuis 2010, notamment dans le domaine de la fiscalité, sera complété par une comparaison avec d'autres États présentant des caractéristiques analogues et s'appuiera sur des études relatives à la corruption et à la fraude fiscale en Grèce, ainsi que sur le rôle de l'administration fiscale dans la prévention et l'endiguement de ces deux phénomènes.

1. Corruption et fraude fiscale

1.1. La corruption : le concept et ses prolongements

La bibliographie existante, outre les abondantes analyses des incidences économiques de la corruption (Aidt, 2003. Bardhan, 2006), notamment sur le développement (Mauro, 1995. Mo, 2001), des inégalités sur le plan des revenus (Gupta et al., 2002) et des investissements étrangers (Wei, 2000), montre que la corruption influe sur les indicateurs de performance budgétaire des États et exerce une influence négative sur les recettes fiscales (IMF, 2017). Il est par ailleurs reconnu que la corruption va de pair avec la fraude fiscale et que leur évolution est parallèle, l'augmentation de la première induisant le développement de la seconde et vice-versa (Barreto & Alm, 2003). C'est d'ailleurs pourquoi une partie importante de la bibliographie aujourd'hui souligne la nécessité d'élargir les définitions actuelles de la corruption, afin d'y inclure expressément la dimension des infractions fiscales (Ring & Grasso, 2023. Grasso, 2017. Friedrich, 1993). L'une et l'autre – corruption et fraude fiscale – non seulement constituent des actes illicites et occultes, mais relèvent de la « délinquance » des puissants (Rugiero, 2015).

L'analyse comportementale des contribuables montre que le respect des obligations fiscales est plus élevé lorsque les citoyens bénéficient de biens publics de qualité (services et infrastructures publics, etc.) en échange des impôts qu'ils paient (cf. par exemple Moore, 2008. Barone and Mocetti, 2011). La corruption – et la forme particulière de corruption que constitue le détournement de fonds, ou la dilapidation des deniers publics par des agents de la fonction publique poursuivant leur intérêt personnel – compromet l'accès aux biens publics, la qualité et l'efficacité des services publics (Del Monte & Papagni, 2001. Gillanders, 2014) de sorte que, comme l'affirment Tanzi & Davoodi (1997), les phénomènes précités entravent le financement public de biens communs tels que l'éducation et la santé.

1.2. Le cas de la Grèce

La Grèce, comme cela a été dit (Donaldio & Alderman, 2013), est un exemple caractéristique qui se prête particulièrement à l'étude de la relation entre corruption et fraude fiscale. Comme l'a montré l'affaire de ladite liste Lagarde, la fraude fiscale peut parfaitement pousser établissements financiers, instances gouvernementales et politiciens à commettre des actes de corruption. Mais examinons plus en détail les données enregistrées relativement à la corruption et à la fraude fiscale dans le pays.

Le projet de la Banque Mondiale sur les indicateurs de gouvernance[1] classe plus de 200 pays et régions du monde selon le critère de leur capacité à contrôler la corruption. Le tableau ci-dessous présente la Grèce et sa performance dans la lutte contre la corruption par rapport à d'autres États. S'agissant du contrôle de la corruption, le classement de la Grèce s'avère inférieur même à celui d'États membres de l'Union européenne connus pour leur économie souterraine et autres activités économiques illicites (Chypre notamment). En 2022, soit douze ans après la mise de la Grèce sous surveillance dans le cadre des programmes d'ajustement économique et la réalisation d'importantes réformes administratives, l'image de la Grèce n'a malheureusement guère changé.

Tableau d'indicateurs de corruption

Année	Espagne	Grèce	Irlande	Italie	Portugal	Chypre
2010	83,81	55,71	92,86	64,29	81,43	80
2011	83,41	55,45	91,94	65,88	81,52	77,73
2012	83,41	52,61	90,05	62,09	79,62	84,83
2013	79,62	55,92	92,42	60,19	78,67	84,36
2014	73,08	53,37	92,79	56,73	79,33	82,21
2015	71,9	53,81	92,38	57,14	78,1	79,52
2016	68,1	53,33	92,38	59,05	78,57	76,67
2017	67,14	53,33	91,43	60,48	79,52	76,19
2018	72,86	54,76	90,48	60,95	79,05	72,38

1. https://www.worldbank.org/en/publication/worldwide-governance-indicators

Année	Espagne	Grèce	Irlande	Italie	Portugal	Chypre
2019	73,33	56,67	90	61,43	76,67	70,95
2020	75,71	57,14	91,43	67,14	76,67	63,33
2021	75,71	59,52	92,86	67,62	77,14	63,33
2022	75	56,6	93,87	68,87	75,94	66,04

Source : World Bank, World Governance Index.
https://info.worldbank.org/governance/wgi/Home/Reports
Plus le chiffre figurant dans les différentes cases du Tableau ci-dessus est bas, moins les pays que l'État envisagé (la Grèce, en l'occurrence) surperforme en matière de contrôle de la corruption sont nombreux.

Les données ci-dessus sont étroitement liées aux estimations actuelles concernant l'économie souterraine et la fraude fiscale dans le pays. Comme l'explique un récent rapport sur l'économie souterraine en Grèce (Eurobank Research, 2023), il y a eu par le passé plusieurs tentatives de quantification de l'économie souterraine ou de la fraude fiscale dans le pays, dont les résultats se situent tous entre 20 % et 30 % du PIB. On estime plus précisément que l'économie souterraine en Grèce représente annuellement 40 Md€, sachant que le revenu total déclaré au fisc par les ménages est bien inférieur à leur consommation, d'après les données des comptes nationaux du Service national des statistiques, ce qui a pour conséquence immédiate une perte de recettes pour l'État, et induit également une corrosion du civisme fiscal des contribuables grecs (Karavitis et al., 2022).

Ainsi, concernant l'ampleur du phénomène de la fraude fiscale en Grèce, d'après des données récentes du ministère des Finances[2], la contribution au budget des professionnels libéraux et travailleurs indépendants en Grèce est à peine de 2,1 % des recettes, alors que la moyenne de l'Union européenne et de la zone euro est de 5,2 %. D'après les données statistiques de l'Autorité indépendante des revenus publics et du Bureau de la comptabilité générale, 85 % des professionnels libéraux qui n'ont pas d'autre activité déclarent un revenu annuel inférieur à dix mille euros, et plus de la moitié d'entre eux (54 %) déclarent un revenu nul. L'impôt annuel moyen de cette catégorie de contribuables est de 217 euros, tandis que l'impôt annuel moyen que les 3,5 millions de salariés sont appelés à payer, pour un revenu moyen imposable de 12 300 euros, est de 1 160 euros ; les retraités quant à eux paient en moyenne 847 euros d'impôt sur le revenu annuel (chiffres 2022).

2. https://www.kathimerini.gr/economy/local/562712629/ypoik-oi-eleytheroi-epaggelmaties-plironoyn-perissoteroys-foroys-logo-forodiafygis/

En outre, selon le rapport annuel de la Commission européenne sur la fiscalité en Grèce[3], les recettes d'impôts venant des professions libérales en 2021 ne s'élevaient qu'à 0,8 % du PIB, contre 2,1 % en moyenne dans les pays de l'Union européenne.

Cette réalité se reflète d'ailleurs aussi dans le dernier rapport en date de la Commission européenne sur l'« écart » de TVA (European Commission VAT TAX GAP Report, 2023), dont les conclusions vont dans le même sens. La Grèce occupe le troisième rang des pays de l'Union européenne présentant le plus grand déficit de TVA, derrière la Roumanie et Malte, dont les déficits s'élèvent à 36,7 % et 25,7 % respectivement. Il est en tout cas intéressant de noter que, selon le même rapport, la Grèce a réduit de 3,2 points son déficit de TVA en 2021, à 17,8 %, contre 21 % en 2020.

2. Corruption et administration fiscale : récentes réformes

La structure du système fiscal, quel qu'il soit, et le rôle de l'administration fiscale dans la lutte contre la corruption sont régulièrement soulignés par la bibliographie (OECD, 2022), et il convient d'en faire la pierre angulaire de toute stratégie et politique de lutte contre le phénomène à long terme. Nous passons ci-dessous en revue les principales initiatives de réforme de la fiscalité engagées dans le but de réduire, entre autres choses, le phénomène de la corruption dans la réalité grecque.

2.1. L'administration fiscale en Grèce : principales réformes administratives (2010-2022)

En 2010, la Grèce se trouve plongée, officiellement désormais, dans une crise multiforme sans précédent. En effet, cette crise, quoiqu'essentiellement de nature économique, révèle les faiblesses de l'État, provoquant une restructuration radicale de toutes les instances administratives (Spanou, 2019). Dans ce contexte, on élabore et met en œuvre tout un éventail de politiques et de programmes qui transforment littéralement le paysage politique et administratif du pays. Il s'agit d'une intervention institutionnelle d'envergure, la plus importante de ces dernières décennies, laquelle vise à corriger les problèmes systémiques

3. https://taxation-customs.ec.europa.eu/taxation-1/economic-analysis-taxation/data-taxation-trends_en

de l'administration et à remédier à ses défaillances chroniques (Spanou, 2022). Et dans ce vaste chantier, la réforme de l'administration fiscale a constitué l'un des engagements majeurs (IMF 2011, 2013, 2014) de réforme structurelle pris par la Grèce dans le cadre des programmes d'ajustement économique du Mécanisme européen de stabilité.

2.1.1. Indépendance de l'administration fiscale

La création en 2012 du Secrétariat général aux revenus publics du ministère des Finances, instance semi-autonome, constitue la première initiative institutionnelle et organisationnelle visant à émanciper l'administration fiscale et à l'affranchir de toute tutelle politique (Dimitrakopoulos & Passias, 2020). Mais le degré d'autonomie de ce Secrétariat est vite jugé insuffisant, de sorte qu'en mai 2016, le gouvernement grec met en place un nouveau cadre institutionnel avec l'établissement de l'Autorité indépendante des revenus publics. Même si cette nouvelle réforme organisationnelle ne s'effectue pas sans mal pour l'administration fiscale, elle trouve son aboutissement dans la promulgation de la loi 4389/2016 portant création de cette nouvelle Autorité, les dispositions de ladite loi stipulant qu'elle est indépendante sur le plan opérationnel, administratif et financier ; qu'elle n'est pas assujettie à contrôle, sinon par le Parlement ; enfin qu'elle n'est pas même soumise au contrôle du ministre des Finances, sous réserve des objectifs quantitatifs et qualitatifs que ce dernier peut définir. Ce statut garantit l'indépendance institutionnelle de l'administration fiscale grecque et la rend à la fois plus flexible et plus efficace.

2.1.2. Restructuration du mécanisme de collecte de l'impôt

La structure organisationnelle de l'Autorité indépendante des revenus publics s'articule en huit directions générales directement rattachées au Gouverneur de l'Autorité. Le réseau des services régionaux fait régulièrement l'objet de modifications organisationnelles importantes, car ces dernières années, après une profonde transformation numérique, l'on est passé à la concentration des fonctions de contrôle et de collecte dans quelques unités régionales. Aux fins de la fiscalité, l'Autorité indépendante des revenus publics compte, en 2023, 98 Services fiscaux qui couvrent tous les types de fiscalité et 57 bureaux de service aux contribuables, 2 centres de contrôle fiscal spécialisés (respectivement dédiés aux contribuables les plus fortunés et aux grandes entreprises),

1 centre de recouvrement de l'impôt des grands débiteurs fiscaux et 6 centres de contrôle.

2.1.3. Une transformation numérique en devenir constant : vers l'intelligence artificielle

Outre son importante réorganisation administrative, l'administration fiscale grecque mise sur la transformation numérique. Cette stratégie trouve son expression dans la pleine informatisation des transactions des citoyens-contribuables avec l'administration fiscale (à de très rares exceptions près par type de fiscalité), laquelle a de surcroît récemment annoncé une vaste et prometteuse stratégie de recours à l'intelligence artificielle.

Ainsi, l'Autorité indépendante des revenus publics s'oriente-t-elle vers l'intégration de l'intelligence artificielle dans le cadre de son fonctionnement, et cela dans le but :

– d'analyser de grands ensembles de données provenant de différentes sources – transactions bancaires, plateformes numériques publiques et réseaux sociaux ;

– de détecter des écarts inhabituels dans les revenus des contribuables et des entreprises, comme des inadéquations entre les sources de revenus et les dépenses ;

– de prévoir les infractions fiscales, grâce à l'utilisation de modèles d'apprentissage automatique permettant d'évaluer le risque d'infraction à partir de schémas comportementaux antérieurs, qui peuvent être le signe de fraude fiscale.

2.1.4. Aspects opérationnels : contrôles fiscaux et recouvrement de créances fiscales

– *Définitions d'objectifs en matière de recettes et de remboursements d'impôts :* l'indépendance de l'administration fiscale est limitée dans une certaine mesure, comme nous l'avons dit plus haut, par les objectifs fixés par le ministère des Finances. Ainsi par exemple, une décision du secrétaire d'État aux Finances déterminait pour 2022 les objectifs quantitatifs à atteindre en matière de collecte d'impôt par l'Autorité indépendante des revenus publics : a) recettes à percevoir à hauteur de 51,91 Md€ et b) remboursements à hauteur de 4,96 Md€ au total. Les recettes des services du fisc et des services douaniers s'élevaient à 55,96 Md€ en 2022, soit

12,0 % de plus que l'objectif annuel, et les recettes totales perçues en 2022 étaient en hausse de 17,9 % par rapport à 2021, se montant à 57,99 Md€ et dépassant l'objectif fixé (111,7 % de l'objectif annuel) (Plan opérationnel 2022).

– *Échange international de renseignements :* la Grèce est membre du *Forum mondial sur la transparence et l'échange de renseignements à des fins fiscales*. En 2012, le pays a signé la Convention multilatérale concernant l'assistance administrative mutuelle en matière fiscale ; en 2014, la Grèce a été l'un des premiers pays à signer l'accord multilatéral entre autorités compétentes concernant l'échange automatique de renseignements relatifs aux comptes financiers, et elle compte parmi les 49 États qui ont appliqué les premiers échanges automatiques dès 2017. De plus, en 2016, la Grèce a signé l'accord multilatéral entre autorités compétentes portant sur l'échange des déclarations pays par pays, ainsi qu'un accord bilatéral avec les USA qui prévoit l'échange de données. En tant qu'État membre de l'Union européenne, la Grèce a transposé dans sa législation nationale les directives relatives à la coopération administrative dans le domaine fiscal, directives qui prévoient l'échange d'informations au sein de l'Union européenne (Directives 2011/16, 2014/107, 2015/2376 et 2016/881). Enfin, la Grèce a signé 57 conventions bilatérales visant à éviter la double imposition depuis les années 1950, avec, entre autres, tous les États membres de l'Union européenne.

– *Contrôles fiscaux et résultats :* dans le cadre des objectifs annuels fixés en matière de contrôles fiscaux, en 2022, les centres de contrôle de l'Autorité indépendante des revenus publics ont effectué 25 031 contrôles fiscaux. Les montants mis en recouvrement à l'issue des contrôles s'élevaient en 2022 à 1,56 Md€. Les montants perçus ont atteint 197,7 M€ en 2022, en hausse de 10 % par rapport à l'année précédente (179,7 M€). Les services de ladite Autorité ont par ailleurs effectué des contrôles partiels sur place, dans le but de lutter contre la fraude fiscale et d'améliorer le respect des obligations fiscales. Ils ont ainsi réalisé 59 676 contrôles partiels sur place en 2022, contre les 43 000 contrôles définis par l'objectif, avec un taux moyen d'infraction de 18,8 %.

– *Actes d'exécution forcée et résultats :* le recouvrement des arriérés d'impôts par les services de l'administration fiscale constitue la deuxième priorité de l'Autorité indépendante des revenus publics, en termes de suivi et d'objectifs. Le solde total des arriérés d'impôts au 1er janvier 2023 s'élevait à 113 747,1 M€. Toutefois, l'Autorité estime que sur ce total des impayés, seuls 27 201,0 M€ sont recouvrables au moyen d'exécutions forcées ou de régularisations volontaires. C'est pourquoi elle met l'accent sur le recouvrement de l'impôt des grands débiteurs fiscaux via la création d'une unité opérationnelle spécialisée et la mise en place d'unités centralisées de recouvrement en Attique et à Thessalonique. Par ailleurs, s'agissant de mesures de recouvrement forcé, une application du système centralisé opérant une sélection parmi les dossiers d'arriérés au moyen de critères d'analyse de risque permet d'établir les priorités en fonction des probabilités de recouvrement. L'administration a parallèlement commencé à mettre en œuvre le système EISPRAXIS, c'est-à-dire des processus automatisés de recouvrement.

2.2. Dispositions législatives récentes en matière de fraude fiscale

Malgré son ampleur, la réorganisation de l'administration fiscale grecque ne serait pas efficace sans la réforme nécessaire du système fiscal et de la législation en vigueur jusqu'ici en matière de lutte contre la fraude fiscale. D'où les dispositions de la loi 5073/2023, en vertu desquelles le gouvernement grec, soucieux d'éviter de nouvelles mesures de soutien de l'économie du pays en cas de perturbations macroéconomiques, a mis en place tout un éventail de mesures fiscales essentiellement caractérisées par :

– la généralisation des moyens électroniques de paiement et l'obligation, entre autres, de payer le prix d'acquisition des biens immobiliers par virement bancaire ;

– l'introduction dans la législation de sanctions en cas de non-respect par des tiers des obligations de transmission électronique de données à l'administration fiscale ;

– le renforcement des peines en cas de règlement de transactions de détail en liquide dépassant les limites autorisées et en cas de non-respect de l'obligation d'émission de factures, tickets de caisse, etc. ;

– la remise en vigueur du revenu minimum présumé pour les professionnels libéraux et travailleurs indépendants ;

– l'extension des procédés indirects de contrôle fiscal ;

– l'installation et l'utilisation de systèmes de surveillance, le cas échéant, avec la possibilité de prise de son et d'enregistrement d'image dans les lieux où se déroulent les activités de contrôle des agents de l'administration fiscale en dehors des bureaux de leurs services, y compris les contrôles sur place ;

– le recours à des récompenses en numéraire pour les personnes qui dénoncent de manière non anonyme des cas de fraude fiscale.

CONCLUSIONS – PROPOSITIONS

Il se dégage de ce qui précède que l'administration fiscale grecque a fait du chemin et s'est considérablement modernisée, affirmant son rôle essentiel et décisif dans la lutte contre la corruption et l'économie souterraine du pays. Mais on pourrait encore, dans le même sens, envisager un ensemble de réformes supplémentaires, telles que :

– l'exclusion des moyens de transaction autres que les moyens électroniques, via la généralisation de l'utilisation de terminaux POS dans toutes les activités économiques. L'administration pourrait en parallèle fournir des incitations pour généraliser les paiements par cartes de crédit/débit, ou encore par le biais de banques ou autres établissements de paiement, afin de renforcer la transparence et la sécurité des transactions ;

– une utilisation plus large des exonérations fiscales, afin d'inciter au respect des obligations fiscales dans les secteurs où la fraude fiscale est répandue ;

– la modernisation constante des outils électroniques de l'administration fiscale, lui permettant d'accroître ses moyens de gestion et d'extraction de renseignements à partir des transactions électroniques, ainsi que la mise en place d'applications d'intelligence artificielle ;

– le renforcement des coopérations internationales de l'administration fiscale et la pleine utilisation du réseau d'échange de renseignements ;

– la simplification de la législation fiscale et la mise en place d'un système fiscal constant, assorti de règles claires et contraignantes, tant pour le personnel de l'administration fiscale que pour les contribuables ;

– le renforcement du civisme fiscal et de l'éthique des contribuables en Grèce, grâce à la constance de la politique fiscale et à la capacité opérationnelle et à l'efficience de l'administration fiscale.

Il n'en reste pas moins que les premiers signes d'amélioration dans la lutte contre la corruption par le biais de la lutte contre la fraude fiscale sont désormais visibles dans plusieurs domaines, comme en témoignent par exemple l'augmentation des recettes fiscales – la Grèce enregistre pour 2022 une hausse des recettes qui occupe le 4e rang des pays de l'OCDE (OECD, Revenue Statistics 2023) – et la réduction de l'écart de TVA en 2022 par rapport à 2021, tandis que l'on constate un regain de confiance des contribuables grecs dans cette administration fiscale modernisée (Priniotaki, 2023), dont le dispositif informatique tend à servir de modèle pour la transformation numérique de l'ensemble de l'administration publique du pays.

BIBLIOGRAPHIE

AIDT T. S., 2003, "Economic Analysis of Corruption: A Survey", *Economic Journal,* 11(113), pp. 632-652.

BARDHAN P., 2006, ''The economist's approach to the problem", *World Development*, 34 (2), pp. 341-348.

BARONE G. and MOCETTI S., 2011, "Tax morale and public spending inefficiency", *International Tax Public Finance*, 18(6), pp. 724-749.

BARRETO R. and ALM J., 2001, *Corruption, Optimal Taxation and Growth*, University of Adelaide, School of Economics, Working Papers. 31.

DEL MONTE A. and PAPAGNI E., 2001, "Public expenditure, corruption, and economic growth: the case of Italy", *European Journal of Political Economy*, 17(1), pp. 1-16.

DIMITRAKOPOULOS D. and PASSAS A., 2020, *The Depoliticisation of Greece's Public Revenue Administration.* Switzerland: Springer.

DONALDIO R. and ALDERMAN L., 2013, "Greek tax scandal distracts from a collection shortfall", *The New York Times* (https://www.nytimes.com/2013/01/06/world/europe/greece-tax-scandal-shifts-focus-from-collection-problem.html).

European Commission, 2010, GOUNEV P., BEZLOV T., "Examining the links between organised crime and corruption", Publications Office, 2010 (https://www.europarl.europa.eu/meetdocs/2009_2014/documents/libe/dv/report_csd_/report_csd_en.pdf).

European Commission, 2023, *Rule of Law Report* (https://commission.europa.eu/strategy-and-policy/policies/justice-and-fundamental-rights/upholding-rule-law/rule-law/rule-law-mechanism/2023-rule-law-report_en).

European Commission, 2023, *Special Eurobarometer SP534 : Citizens' attitudes towards corruption in the EU in 2023* (http://data.europa.eu/88u/dataset/s2968_99_2_sp534_eng).

European Commission, 2023, PONIATOWSKI G., BONCH-OSMOLOVSKIY M., ŚMIETANKA A. et al., *VAT gap in the EU – 2023 report*, Publications Office of the European Union.

Eurobank Research (2023), *Estimates of the size of the shadow economy in Greece and policy proposals* (summary-shadow-economy-18-07-23-en.pdf).

FRIEDRICH F.J., 1993, "Corruption Concepts in Historical Perspective", in Arnold J., Heidenheimer et al. ed., 1993, *Political Corruption: A Handboo (eds)* Transaction Publishers, New Brunswick, USA.

GRAETZ M.J. and WILDE L.L., 1985, "The economics of tax compliance: Fact and fantasy", *National Tax Journal,* 38 (3) pp. 355-363.

GRASSO C., 2017, "The Dark Side of Power: Corruption and Bribery within the Energy Industry", in Leal-Arcas R. and Wouters J. ed., 2017, *Research Handbook on EU energy law and policy.*

GUPTA S., DAVOODI H. and ALONSO T., 2002, "Does corruption affect income inequality and poverty?", *Economics of Governance,* 3 (1), pp. 23-45.

IAPR, 2022, Strategic Plan. (https://www.aade.gr/epiheirisiaka-shedia/epiheirisiako-shedio-aade-2022).

IMF, 2011, *Greece: Fourth Review Under the Stand-By Arrangement and Request for Modification and Waiver of Applicability of Performance Criteria,* IMF Country Report No.11/175. Washington, D.C. (https://www.imf.org/external/pubs/ft/scr/2011/cr11175.pdf).

IMF, 2013, *Greece: Third Review Under the Extended Arrangement Under the Extended Fund Facility*, IMF Country Report No. 13/153. Washington, D.C. (https:// www.imf.org/external/pubs/ft/scr/2013/cr13153.pdf).

IMF, 2014, *Greece-Fifth review under the extended arrangement under the extended fund facility and request for waiver of nonobservance of performance criterion and rephasing of access*, IMF Country Report No. 14/151. Washington, D.C. (https://www.imf.org/external/pubs/ft/scr/2014/cr14151.pdf).

IMF, 2017, *Corruption, Taxes and Compliance,* IMF Working Paper WP/17/155. Washington, D.C. (https://www.imf.org/en/Publications/WP/Issues/2017/11/17/Corruption-Taxes-and-Compliance-45379).

KARAVITIS N., PAIPETIS K. and PRINIOTAKI M., 2022, "Tax Collection Gaps and overdue tax debts: Greece 2000-2019", *Journal of Accounting and Taxation,* 14 (2) pp. 118-128.

LITINA A. and PALIVOS T., 2015, 'Corruption and Tax Evasion: Reflections on Greek Tragedy'. *Working Papers 193*, Bank of Greece.

MAURO P., 1995, "Corruption and Growth", *The Quarterly Journal of Economics,* 110 (3), pp. 681–712.

MO Ph., 2001, "Corruption and Economic Growth", *Journal of Comparative Economics*, 29, (1), March 2001, pp. 66-79.

MOORE C., 2008, "Moral disengagement in processes of organizational corruption: The effect of moral disengagement on unethical decision making, moral awareness, and organizational advancement", *Dissertation Abstracts International Section A: Humanities and Social Sciences*, 69(6-A), 2353.

MOUTOS T. and TSITSIKAS C., 2010, "Whither Public Interest: The Case of Greece's Public Finances", *CESifo Working Paper Series No. 3098* (https://ssrn.com/abstract=1633375).

OECD, 2022, *Recommendation of the Council on the Ten Global Principles for Fighting Tax Crime.*

PRINIOTAKI M., 2023, "Digital ethics and taxpayers' attitude in Greece: evidence and policy recommendations for the future", *Journal of Accounting and Taxation*, 15 (4) pp. 130-146.

RING D.M., 2007, "International Tax Relations: Theory and Implications", *Tax Law Review,* Vol. 60, Boston College Law School Research Paper No. 97 (https://ssrn.com/abstract=900406).

ROBERT G., 2014, 'Corruption and Infrastructure at the Country and Regional Level', *Journal of Development Studies, Taylor & Francis Journals*, 50(6), pp. 803-819.

RUGGIERO V., 2015, *Power and Crime,* London and New York: Routledge.

SPANOU C., 2019, *Reforms in Public Administration under the Crisis*, Hellenic Foundation for European and Foreign Policy (ELIAMEP), Athens, Papazissis Pub. 2019.

SPANOU C., 2022, *Crisis, Reform and the Way Forward in Greece. A turbulent decade*, London: Routledge 2022.

TANZI V. and DAVOODI H.R., 1997, "Corruption, Public Investment and Growth", *Working Paper of the International Monetary Fund*, Fiscal Affairs Department, WP/ 97/139.

Transparency International, *2022 Global Corruption Barometer* (https://www.transparency.org/en/gcb).

WARREN M., 2004, "What does corruption mean in a Democracy?", *American Journal of Political Science*, 48 (2), pp. 328-343.

WEI S.J., 2000, "How Taxing is Corruption on International Investors?", *The Review of Economics and Statistics*, 82 (1), pp. 1-11.

WICKBERG S., 2013, *Technological innovations to identify and reduce corruption*, Bergen: U4 Anti-Corruption Resource Centre.

Chronique bibliographique

VIENT DE PARAÎTRE

• Ouvrages

BOUVIER M., ESCLASSAN M.-C. et LASSALE J.-P., *Manuel de Finances publiques 2024-2025*, LGDJ, 23e édition, 2024, 1003 pages.

GOGUEL-MAZET É., *Recherche sur la transparence en droit des finances publiques*, Paris, LGDJ, Thèses, Bibliothèque de finances publiques et fiscalité, Tome 78, 1re édition, 30 avril 2024, 396 pages.

STECKEL-ASSOUERE M.-C., *Les finances publiques en schémas*, Paris, Ellipses, Le droit en schémas, 2e édition, 2 mars 2024, 136 pages.

• Rapports, études, documents

SÉNAT

Avis :
Proposition de loi visant à remédier aux déséquilibres du marché locatif, Commission des finances, N° 579, 7 mai 2024.
Proposition de loi visant à faciliter la transformation des bureaux en logements, Commission des finances, N° 594, 14 mai 2024.

Rapports d'information :
Pour suite à donner à l'enquête de la Cour des comptes, transmise en application de l'article 58-2° de la LOLF, sur la délivrance des titres d'identité et de circulation, Commission des finances, N° 413, 12 mars 2024.
Des programmes d'investissement d'avenir à France 2030 : les financements exceptionnels accordés au secteur de la culture, Commission des finances, N° 437, 20 mars 2024.
Garantir une solution d'assurance aux collectivités territoriales, Commission des finances, N° 474, 27 mars 2024.
Programme de stabilité 2024-2027 : chronique d'une dérive budgétaire annoncée, Commission des finances, N° 559, 30 avril 2024.
Le régime CatNat : prévenir la catastrophe financière, Commission des finances, N° 603, 15 mai 2024.
La Cour nationale du droit d'asile : une juridiction qui s'adapte sans cesse aux « chaos du monde », Commission des finances, N° 604, 15 mai 2024.
Les personnels administratifs : rouages essentiels mais méconnus de l'Éducation nationale, Commission des finances, N° 621, 22 mai 2024.

Financement public de la filière forêt-bois : un sentier aux ramifications complexes, Commission des finances, N° 636, 29 mai 2024.
Fonds national de l'emploi - Formation (FNE-Formation), Commission des finances, N° 637, 29 mai 2024.
Les aides à la décarbonation de l'industrie du plan France 2030 : des engagements à clarifier, un déploiement à accélérer, Commission des finances, N° 640, 29 mai 2024.
La fiscalité comportementale en santé : stop ou encore ?, Mission d'évaluation et de contrôle de la sécurité sociale et Commission des affaires sociales, N° 638, 30 mai 2024.
Pour suite à donner à l'enquête de la Cour des comptes, transmise en application de l'article 58-2° de la LOLF, sur la délivrance des titres d'identité et de circulation, Commission des finances, N° 413, 6 juin 2024.
Dégradation des finances publiques : entre pari et déni, Commission des finances, N° 685, 12 juin 2024.
Financement de la recherche spatiale, Commission des finances, N° 697, 19 juin 2024.
Financement du volet « écoles » du plan Marseille en grand, Commission des finances, N° 698, du 19 juin 2024.

Rapports législatifs :
Proposition de loi relative au financement des entreprises de la base industrielle et technologique de défense française, Commission des finances, N° 364, 28 février 2024.
Projet de loi autorisant l'approbation de la convention entre la République française et la République de Moldavie pour l'élimination de la double imposition en matière d'impôts sur le revenu et pour la prévention de l'évasion et de la fraude fiscales, Commission des finances, N° 384, 6 mars 2024.
Projet de loi autorisant l'approbation de l'avenant à la convention entre la France et le Luxembourg en vue d'éviter les doubles impositions et de prévenir l'évasion et la fraude fiscales en matière d'impôts sur le revenu et la fortune, Commission des finances, N° 381, 6 mars 2024.
Proposition de loi visant à protéger le groupe Électricité de France d'un démembrement, Commission des finances, N° 472, 27 mars 2024.
Proposition de loi visant à accroître le financement des entreprises et l'attractivité de la France, Commission des finances, N° 584, 7 mai 2024.
Proposition de loi visant à réduire et à encadrer les frais bancaires sur succession, Commission des finances, N° 575, 7 mai 2024.
Proposition de loi visant à mieux indemniser les dégâts sur les biens immobiliers causés par le retrait-gonflement de l'argile, Commission des finances, N° 613, 22 mai 2024.

Proposition de loi visant à accroître le financement des entreprises et l'attractivité de la France, Commission mixte paritaire, Rapport n° 631, 31 mai 2024.
Proposition de loi visant à lutter contre les fermetures abusives de comptes bancaires, Commission des finances, N° 671, 7 juin 2024.
Proposition de loi visant à mettre en place une imposition des sociétés plus juste et plus écologique, Commission des finances, N° 673, 7 juin 2024.

ASSEMBLÉE NATIONALE

Rapport d'information :
L'évolution du marché des crédits carbone au niveau européen, Commission des affaires européennes, N° 2160, 27 février 2024.
Observations sur le projet de loi portant diverses dispositions d'adaptation au droit de l'Union européenne en matière d'économie, de finances, de transition écologique, de droit pénal, de droit social et en matière agricole (n° 2041), Commission des affaires européennes, N° 2250, 5 mars 2024.
Le financement public de l'enseignement privé sous contrat, Commission des affaires culturelles et de l'éducation, N° 2423, 4 avril 2024.
Évaluation des politiques publiques en faveur de la mobilité sociale des jeunes, Comité d'évaluation et de contrôle des politiques publiques sur l'évaluation des politiques publiques, N° 2434, 5 avril 2024.
Programme de stabilité pour les années 2024 à 2027 et les orientations des finances publiques, Commission des finances, de l'économie générale et du contrôle budgétaire, N° 2523, 29 avril 2024.
Mobilisation du Fonds vert pour les collectivités territoriales, Commission des finances, de l'économie générale et du contrôle budgétaire, N° 2631, 16 mai 2024.
L'évaluation de la réussite des étudiants en licence, Commission des finances, de l'économie générale et du contrôle budgétaire, N° 2638, 22 mai 2024.
Le fonds interministériel de prévention de la délinquance, Commission des finances, de l'économie générale et du contrôle budgétaire, N° 2648, 22 mai 2024.
La privatisation de La Française des jeux, Commission des finances, de l'économie générale et du contrôle budgétaire, N° 2687, 29 mai 2024.
La détention de la dette de l'État par des résidents étrangers, Commission des finances, de l'économie générale et du contrôle budgétaire, N° 2686, 7 juin 2024.
La refonte du système assurantiel agricole : évaluation de l'assurance-récolte, Commission des finances, de l'économie générale et du contrôle budgétaire, N° 2700, 13 juin 2024.

L'enseignement agricole, Commission des finances, de l'économie générale et du contrôle budgétaire, N° 2701, 30 mai 2024.

Les dépenses d'action sociale destinées aux Français de l'étranger, Commission des finances, de l'économie générale et du contrôle budgétaire, N° 2720, 6 juin 2024.

Le pilotage et la gouvernance de l'aide publique au développement, Commission des finances, de l'économie générale et du contrôle budgétaire, N° 2721, 17 juin 2024.

La balance commerciale agricole, Commission des finances, de l'économie générale et du contrôle budgétaire, N° 2726, 5 juin 2024.

L'évaluation de la compensation carbone et du système d'échanges de quotas d'émission à l'aune de la mise en œuvre du mécanisme d'ajustement carbone aux frontières, Commission des finances, de l'économie générale et du contrôle budgétaire, N° 2725, 6 juin 2024.

Le programme incitatif de transformation de l'audiovisuel public, Commission des finances, de l'économie générale et du contrôle budgétaire, N° 2736, 6 juin 2024.

Le crédit d'impôt en faveur des entreprises de jeux vidéo, Commission des finances, de l'économie générale et du contrôle budgétaire, N° 2737, 13 juin 2024.

Les ressources disponibles pour les établissements culturels afin de compenser l'inflation, Commission des finances, de l'économie générale et du contrôle budgétaire, N° 2738, 6 juin 2024.

Les défis et stratégies pour une gestion durable et optimisée du patrimoine immobilier de l'État, Commission des finances, de l'économie générale et du contrôle budgétaire, N° 2741, 19 juin 2024.

L'usage des nouvelles technologies dans le contrôle fiscal, Commission des finances, de l'économie générale et du contrôle budgétaire, N° 2742, 6 juin 2024.

Les crédits d'impôt spécifiques à la Corse, Commission des finances, de l'économie générale et du contrôle budgétaire, N° 2743, 6 juin 2024.

Rapports législatifs :

Flécher l'épargne non centralisée des livrets réglementés vers les entreprises du secteur de la défense nationale, Commission des finances, de l'économie générale et du contrôle budgétaire, N° 2244, 11 mars 2024.

Proposition de loi tendant à tenir compte de la capacité contributive des collectivités territoriales dans l'attribution des subventions et dotations destinées aux investissements relatifs à la transition écologique des bâtiments scolaires, Commission des finances, de l'économie générale et du contrôle budgétaire, N° 2335, 14 mars 2024.

Protéger les Français des risques climatiques et financiers associés aux investissements dans les énergies fossiles, Commission des finances, de l'économie générale et du contrôle budgétaire, N° 2411, 2 avril 2024.
Accroître le financement des entreprises et l'attractivité de la France, Commission des finances, de l'économie générale et du contrôle budgétaire, N° 2428, 4 avril 2024.
Projet de loi portant diverses dispositions d'adaptation au droit de l'Union européenne en matière d'économie, de finances, de transition écologique, de droit pénal, de droit social et en matière agricole, Commission mixte paritaire, N° 2439, 8 avril 2024.
Compléter les dispositions applicables au Haut Conseil de stabilité financière, Commission des finances, de l'économie générale et du contrôle budgétaire, N° 2459, 11 avril 2024.
Les raisons de la très forte croissance de la dette française depuis l'élection présidentielle de 2017 et ses conséquences sur le pouvoir d'achat, Commission des finances, de l'économie générale et du contrôle budgétaire, N° 2552, 10 mai 2024.
Accroître le financement des entreprises et l'attractivité de la France, Commission mixte paritaire, N° 2662, 29 mai 2024.
Résultats de la gestion et approbation des comptes de l'année 2023, Commission des finances, de l'économie générale et du contrôle budgétaire, N° 2698 (Tome I - Exposé général et examen des articles), 12 juin 2024.
Résultats de la gestion et approbation des comptes de l'année 2023, Commission des finances, de l'économie générale et du contrôle budgétaire, N° 2698 (Tome II - Commentaires des rapporteurs spéciaux sur l'exécution des crédits), 14 juin 2024.
Supprimer les dispositifs de défiscalisation immobilière pour les investissements dans les établissements d'hébergement pour personnes âgées dépendantes et autres établissements et services sociaux et médico-sociaux, Commission des finances, de l'économie générale et du contrôle budgétaire, N° 2722, 6 juin 2024.
Approbation des comptes de la sécurité sociale de l'année 2023, Commission des finances, de l'économie générale et du contrôle budgétaire, N° 2724, 11 juin 2024.
Accroître la part des résidents nationaux parmi les détenteurs de la dette publique, Commission des finances, de l'économie générale et du contrôle budgétaire, N° 2729, 12 juin 2024.

CONSEIL D'ÉTAT

Avis consultatif :
Avis sur un projet de loi d'orientation pour la souveraineté agricole et le renouvellement des générations en agriculture, 4 avril 2024.
Avis sur un projet de loi de simplification, 25 avril 2024.

Rapports d'activité :
Rapport public 2023 des juridictions administratives, 21 mai 2024.
Bilan d'activité 2023, 31 mai 2024.

COUR DES COMPTES

Rapports :
Le fonds pour l'insertion des personnes handicapées dans la fonction publique (FIPHFP), 6 mars 2024.
Les aides de la Cnam à la prévention des risques professionnels : une efficacité non démontrée, 7 mars 2024.
L'Agence de financement des infrastructures de transport de France (AFIT), 13 mars 2024.
Le rapport public annuel 2024, 12 mars 2024.
La délivrance des titres d'identité et de circulation, 14 mars 2024.
Les mesures exceptionnelles de lutte contre la hausse des prix de l'énergie, 15 mars 2024.
Évaluation annuelle de la mise en œuvre des mesures prévues par la loi climat et résilience, 15 mars 2014.
L'Autorité des marchés financiers, 18 mars 2024.
Le contrôle de la générosité publique au service d'une plus grande transparence, 19 mars 2024.
Les crédits exceptionnels à la culture et aux industries créatives, 20 mars 2024.
La performance dans la programmation et la gestion des fonds européens dans le champ social, 22 mars 2024.
La gestion problématique de l'indemnité spécifique de rupture conventionnelle (ISRC) dans la fonction publique d'État, 25 mars 2024.
Le soutien de l'État aux services à la personne, 27 mars 2024.
Certification des comptes 2023 de l'État, 17 avril 2024.
Le budget de l'État en 2023 (résultats et gestion), 17 avril 2014.
La situation financière de l'État à fin 2023, 17 avril 2024.
Le contrôle budgétaire au ministère des armées : premier bilan de l'expérimentation, 24 avril 2024.
La Société du Grand Paris, 25 avril 2024.

La CNAM : examen de la gouvernance et de certaines fonctions de gestion, 2 mai 2024.
La politique de périnatalité, 6 mai 2024.
Organisation territoriale des soins de premier recours, 13 mai 2024.
Certification des comptes 2023 du régime général de la sécurité sociale et du CPSTI, 15 mai 2027.
Certification des comptes 2023 de l'Assemblée nationale, 17 mai 2024.
Certification des comptes 2023 du Sénat, 17 mai 2024.
L'Association de gestion du fonds paritaire national (AGFPN), 24 mai 2024.
Sécurité sociale 2024, 29 mai 2024.
Le bilan de la création des bases de défense, 5 juin 2024.

• Revues

AJDA (Actualité juridique du droit administratif)

N° 16-2024, 29 avril 2024 :
Chronique :
N. PEHAU et L. VERGALLO, *Chronique de jurisprudence de la Cour des comptes et de la Cour d'appel financière.*

N° 22-2024, 17 juin 2024 :
Étude :
N. SYMCHOWICZ, *Une réforme inopportune – L'unification du régime des contrats de la commande publique.*

REVUE DU DROIT PUBLIC ET DE LA SCIENCE POLITIQUE

N° 1-2024, 2 avril 2024 :
Doctrine :
M. COTTEREAU, *Le budget des collectivités locales face au défi des inégalités de genre.*

DROIT FISCAL

N° 10-2024, 6 mars 2024 :
Étude :
J.-L. MEDUS, *Valeur d'une obligation convertible et d'une option de conversion.*
Rapport :
M. ROUX, K. LAFAURIE, S. BRADBURN, *CADF : avis rendus au cours de la séance du 6 octobre 2023.*

N° 11-2024, 15 mars 2024 :
Chronique :
A. ILJIC, A. MAITROT DE LA MOTTE et F. PEZET, *Droit fiscal de l'Union européenne : Chronique de jurisprudence et de législation (1er sept. 2023 - 30 nov. 2023).*
Étude :
S. DETRAZ, *Proportionnalité de la répression de la fraude fiscale en cas de déclarations de culpabilité multiples.*

Recommandations aux auteurs

Les manuscrits soumis pour publication dans la *Revue française de finances publiques* doivent être adressés à : Lextenso éditions, Rédaction de la RFFP, La Grande Arche, Paroi Nord, 1 Parvis de La Défense, 92044 Paris – La Défense, ou transmis par courrier électronique à : michel.bouvier@fondafip.org

Les auteurs dont l'article aura été accepté pour publication en cèdent le copyright à la *Revue française de finances publiques* et s'engagent à ne pas le proposer à une autre revue. Une publication ultérieure supposerait l'autorisation expresse de la direction de la *revue*.

Manuscrits

Le texte devra être accompagné des éléments suivants :

- le titre ou la fonction de(s) auteur(s) ;
- un résumé de l'article, de trois lignes en français et en anglais ;
- le titre de l'article en français et en anglais ;
- les coordonnées de(s) auteur(s) : adresse institutionnelle ou privée, téléphone, e-mail.

Tous manuscrits et supports informatiques adressés à la revue ne seront pas retournés aux auteurs.

Comité de lecture

REVUE FRANÇAISE DE FINANCES PUBLIQUES

Numéros parus depuis la création de la RFFP en 1983

1 – 1983, Où en est l'impôt ?
2 – 1983, Le prix de la santé
3 – 1983, La douane
4 – 1983, Les finances de la Communauté européenne
5 – 1984, Les résistances à l'impôt
6 – 1984, Les coûts de l'éducation
7 – 1984, Le recouvrement
8 – 1984, Les finances publiques belges
9 – 1985, L'entreprise et l'impôt
10 – 1985, Environnement et finances publiques
11 – 1985, Informatique et finances publiques
12 – 1985, Dette et Tiers Monde
13 – 1986, Finances communales et décentralisation
14 – 1986, La famille et l'impôt
15 – 1986, L'administration fiscale
16 – 1986, Les finances publiques espagnoles
17 – 1987, Le contentieux fiscal
18 – 1987, Finances publiques : évolutions
19 – 1987, Défense et finances publiques
20 – 1987, Fédéralisme et finances publiques
21 – 1988, La parafiscalité
22 – 1988, Cinq ans d'histoire des finances publiques en France : 1983-1987
23 – 1988, Les subventions
24 – 1988, Fiscalité aux États-Unis
25 – 1989, Finances locales
26 – 1989, La loi organique de 1959, trente ans après
27 – 1989, Le financement de l'enseignement supérieur
28 – 1989, Les finances publiques au Maroc
29 – 1990, Les utopies fiscales
30 – 1990, Trésorerie et endettement des collectivités locales
31 – 1990, Le financement de la protection sociale agricole
32 – 1990, Les comptes spéciaux du Trésor
33 – 1991, La fiscalité des îles
34 – 1991, Finances locales et coopération territoriale
35 – 1991, La Poste et les Télécommunications : nouveau régime financier
36 – 1991, Les institutions de contrôle des comptes publics à l'étranger
37 – 1992, La fiscalité des professions libérales
38 – 1992, Les finances locales : scénarios du futur
39 – 1992, Prévision et pluriannualité budgétaire
40 – 1992, Transparence et finances publiques
41 – 1993, Finances publiques : questions clés pour demain
42 – 1993, Les droits d'enregistrement
43 – 1993, Le contrôle des finances locales : perspectives
44 – 1993, Le financement public de l'habitat social
45 – 1994, Les finances publiques de l'Union européenne après Maastricht
46 – 1994, La politique budgétaire
47 – 1994, La nouvelle comptabilité communale
48 – 1994, Tourisme et finances publiques
49 – 1995, Le financement public du logement
50 – 1995, La gestion de la fiscalité locale
51 – 1995, Les principes et les règles des finances publiques en question
52 – 1995, Le financement des organisations internationales
53 – 1996, Pluriannualité et stratégies financières des collectivités locales
54 – 1996, La modernisation des administrations financières
55 – 1996, Économie et Finances publiques
56 – 1996, Nouvelles missions d'intérêt public : quels contrôles ?
57 – 1997, Administration de l'impôt et communication
58 – 1997, Finances publiques et vie politique
59 – 1997, La Cour des comptes et le Parlement
60 – 1997, Budget et fiscalité : quelles réformes ?
61 – 1998, Le contrôle financier déconcentré
62 – 1998, Passage à l'euro
63 – 1998, Les zones d'exception fiscale
64 – 1998, Sécurité sociale, démocratie et modernisation
65 – 1999, Les sanctions fiscales
66 – 1999, La gestion de fait
67 – 1999, La taxe professionnelle, quel avenir ?
68 – 1999, L'Union européenne et les finances publiques nationales
69 – 2000, La corruption
70 – 2000, Le Conseil d'État, juge financier
71 – 2000, La communication financière des collectivités locales
72 – 2000, Banque et fiscalité
73 – 2001, Réforme des finances publiques : Réforme de l'État
74 – 2001, Les fonds structurels européens en région
75 – 2001, La doctrine administrative en droit fiscal
76 – 2001, La loi organique relative aux lois de finances
77 – 2002, La dépense publique
78 – 2002, L'association : un acteur fiscal comme les autres
79 – 2002, Les mutations des finances publiques
80 – 2002, La souveraineté financière et fiscale : réalités et devenir ?
81 – 2003, Vingt ans de finances locales : enjeux pour l'avenir
82 – 2003, Mettre en œuvre la loi organique relative aux lois de finances
83 – 2003, Le procès équitable en droit fiscal
84 – 2003, Doctrines et idéologies fiscales
N° spécial – 2004, Vingt ans de finances publiques : 1983-2003
85 – 2004, Le contrôle externe des Chambres régionales des comptes : actualité et perspectives
86 – 2004, La formation des textes financiers
87 – 2004, Finances publiques : scénarios pour demain. Spécial colloque : Les 20 ans de la RFFP
88 – 2004, La légitimité de la prise de décision financière. Dossier spécial : La LOLF à 1 an des échéances
89 – 2005, Réformations au MINEFI : adaptations ou mutation ?
90 – 2005, Finances publiques et protection de l'environnement
91 – 2005, Le budget 2006 en régime LOLF
92 – 2005, Finances publiques et responsabilité : l'autre réforme
93 – 2006, La nouvelle comptabilité de l'État
94 – 2006, La LOLF et les institutions politiques
95 – 2006, Les nouveaux instruments financiers et de gestion des collectivités territoriales
96 – 2006, Le financement public du logement et l'activité des Offices d'HLM
97 – 2007, La LOLF et la Vᵉ République. Dossier Spécial élections 2007
98 – 2007, Logique de performance et pays en développement
99 – 2007, Les rapports de la Cour des comptes au Parlement. Dossier spécial : Collectivités locales
100 – 2007, Nouvelle gouvernance financière publique : grands enjeux de demain
101 – 2008, Les Cours des comptes en action
102 – 2008, La réforme des finances publiques au Maroc. Dossier spécial : La révision générale des politiques publiques
103 – 2008, Les nouveaux chantiers de l'État territorial

104 – 2008, La gestion des ressources humaines dans le secteur public
105 – 2009, Les opérateurs de l'État
106 – 2009, La réforme des procédures des juridictions financières et la CEDH
107 – 2009, La LOLF et les collectivités locales
108 – 2009, Les finances publiques face à la crise
N° spécial – Hors série 2009, La Cour des comptes, un passé un destin (Bicentenaire de la Cour des comptes, colloque des 24 et 25 septembre 2007)
109 – 2010, Les aides au développement économique local
N° spécial – Hors série 2010, Finances publiques au Maroc et en France : enjeux et réponses face à la crise
110 – 2010, L'évasion fiscale internationale
111 – 2010, Le principe de sincérité en finances publiques
112 – 2010, La DGFiP : orientations stratégiques
113 – 2011, Les commissions des finances
N° spécial – Hors série 2011, La nouvelle gouvernance des finances publiques au Maroc et en France : quelles perspectives ?
114 – 2011, Fiscalité et environnement. Dossier spécial : Patrimoine des universités
115 – 2011, La Sécurité sociale et les finances publiques
116 – 2011, La réforme fiscale
117 – 2012, Constitution et équilibre des finances publiques, un débat d'avenir
118 – 2012, Les redevances : quelle actualité ?
119 – 2012, Trente ans de décentralisation financière : Bilan et perspectives
120 – 2012, Finances publiques, finances privées
121 – 2013, L'autonomie financière des collectivités locales en Europe
122 – 2013, Le financement du patrimoine culturel
123 – 2013, La dette publique. Dossier spécial : Les impôts affectés
124 – 2013, La justice fiscale au Canada et en France
125 – 2014, Le cadre financier de l'Union européenne 2014-2020. Dossier spécial Municipales 2014. Finances locales : le point de vue des élus
126 – 2014, Que deviennent les politiques fiscales ?
127 – 2014, Crise des finances publiques et évasion fiscale
128 – 2014, La TVA : 60 ans après
129 – 2015, La territorialisation du droit financier
130 – 2015, La sécurité fiscale
131 – 2015, Fiscalité locale : quels enjeux ?
132 – 2015, Le contrôle fiscal au Québec et en France : aspects comparés
133 – 2016, Les finances publiques : quelle place pour demain ? Dossier spécial, La sécurité fiscale : points de vue pluriels
134 – 2016, Fiscalité et numérique
135 – 2016, Finances publiques et citoyenneté
136 – 2016, La comptabilité générale de l'État 10 ans après
137 – 2017, Manager la LOLF
138 – 2017, Le contrôle fiscal des entreprises
139 – 2017, Gestion de l'argent public : quelles responsabilités ?
140 – 2017, Démocratie, transparence et fiscalité : Canada-France
141 – 2018, Le cadre financier pluriannuel post 2020
142 – 2018, Quelle indépendance financière pour l'autorité judiciaire ?
143 – 2018, Régions, métropoles : finances locales et développement économique
144 – 2018, Le compte financier unique : une opportunité pour la gouvernance financière locale ?
145 – 2019, Nouvelles stratégies financières des collectivités territoriales
146 – 2019, Territorialité de l'impôt sur les sociétés : La crise est-elle surmontable ? Une révolution fiscale mondiale ?
147 – 2019, Argent public et nouvelle corruption
148 – 2019, Quel avenir pour les finances locales ?
149 – 2020, Le recouvrement
150 – 2020, Constitution et finances publiques
151 – 2020, Impôt et territoires : Regards croisés Canada-France
152 – 2020, Du service public du développement économique au service public de la survie de l'économie ?
153 – 2021, Contrôle fiscal des entreprises : Quelles évolutions ? Quels nouveaux enjeux ?
154 – 2021, COVID-19 et finances publiques comparées
155 – 2021, Souveraineté de l'État et financiarisation du droit
156 – 2021, Fiscalité et innovation
157 – 2022, La faute de gestion en Afrique francophone
158 – 2022, Les 20 ans de la LOLF
159 – 2022, Crises et finances publiques
160 – 2022, Le financement public de la recherche
161 – 2023, Les finances locales 40 ans après les lois de décentralisation
162 – 2023, Les finances locales 40 ans après les lois de décentralisation. Quelles perspectives ?
163 – 2023, Finances publiques et transition écologique
164 – 2023, Le pouvoir financier public : lieux de décision, lieux d'influence, lieux de rencontre
165 – 2024, Finances sociales et Covid-19
166 – 2024, Autonomie fiscale et libre administration des collectivités locales
167 – 2024, Quelle pertinence du modèle fiscal actuel ?
168 – 2024, Le financement des parlements en France et à l'étranger : quelle autonomie ?

REVUE FRANÇAISE DE FINANCES PUBLIQUES

Numéros disponibles uniquement en version PDF :

42 – 1993, Les droits d'enregistrement ☐
43 – 1993, Le contrôle des finances locales : perspectives ☐
44 – 1993, Le financement public de l'habitat social
45 – 1994, Les finances publiques de l'UE après Maastricht ☐
47 – 1994, La nouvelle comptabilité communale ☐
48 – 1994, Tourisme et finances publiques ☐
52 – 1995, Le financement des organisations internationales ☐
57 – 1997, Administration de l'impôt et communication ☐
60 – 1997, Budget et fiscalité : quelles réformes ? ☐
61 – 1998, Le contrôle financier déconcentré ☐
63 – 1998, Les zones d'exception fiscale ☐
64 – 1998, Sécurité sociale, démocratie et modernisation ☐
65 – 1999, Les sanctions fiscales ☐
66 – 1999, La gestion de fait ☐
69 – 2000, La corruption ☐
70 – 2000, Le Conseil d'État, juge financier ☐
71 – 2000, La communication financière des collectivités locales ☐
72 – 2000, Banque et fiscalité
74 – 2001, Les fonds structurels européens en région ☐
75 – 2001, La doctrine administrative en droit fiscal ☐
76 – 2001, La loi organique relative aux lois de finances ☐
77 – 2002, La dépense publique ☐
78 – 2002, L'association: un acteur fiscal comme les autres ? ☐
79 – 2002, Les mutations des finances publiques ☐
80 – 2002, La souveraineté financière et fiscale ☐
81 – 2003, Vingt ans de finances locales : enjeux pour l'avenir ☐
82 – 2003, Doctrines et idéologies fiscales ☐
83 – 2003, Le procès équitable en droit fiscal ☐
84 – 2003, Doctrines et idéologies fiscales ☐
85 – 2004, Le contrôle externe des Chambres régionales des comptes ☐
86 – 2004, La formation des textes financiers ☐
87 – 2004, Finances publiques : scénarios pour demain ☐
88 – 2004, La légitimité de la prise de décision financière ☐
N° spécial – 2004, Vingt ans de finances publiques : 1983-2003 ☐
89 – 2005, Réformations au MINEFI : adaptations ou mutation ? ☐
90 – 2005, Finances publiques et protection de l'environnement ☐
91 – 2005, Le budget 2006 en régime LOLF ☐
92 – 2005, Finances publiques et responsabilité : l'autre réforme ☐
93 – 2006, La nouvelle comptabilité de l'État ☐
94 – 2006, La LOLF et les institutions politiques ☐
95 – 2006, Les nouveaux instruments financiers et de gestion des collectivités territoriales ☐
96 – 2006, Le financement public du logement et l'activité des Offices d'HLM ☐
97 – 2007, La LOLF et la Ve République ☐
98 – 2007, Logique de performance et pays en développement ☐
99 – 2007, Les rapports de la Cour des comptes au parlement ☐
100 – 2007, Nouvelle gouvernance financière publique : grands enjeux de demain ☐
101 – 2008, Les Cours des comptes en action ☐
102 – 2008, La réforme des finances publiques au Maroc ☐
103 – 2008, Les nouveaux chantiers de l'État territorial ☐
104 – 2008, La gestion des ressources humaines dans le secteur public ☐
119 – 2012, Trente ans de décentralisation financière : bilan et perspectives ☐
121 – 2013, L'autonomie financière des collectivités locales en Europe ☐
122 – 2013, Le financement du patrimoine culturel ☐
123 – 2013, La dette publique ☐
129 – 2015, La territorialisation du droit financier ☐
130 – 2015, La sécurité fiscale ☐

Numéros disponibles en version PDF ou papier :	PDF	Papier
105 – 2009, Les opérateurs de l'État	☐	☐
106 – 2009, La réforme des procédures des juridictions financières et la CEDH	☐	☐
107 – 2009, La LOLF et les collectivités locales	☐	☐
108 – 2009, Les finances publiques face à la crise	☐	☐
N° spécial – Hors série 2009, La Cour des comptes, un passé un destin	☐	☐
109 – 2010, Les aides au développement économique local	☐	☐
N° spécial – Hors série 2010, Finances publiques au Maroc et en France : enjeux et réponses face à la crise	☐	☐
110 – 2010, L'évasion fiscale internationale	☐	☐
111 – 2010, Le principe de sincérité en finances publiques	☐	☐
112 – 2010, La DGFiP : orientations stratégiques	☐	☐
113 – 2011, Les commissions des finances	☐	☐
N° spécial – Hors série 2011, La nouvelle gouvernance des finances publiques au Maroc et en France : quelles perspectives ?	☐	☐
114 – 2011, Fiscalité et environnement	☐	☐
115 – 2011, La Sécurité sociale et les finances publiques	☐	☐
116 – 2011, La réforme fiscale	☐	☐
117 – 2012, Constitution et équilibre des finances publiques, un débat d'avenir	☐	☐
118 – 2012, Les redevances : quelle actualité ?	☐	☐
120 – 2012, Finances publiques, finances privées	☐	☐
121 – 2013, L'autonomie financière des collectivités locales en Europe	☐	☐
122 – 2013, Le financement du patrimoine culturel	☐	☐
123 – 2013, La dette publique	☐	☐
124 – 2013, La justice fiscale au Canada et en France	☐	☐
125 – 2014, Le cadre financier européen	☐	☐
126 – 2014, Que deviennent les politiques fiscales ?	☐	☐
127 – 2014, Crise des finances publiques et évasion fiscale	☐	☐
128 – 2014, La TVA : 60 ans après	☐	☐
129 – 2015, La territorialisation du droit financier	☐	☐
130 – 2015, La sécurité fiscale. Dossier spécial : Les impôts affectés	☐	☐
131 – 2015, Fiscalité locale : quels enjeux ?	☐	☐
132 – 2015, Le contrôle fiscal au Québec et en France : aspects comparés	☐	☐
133 – 2016, Les finances publiques : quelle place pour demain ?	☐	☐
134 – 2016, Fiscalité et numérique	☐	☐
135 – 2016, Finances publiques et citoyenneté	☐	☐
136 – 2016, La comptabilité générale de l'État 10 ans après	☐	☐
137 – 2017, Manager la LOLF	☐	☐
138 – 2017, Le contrôle fiscal des entreprises	☐	☐

	PDF	Papier
139 – 2017, Gestion de l'argent public : quelles responsabilités ?	☐	☐
140 – 2017, Démocratie, transparence et fiscalité : Canada-France	☐	☐
141 – 2018, Le cadre financier pluriannuel post 2020	☐	☐
142 – 2018, Quelle indépendance financière pour l'autorité judiciaire ?	☐	☐
143 – 2018, Régions, métropoles : finances locales et développement économique	☐	☐
144 – 2018, Le compte financer unique : une opportunité pour la gouvernance financière locale ?	☐	☐
145 – 2019, Nouvelles stratégies financières des collectivités territoriales	☐	☐
146 – 2019, Territorialité de l'impôt sur les sociétés : La crise est-elle surmontable ? Une révolution fiscale mondiale ?	☐	☐
147 – 2019, Argent public et nouvelle corruption	☐	☐
148 – 2019, Quel avenir pour les finances locales ?	☐	☐
149 – 2020, Le recouvrement	☐	☐
150 – 2020, Constitution et finances publiques	☐	☐
151 – 2020, Impôt et territoires : Regards croisés Canada-France	☐	☐
152 – 2020, Du service public du développement économique au service public de la survie de l'économie ?	☐	☐
153 – 2021, Contrôle fiscal des entreprises : Quelles évolutions ? Quels nouveaux enjeux ?	☐	☐
154 – 2021, COVID-19 et finances publiques comparées	☐	☐
155 – 2021, Souveraineté de l'État et financiarisation du droit	☐	☐
156 – 2021, Fiscalité et innovation	☐	☐
157 – 2022, La faute de gestion en Afrique francophone	☐	☐
158 – 2022, Les 20 ans de la LOLF	☐	☐
159 – 2022, Crises et finances publiques	☐	☐
160 – 2022, Le financement public de la recherche	☐	☐
161 – 2023, Les finances locales 40 ans après les lois de décentralisation	☐	☐
162 – 2023, Les finances locales 40 ans après les lois de décentralisation. Quelles perspectives ?	☐	☐
163 – 2023, Finances publiques et transition écologique	☐	☐
164 – 2023, Le pouvoir financier public : lieux de décision, lieux d'influence, lieux de rencontre	☐	☐
165 – 2024, Finances sociales et Covid-19	☐	☐
166 – 2024, Autonomie fiscale et libre administration des collectivités locales	☐	☐
167 – 2024, Quelle pertinence du modèle fiscal actuel ?	☐	☐
168 – 2024, Le financement des parlements en France et à l'étranger : quelle autonomie ?	☐	☐

Abonnement 2025 (4 numéros : 169 à 172) France : **193 €** – *Le numéro* : **64 €** – Étranger : **217 €** – *Le numéro* : **72 €**

Relation clients – Tél. 01 40 93 40 40 – relationclients@lextenso.fr

BON DE COMMANDE à retourner à Lextenso – Relation clients – Grande Arche Paroi Nord – 1, Parvis de La Défense – 92044 Paris – La Défense Cedex France

☐ Veuillez m'adresser le(s) numéro(s) :

Pour un montant de : .... euros

☐ Veuillez noter mon abonnement pour une durée d'un an à compter du ....

☐ Vous trouverez ci-joint mon règlement de .... euros

par chèque bancaire mis à l'ordre de Lextenso éditions

À adresser à :

Dénomination sociale : ....

Nom.. Prénom ....

Adresse..

Code postal.. Ville ....

REVUE FRANÇAISE DE

FINANCES PUBLIQUES

REVUE FONDÉE EN 1983
PAR MICHEL BOUVIER ET MARIE-CHRISTINE ESCLASSAN

ADMINISTRATION

Lextenso
Grande Arche Paroi Nord – 1 Parvis de La Défense – 92044 Paris – La Défense Cedex
Tél. : 01 40 93 40 00
Relation clients : Tél. : 01 40 93 40 40 – relationclients@lextenso.fr
Directrice générale, Directrice de la publication : Emmanuelle Filiberti
Assistante d'édition : Sylvie Mauzen
sylvie.mauzen@lextenso.fr

ISSN 0294 - 0833 - CPPAP : n° 1128 T 83692
Revue trimestrielle - Dépôt légal : Novembre 2024 - N° d'imprimeur : 2994691H – *Imprimé en France*

Imprimé par Dupliprint, 733 rue Saint Léonard 53100 Mayenne – sur des papiers produits en Pologne (couverture, 0 % de fibres recyclées) et en Allemagne (intérieur, 100 % de fibres recyclées), issus de forêts gérées durablement ; impact gaz à effet de serre pour un exemplaire : 1015 g éq. CO_2